国家にモラルはあるか？

ジョセフ・S・ナイ
Joseph S. Nye, Jr.
駒村圭吾／監修
山中朝晶／訳

戦後アメリカ大統領の外交政策を採点する

Do Morals Matter?
Presidents and Foreign Policy from FDR to Trump

早川書房

国家にモラルはあるか？

——戦後アメリカ大統領の外交政策を採点する

DO MORALS MATTER?
Presidents and Foreign Policy from FDR to Trump
by
Joseph S. Nye, Jr.

Japanese edition supervised by
Keigo Komamura
Translated by
Tomoaki Yamanaka
First published 2021 in Japan by
Hayakawa Publishing, Inc.
This book is published in Japan by
direct arrangement with
The Wylie Agency (UK) Ltd.

モリーに捧ぐ俳句《ハイク》

われらが生
ろくろを回る土のごとし
きみが愛こそわが中心

目次

凡例
①訳者による注は〔　〕で示した。
②本書のタイトルにあるmoralについては、本文中で文脈や語感に応じて適宜「道徳」「道義」「モラル」と訳し分けたが、語の意味としてこれらは互換的であり異同はない。

日本語版への序文

本書が取り上げたこの七十五年間は、激動の時代だった。アメリカでは十四人の大統領が交替し、日米は戦時中の敵対関係から緊密な同盟関係になった。ジョセフ・バイデンの次期大統領選出と、中国の力の台頭で、われわれの同盟関係はさらに強くなるだろう。

本書の最終章で明らかにしているように、この二十一世紀には世界規模でふたつの大きな力の移動《パワーシフト》が起きている。ひとつは「力の水平移動」、もうひとつは「力の垂直移動」で、どちらもバイデン政権が喫緊《きっきん》の課題として対処するだろう。日本とアメリカというふたつの民主主義国は深く密接に連携し、これから述べるような、ルールに基づいた制度による世界秩序の発展に取り組むことで、力の水平移動と垂直移動というふたつのパワーシフトに対応していくことになる。

力の水平移動とは、アジアの興隆を意味する。より正確には、アジアの復権のことだ。とりわけ重要なのは、中国の力の台頭と、破滅的な戦争の可能性である。もうひとつの大きなパワーシフトは力の垂直移動で、これはテクノロジーのほか、気候変動やパンデミックのような国境を越えた力によって衝き動かされる。一九六〇年代に始まった情報革命は、ほぼ二年おきに半導体の集積回路の搭載素子数が倍増するというムーアの法則により、歴史上のいかなる時代よりも多くの主体に、おびただしい情報をもたらした。力の垂直移動は、主権国家がほかの行動主体と権威を分かち合うことから、「新しい中世」と呼ばれることがある。

中国の力が伸長するにつれ、アメリカのリベラルな制度的秩序は修正を迫られるだろう。アジアの経済が成長すると、アメリカ合衆国が世界経済に占める割合は今世紀の初めよりも低くなり、他の国々が台頭すれば、グローバルな公共財の提供を促進する集団的行動を組織するのはより困難になると思われる。しかし、中国を含めたどの国も、今後数十年以内に総合的な国力でアメリカ合衆国に取って代わることはなさそうだ。アジアのめざましい経済成長は、この地域への力の水平移動を加速させてきたが、アジアは中国だけではない。アジア域内には独自の勢力均衡《バランス・オブ・パワー》が存在する。中国の力は日本、インド、オーストラリアをはじめとした諸国によってバランスが保たれており、アメリカもまた、アジアのバランス・オブ・パワーにおいて決定的な役割を果たしつづけるだろう。われわれアメリカと日本が同盟関係を維持すれば、中国に責任を持って行動させる環境を形成することができる。中国は巨大で、その経済は成長しつづけているが、アメリカ、日本、ヨーロッパの民主主義諸国の経済を組み合わせれば、中国をはるかに上まわる規模を今世紀の終わりまでも維持できるはずだ。われわれが協調して行動すれば、中国の台頭を制御できるのであり、だからこそバイデンは、同盟関係を優先課題に掲げているのである。

国家間のパワーシフトは、世界政治でおなじみの現象だ。より難しいのは、テクノロジーによって衝き動かされる、国家から非国家主体へのパワーシフトに対処する方法を学ぶことだろう。テクノロジーの変化は、金融の安定性、気候変動、テロリズム、サイバー犯罪、パンデミックといった、世界的な取り組みを要する国境を越えた問題を同時多発的に引き起こし、各国政府が対処する能力を弱める傾向にある。国境を越えた関係という領域では、政府の力の及ばないところに多様な主体がひしめいている。すなわち、電子的に資金を移動する銀行家や犯罪者、武器や攻撃計画をやり取りするテロリスト、サイバーセキュリティを脅かしたり、ソーシャルメディアを使って民主的手続きを妨害したりするハッカー、あるいはパンデミックや気候変動といった生態学的な脅威などだ。いかなる国も、こうした課題を単独で解決することは不可能であり、各国と協力しなければならない。こうした世界規模の政治には、他国に優越するのではなく、他国と力を合わせることを考える能力が求められるだろう。アメリカ、日本、ヨーロッパは、世界規模の生態学的課題に対処するため、中国と協調しなければならないが、同時に中国のアジアにおける地政学的な力を牽制する必要もある。サイバー時代の道義的な外交政策には、防衛力や抑止力だけではなく、規範や制度を発展させるリーダーシップも求められる。こうした問題は、人工知能やゲノム科学などのバイオテクノロジーの重要性が増すにつれ、ますます大きくなるだろう。機械学習や人工知能のアルゴリズムは、政策担当者にも理解困難な複雑さを生み出し、困難な道義的選択を新たに作り出すことになる。

情報革命とグローバリゼーションの影響下で世界政治に起きている変化は、いかなる国も単独行動では国際的目標の大半を達成できないことを意味している。たとえば、国際的な金融の安定性は繁栄のためにきわめて重要だが、それを確かなものにするには、他国と協調していく必要がある。国境を越えた相互依存は深まりつづけているのだ。経済のグローバリゼーションに反動が起こる可能性があったとしても、環境のグローバリゼーションは増していくだろう。気候変動や海水面の上昇は、あらゆる人々の生活の質に影響するが、どの国も一国だけではこの問題を解決することはできない。国境が穴だらけになり、ドラッグから感染症、テロリズムに至るまで、あらゆるものが通り抜けていく世界では、各国はソフトパワーを使い、ネットワークを発展させて、共通の脅威や挑戦に対処していく制度を築かねばならない。このこともまた、最大の経済規模を持つアメリカと、世界第三の経済大国たる日本が緊密に協力すべきであることを示している。

公共財にまつわる古典的な問題は、最大の受益国が主導権を握ろうとしなければ、他国はただ乗りしようとするばかりで、公共財は生み出されないだろうというものだ。「新しい中世」のような状況ではなおのこと、最大の国々がリーダーシップを取り、グローバルな公共財を生み出す活動を組織する重要性は高まっている。トランプの国家安全保障戦略は、国家間の大競争に焦点を当てたが、国境を越えた問題が安全保障にもたらす脅威の重要性についてはほとんど言及しなかった。しかし二〇二〇年には、新型コロナウィルス（COVID-19）のパンデミックによって、一九四五年以降アメリカが参戦してきた戦争すべての死者よりも多くのアメリカ人が亡くなった。病原体、ＡＩシステム、コンピュータウィルス、気候変動や自然に由来する疫病は、制度機関によって対処しなければならない。通報システム、共有された制御方法、共通の緊急時プラン、規範や条約を作り出す制度機関だ。関税や国境の壁では、こうした問題を解決することはできない。

国境を越えた新たな課題に対しては、アメリカのリーダーシップが重要になる一方、対策が成功するかどうかは各国の協力にかかっている。地経学〔地政学的な目的のために経済力を手段として使うこと〕的な挑戦に直面するうえでバイデン政権は、トランプ政権のような冷淡な態度を取りつづけるのではなく、日本やヨーロッパとより緊密に連携するだろう。アメリカ人はしばしば、他国に優越する力を持とうと考えるが、われわれはまた、共通の目標を達成するために他国と力を合わせることも学ばなければならない。そのためには、制度こそが不可欠だ。この世界では、ネットワークやつながりが、問題に対処する力の重要な源《みなもと》になる。この複雑性を増していく世界では、最もつながりの多い国々が最も強力なのだ。

将来の安全や繁栄の鍵になるのが、「相手を超える力」もさることながら、「相手とともに発揮する力」の重要性を学ぶことにかかっているとすれば、トランプ政権の四年間は実り多いとはいえなかった。「アメリカファースト」は、それ自体間違ってはいない。あらゆる国にとって国益は最優先だが、重要な道義的問題は、そうした国益をどの程度広く、あるいは狭く定義するかだ。トランプは短期的なゼロサム〔一方の利益が相手の損失になること〕の取引を優先した解釈に走り、本書で論じたような制度や、未来の長い影にほとんど注意を払わなかった。

本書が主張するのは、道義的な外交政策のためには世界規模の協力が欠かせないということだ。そうした協力は、アメリカ人であろうと日本人であろうと、無数の人々の日常生活にとってきわめて重要なのだ。もっともそれが失われるまで、大半の人々はその重要性には気づかないだろうが。そして、いかに排外主義的な政治的反動が経済的グローバリゼーションを攻撃するとしても、生態学的なグローバリゼーションは変わらないだろう。温室効果ガスやパンデミックは、主権国家の国境など意に介さない。科学を否定する政策を採用しても、自然の力を逆転させることはできない。二酸化炭素やウイルスは、民族も国境も区別しない。あらゆる国々に、海洋や宇宙空間の利用、気候変動やパンデミックへの対処に関して協力を促進する枠組みが必要になるだろう。だからこそ日米同盟は、世界的課題に立ち向かう対等な同盟関係でなければならないのだ。

ジョセフ・S・ナイ・ジュニア

はじめに

会食の席で、わたしは友人たちの一人から、最近何をしているのかと訊かれた。歴代大統領の倫理と外交政策をテーマにした本を書いているところだと答えると、彼女は辛辣に言った。「さぞ短い本になるでしょうね」。もう一人がまじめな口調で追い討ちをかけた。「倫理の果たす役割は、そんなに大きくないと思うよ」。こうした一般通念は、夕食での議論のみならず、政治分析にも影響する。インターネットで検索してみたら、歴代大統領の道徳観が外交政策にどう反映し、それぞれの大統領に対するわれわれの評価にどう影響しているのかを記した本は、驚くほど少ない。* マイケル・ウォルツァー（モラルと外交政策を取り上げてくれる、数少ない貴重な例外だ）は、一九四五年以降の国際関係学の大学院教育について触れ、「道徳にまつわる議論は、広く一般に実践されてきた（現実主義

*わたしが交互に使っている〝倫理（ethics）〟や〝道徳（morals）〟という言葉は、善悪の判断基準という意味だ。〝倫理〟は正しい行為に関する抽象的な原則であり、一方で〝道徳〟は、より個人的な判断基準を示すもので、その基準は慣習的な道徳規範や、個人的良心のありようによるだろう。

という〕学問のルールに相反するものだった。ただし少数ながら、利益を新たな道徳原理として擁護する研究者もいた」(1)と述べている。国際関係学でアメリカを代表する三つの学術誌を調査してみたら、ここ十五年間でこのテーマについて書かれた記事はわずか四本だった。ある執筆者の言葉を借りれば、「第一人者とされる研究者たちは……国家の行動に道徳的価値観が及ぼす影響を研究することに、真摯な関心を向けてこなかった」(2)のだ。若い研究者にとって、このテーマはあまり実績作りにつながらないのだが、わたしは長年、アメリカ外交政策の実務に就いてきた学徒の一員として、ずっと関心を抱いていた。

モラルへのこうした懐疑的な姿勢の理由は、大半の人間には明らかだろう。何人もの歴史家がアメリカ例外主義や倫理主義について書いてきたが、ジョージ・ケナンをはじめとした外交官や理論家たちは、モラルや律法を重んじるアメリカの伝統が、往々にして悪い結果をもたらしかねないと警告してきた(3)。国際社会には、秩序を定めてくれる世界政府は存在しない。各国は自分たちでそれぞれの身を守らねばならず、国家の存亡がかかっているとき、目的は手段を正当化する。倫理にかなった選択ができない状況では、倫理などと言っていられない。哲学者が言うように、「『べき』は『できる』を含意する」〔カント哲学の原理で、「やるべき」とされることは、「できる」ことが前提になる〕のだ。不可能なことをしないからといって、その人を責めることは誰にもできない。この論理によれば、倫理と外交政策を組み合わせるのは、カテゴリーの誤りであり、それはまるで、ナイフの切れ味ではなく音を問題にしたり、ほうきがよく掃けるかではなく、よく跳ねるかを問題にしたりするようなものだ。この考え方に従えば、大統領の外交政策を判断する際には、それが有効だったかを問うべきであり、道徳的だったかを問うべきではないということになる。

こうした考え方にも一理あるが、問題を単純化しすぎるあまり、厳しい問いに答えるのを避けている。世界政府がないからといって、いかなる秩序もないわけではない。外交方針のなかには、わが国の存亡に関わるものもあるが、大半はそうではない。第二次大戦後、アメリカ合衆国はいくつかの戦争に関わってきたが、国の存亡に関わる戦争はひとつもなかった。[4] それに、人権や気候変動やインターネットの自由など、重要な外交政策の選択にも、戦争はまったく関係しない。外交政策にまつわる大半の課題は、どの価値を選択するかという折り合い《トレードオフ》の問題であって、〝国家的理由〟〔不当な行為を正当化する公益的な理由〕を厳格に適用するようなものではない。わたしは以前、ある皮肉屋のフランスの政府関係者に、こう言われたことがある。「わたしにとってよいものとは、フランスの国益にかなうものだ。モラルなどお門違いだ」。しかし彼は、その発言自体がモラルに引きずられていることに気づいていないようだった。あらゆる国が、国益にかなう行動を試みるというのは、至極当然であり、言うまでもないことだ。重要な問題は、各国のリーダーが、それぞれ異なる環境下で、国益にかなうかどうかをどうやって定義して選び、追求するのかだろう。

さらにいえば、われわれアメリカ人は好むと好まざるとにかかわらず、大統領と外交政策を、つねにモラルに照らして判断してきた。トランプ政権の到来とともに、モラルある外交政策とは何かをめぐる関心が高まり、新聞の一面を飾るニュースは、そうした思索的な問いを突きつけている。たとえば、二〇一八年にサウジアラビアの反体制派ジャーナリスト、ジャマル・カショギがイスタンブールのサウジアラビア大使館で殺害されたとき、トランプ大統領は、残酷な犯罪が行なわれたという明確な証拠があるにもかかわらず、サウジ皇太子との良好な関係を維持するためにそれを無視したとして非難された。リベラル派はカショギ事件に関するトランプの声明を、「無慈悲なまでに商取引を優先し、事実に注意を払わないものだ」(5)とこき下ろし、保守派は「いまだかつて、こんな大統領はいなかった。無慈悲な実用主義者だったリチャード・ニクソン、リンドン・ジョンソンでさえ、アメリカの永続的な価値や原則をこれほどないがしろにした公式声明を出したことはなかった」(6)と述べた。原油を確保し、軍需品を売り込み、地域の安定を図るのも国益だが、諸外国に魅力的な価値や原則を訴えるのも国益にかなうはずだ。では、両者をいかにして結合させればよいのか。

残念なことに、倫理と外交政策をめぐる判断の多くは、行き当たりばったりか、思慮が浅いもので、最近の議論はドナルド・トランプの人格に焦点を当てたものがあまりにも多い。洞察力豊かな政治アナリストのマギー・ハーバーマンは、かつてわたしにこう言った。「ドナルド・トランプのような人はこれまでにもいたわ。ただ、彼は過激で極端なのよ」。彼のような振る舞いにも、いくつか前例があったことは、これから第二次大戦後の全大統領の業績を見ていくにつれてわかるだろう。さらに重要なのは、モラルある外交政策とは何かを判断するにあたって、アメリカ人がその基準をめったに明確にしてこなかったことだ。われわれがロナルド・レーガンのような大統領を称賛するのは、その発言に道義が明確に表明されているからだが、善意を美辞麗句で表現すれば、その大統領は倫理的だといえるのだろうか。しかしその一方で、ウッドロー・ウィルソンやジョージ・W・ブッシュのように、善意に基づくものであっても、それを達成する充分な手段を欠いていたために、倫理的に悪い結果につながったこともある。たとえばウィルソンはベルサイユ条約の批准に失敗し、ブッシュのイラク占領もひどい結果に終わった。あるいは、ただ結果だけで大統領を判断すべきだろうか。批評家のなかには、ベトナム戦争を終結させたことでニクソンを評価する向きもあるが、彼は〝適当な間隔〟〔ニクソンが面目を保つため、南ベトナム政府崩壊までの時間稼ぎに努めたという見方〕にこだわった結果、二万一千名ものアメリカ兵の命を犠牲にした。しかしそれは、結局のところ一時休戦でしかなく、アメリカは敗北への道を転げ落ちることになった。

よきモラルとは何かを判断するに際し、わたしは本書で、三つの次元による基準を提案したい。すなわち、大統領の決断の意図、手段、もたらした結果を比較考量するのだ。モラルある外交政策とは、意図と結果の対立ではなく、使われた手段も含めて考えなければならない。さらに、よきモラルを判断するには、一般的な活動の結果も加味する必要がある。たとえば、道徳的関心を高めるような制度的秩序を維持する取り組みなどだ。もちろん、他国の反体制派や迫害されている集団の人権を助けるといった、報道価値のある活動も有力な判断材料だが。もうひとつ重要なのは、〝行動しなかったこと〟による倫理的結果だ。たとえば、朝鮮戦争が膠着状態に陥ったとき、トルーマン大統領は国内政治で非難されたが、それでも核兵器を使用すべきというマッカーサー元帥の進言をはねつけた。シャーロック・ホームズがいみじくも言ったように、吠えない犬から学ぶべきことは多いのだ。

本書は歴史書ではない。第二次大戦後の歴代大統領の外交政策にまつわる倫理的側面を描くうえで、すべての情報源を参照して完璧に正確を期すつもりはない。また、それ以前の世紀のアメリカ外交政策まで網羅するつもりもない。わたしがここで提示したいのは、一九四五年以降、アメリカ合衆国が世界最強の国家になってからの時代について、規範的思考を試みることだ。この時代は「アメリカに《パクス・》よる平和《アメリカーナ》」あるいは「リベラルな国際秩序」と呼ばれることがある。しかし多くの評論家が、このような時代は終わりに近づいているのではないかと考え、新たな挑戦に対応するには新たな外交政策が必要になるだろうと見ている。そのことについては、最終章で述べよう。こうした政策を論じるうえで、われわれの議論の一部に倫理規範も取り上げることになる。倫理規範がいかなる役割も負わないかのように装うのは、日が昇らない明日を想像するぐらい、現実離れした考えだ。せっかく道徳的判断を用いて外交政策を論じるのなら、最善の方法を採ろうではないか。本書ではそのささやかな一歩として、分析表と採点表を提案してみたい。

謝辞

数十年にわたる教育と学びの日々で、わたしに影響を与えてきた人々は数知れない——家族、師、友人たち、教え子たち、同僚たち。自分一人だけの力で書ける作家などいないのだ。わたしは本当に、人に恵まれてきた。わたしは大勢の人たちから、アイディアを恵んでもらい、借り、盗んできた。わたしはその全員に感謝しており、誰かの名前を挙げるのは難しい。なぜなら、覚えきれないほどの恵みを享受してきたからだ。それでも、最近の同僚であるスタンリー・ホフマンの名は挙げなければならない。リベラルな現実主義者《リアリスト》で、本書のテーマに思いを致してくれた先駆者だ。ロバート・O・コヘインと、グラハム・T・アリソンも同様だが、この二人は大学院時代から、長年ハイキングや魚釣りに出かけた仲で、その間に貴重なことを教わった。

ほかにも多くの人が、辛抱強くわたしの原稿の一部を読み、彼らの経験を話してくれたり、わたしの誤りを正してくれたりした。それでもまだ、誤りがあるかもしれない。彼らに順番をつけることはできず、ふさわしい方法で感謝を述べる方法も思いつかないので、アルファベット順に列挙するにとどめる。アミタヴ・アチャーリヤ、ニコラス・バーンズ、ピーター・フィーバー、ニーアル・ファーガソン、デイヴィッド・ガーゲン、アラン・ヘンリクソン、セス・ジョンソン、エレイン・カマーク、アン・カラレカス、ナンシー・コーン、マット・コフート、ユージーン・コーガン、スティーヴン・クラスナー、ショーン・リン＝ジョーンズ、フレデリック・ロジェボール、スティーヴン・E・ミラー、モリー・ナイ、ミーガン・オサリバン、ロジャー・ポーター、スーザン・ライス、マティアス・リッセ、デイヴィッド・サンガー、メアリー・サロット、ウェンディ・シャーマン、ジョシュア・シフリンソン、キャスリン・シッキンク、トニー・スミス、ジェイムズ・スタインバーグ、ジェイク・サリバン、アレックス・ブービング、コルダー・ウォルトン、デイヴィッド・ウェルチ、アーン・ウエスタッド、ケネス・ウィンストン、フィリップ・ゼリコウ、ロバート・ゼーリック。さらに、前半の章の内容に関して議論を交わした、ハーバード・ケネディ・スクールの応用歴史研究グループのメンバーにも感謝したい。最近の政権について、わたしに話してくれたり、手紙やメモの形で教えてくれたりした人も、ブレント・スコウクロフトをはじめ、何人かいるが、大半は匿名を希望しており、短いメモ書きに彼らの願いを滲ませている。

また、本書の執筆にあたっては、ハーバード・ケネディ・スクール・オブ・ガバメントや、そこに属する国際問題ベルファーセンター、公共リーダーシップセンター、さらにスタンフォード大学のフーヴァー研究所にも、組織としてご協力を賜り、わたしを受け入れていただいた。脚注の執筆ではレイチェル・ダムレに助けてもらい、有能な助手リサ・マカフィーや、優秀な編集者デイヴィッド・マクブライドにもお世話になった。しかし、どんなもの書きにも最も重要なのは精神的な支えで、その点ではなんといっても、わたしの家族と、わたしの生活の中心である妻モリーに深甚な感謝を捧げる。

ジョセフ・S・ナイ・ジュニア
マサチューセッツ州レキシントンにて

第１章　イントロダクション　アメリカの道徳主義《モラリズム》

二〇一七年の就任演説で、ドナルド・J・トランプはこう言った。「きょう、この日からは、何事もアメリカ第一《ファースト》になる。アメリカファーストだ……もちろん、われわれは世界の国々との友好や親善を模索していくが、それ以前に理解しなければならないのは、すべての国々にはそれぞれの利益を優先する権利があるということだ」(1)。これはまったく当然に思える。指導者は、国民の信託に応えていかなければならないのだ。われわれは自分たちの利益を守ってくれる人に投票する。しかし指導者はどうやって、われわれの利益を定義し、代表するのだろうか？　外交政策において、われわれは大統領にどのようなモラルを求めるのか？　それは何を意味するのか？　われわれに、国境を越えた義務はあるのだろうか？　われわれに、世界をよりよくしようとすることはできる――というより、そうすべき――だろうか？

アメリカ例外主義

アメリカ人は長い間、自分たちの国が道徳的に特別な例外であるとみなしてきた。セオドア・ルーズベルトは一世紀前に、「われわれが人類の人間性の向上に寄与できるのは、力と高い目的を組み合わせられるからだ」(2)と述べている。多民族国家としてのアメリカは、国家であるとともに、それ自体がひとつの大義とみなされてきたのだ。自分たちの国が特別で例外的であるという信念は、愛国主義的プライドを呼び起こす世界共通の形態である。一部のアメリカ人にとって、例外主義は排外主義的プライドや道徳的優越性を意味するが、それ以外の人々にとっては、単に国際協調主義と市民的理想に基づく、愛国的精神を意味するにすぎない(3)。バラク・オバマは二〇〇九年に、控えめな形でこのモラリズムを表現した。「アメリカが特別な例外的存在であるという信念をわたしは信じるが、それはイギリス人がイギリスの特別さと例外性を信じ、ギリシャ人がギリシャの特別さと例外性を信じるのと同じことだ」(4)。しかし一部のアメリカ人は、オバマの発言を控えめすぎると批判した。

フランス人でもありアメリカ人でもある、ハーバード大学の政治学者スタンリー・ホフマンは、かつてこう指摘した。どの国も自分たちを唯一無二の存在であると思いたがるが、フランスとアメリカ合衆国は、自分たちの価値観が普遍的なものだと信じている点が際立っている。しかしフランスは、ヨーロッパでの勢力均衡《バランス・オブ・パワー》によりその野心が抑えられ、全世界に普遍的価値観を広めるという夢想を思うがままに追求するわけにはいかない(5)。ホフマンの言葉によれば、アメリカ合衆国だけが、そうした例外主義を反映した外交政策を発展させ、実行するだけの力の余地があるという。

これは、アメリカ人が他国民よりもモラルが高いという意味ではない。メキシコ人やキューバ人、フィリピン人に訊いてみれば、十九世紀のアメリカが傍若無人に戦争を引き起こし、拷問をしてきたことがわかるだろう。ただし、多くのアメリカ人がこう信じたがっているのは確かだ――われわれは高いモラルを持ち、世界をよくするために力を行使している、と。第二次大戦直後、ヨーロッパにルーツを持つ現実主義者《リアリスト》のハンス・モーゲンソーは、このアメリカ外交政策につきまとうモラリズムに苦言を呈した。モラルが邪魔になり、国際社会に働く力関係の的確な分析ができないからだ。彼によると、こうした道徳的感傷主義は一般大衆に蔓延しているのみならず、「特定の道徳的価値観を増進させることへの傾倒は、アメリカ合衆国が戦後世界で超大国としての役割を担うようになってもなお、社会の最上層にまで達している」(6)という。それでもなお、アメリカ合衆国がリベラルな政治文化を持っていたことは、第二次大戦後に確立された国際秩序に大きな違いをもたらした。支配的な力を持つ国は、自らの政治的価値観を広めようとするものだ。もしもヒトラーが第二次大戦で勝利を収めていたり、スターリンのソビエト連邦が冷戦で優勢に立っていたりしたら、今日《こんにち》の世界の様相は大きく異なっていただろう。二十世紀において、イデオロギーには大きな勢力が三つあった――ファシズム、共産主義、自由主義《リベラリズム》〔グローバルな立憲的統治〕だ。そしていまなお残っているのは、リベラリズムだけだ。

アメリカ例外主義にはいくつかの源《みなもと》がある。ひとつの大きな要素は、建国の父たちが抱いていたリベラルな啓蒙思想だ。われわれの国は、そうした価値観に基づいて建てられた。ジョン・F・ケネディが述べたように、「われわれの側が持つ〝奇跡の力〟とは、すべての人々が自由になり、すべての国々が独立してほしいという願いなのだ……なぜなら、わたしはこう信じるからだ。われわれのシステムのほうが〔共産主義よりも〕根源的な人間性を守るのに適しており、われわれは最終的に成功するだろう、と」[7]。啓蒙リベラリズムは個人の自由や権利に重きを置き、そうした権利がアメリカ合衆国のみならず、全世界に普遍的だという信念を有する。そして一部の政治学者は、アメリカ合衆国が広く例外的だとみなされている核心的な理由は、アメリカがきわめて自由な性格を持つからだと論じている。それは「政治、経済、社会における自由を中心に据えた生活様式という、イデオロギー的な理想像」[8]だ。

しかしながら、そもそもの始まりから、アメリカ人はリベラリズムというイデオロギーの価値観を実行するにあたって、大きな矛盾に直面した。われわれの合衆国憲法の下で、奴隷制による不平等は放置されていたのだ。南北戦争から一世紀以上が経った一九六五年、ようやく黒人や少数民族の選挙権を保障した投票権法が成立したが、人種差別はいまなお、アメリカ政治の大きな課題でありつづけている。外交政策においてリベラリズムという価値観をいかにして促進するかをめぐって、アメリカ人がおかしな行動を取ることもあり、人種差別が要因となって、アメリカはメキシコ、ハイチ、フィリピンに介入した[9]。自由主義という道徳的エネルギーが、そんな形で発露したのだ。一部のアメリカ人にとって、それは外国を侵略し、民主主義を強制する口実となったが、別の人々にとっては、国際法体系や国際機関を創設し、国際社会の混沌とした状態を穏やかにして、諸国の自由を守る取り組みを意味した[10]。

アメリカ例外主義を構成するもうひとつの要素は、わが国の宗教的なルーツにある。すなわち、聖書に書かれた選民思想と、新世界でより純粋に暮らし、神を讃えたいとしてイギリスから移民してきたピューリタンによる罪の意識だ。ピューリタンの高い志は、とても達成不可能な水準を保って生活することができるだろうかという不安につながった。こうした要素は、十字軍的な正義を振りかざす行動には結びつかず、内向的な不安にとどまった。建国の父たちでさえ、彼らの新たな共和国がローマ帝国のように道徳的退廃に陥り、衰退していくことを懸念していた(11)。十九世紀になると、アレクシス・ド・トクヴィルやチャールズ・ディケンズのようにさまざまな人たちがヨーロッパから訪れ、アメリカ人が道徳、進歩、衰退にまつわる強迫観念に駆られている様子を書き留めた。しかし、こうした道義上の懸念もまた、外へ向かうものではなく、内向的な感情にとどまった。

最後に、われわれの例外主義はひとえに、アメリカの並外れた大きさと地理的条件にある。すでに十九世紀から、ド・トクヴィルはアメリカに特有の地理的条件に注目していた。大西洋と太平洋というふたつの大洋に守られ、隣国はいずれも弱かったので、十九世紀のアメリカ合衆国は西部への拡大に大半の力を注ぎ、ヨーロッパを中心とするグローバルで複雑な勢力均衡に関わるのを避けようとした。だが二十世紀初頭、アメリカ合衆国が世界一の経済大国になると、ようやく列強の一員であることを自覚するようになった(12)。これまで見てきたとおり、最大の力を持つ国は、良きにつけ悪しきにつけ、自らの野心を追求する余地や機会に恵まれる。最大の国はまた、誰もが恩恵を受けられるグローバルな公共財の創造を主導する動機と能力を持ち、広い意味で国益を定義する自由を手にする。その国益のなかには、開放的な国際貿易システムのような公共財や、海洋の自由をはじめとした共有財、国際制度の発展が含まれる。大きさこそは、アメリカ例外主義を形作る重要な現実主義的基礎だが、ピューリタニズムや、とりわけリベラリズムが、モラルを高く持とうとするエネルギーを供給している。二十世紀初頭になって、ウッドロー・ウィルソン大統領が、アメリカのリベラルな価値観と、わが国が新たに手にした強国としての地位を結びつけようと、特筆すべき努力をした。

ウィルソンの自由主義

十九世紀、アメリカ人は孤立主義という政策をもって、世界の勢力均衡に対処してきた。当時、まだアメリカという新しい共和国は比較的弱く、隣国には帝国主義的に振る舞うことができたが、ヨーロッパ列強のバランス・オブ・パワーには、現実主義的な政策で慎重に対応した。モンロー主義はヨーロッパの均衡から西半球を切り離すことを主張したが、アメリカ合衆国がその主張を維持できたのは、英国海軍が制海権を握る状況下で、イギリスの国益と合致したからにすぎない。

しかしながら、アメリカの国力が増すにつれ、われわれの選択肢も増えていった。重要な転換点となったのは、一九一七年、ウィルソンがそれまでの伝統を破って、二百万ものアメリカ兵をヨーロッパの戦争に送り込んだときだ。二十世紀初頭におけるほかのアメリカの指導者と同様、ウィルソンもまた理想主義者を自認していた。[*] ウィルソンの構想した平和のための国際連盟は、もともとヨーロッパ発祥の概念だが、アメリカを代表する大学教授にして学長でもあった彼は、ヨーロッパのリベラルな考えを応用し、彼がより道徳的と考えていたアメリカによる提案に統合させた。それはやがて、アメリカ外交政策の主要な要素となった。

ウィルソンはバランス・オブ・パワーの概念を理解していたが、それを不道徳とみなしていた。なぜならそれは、列強の都合に合わせて弱い国々をチーズのように切り裂いてしまうからだ。十八世紀にロシア、プロイセン、オーストリアに分割されたポーランドがその例である。ウィルソンの考えでは、侵略者に対して集団安全保障条約で立ち向かう国際連盟のほうが、バランス・オブ・パワーに基づく利己的な国家連合よりも平和的で正義にかなっていた。ウィルソンは第一次大戦におけるアメリカの使命を、物質的な勢力拡大ではなく、すべての国々を主導して、正しい目的を達成するための新たな国際共同体を設立することだと考えていた。[13] 彼はアメリカ合衆国のことを、勝者側の同盟国ではなく、〝みなさんの仲間〟と呼んだ。ウィルソンは、これが考えられる唯一の平和的解決策で、短期的にはアメリカ人に受け入れられ、長期的には道義を重んじる世界の意見にかなうだろうと主張した。

ウィルソンは外交政策の指導者としては成功しなかったが、現在のわれわれが言う〝思想的指導者〟として不動の地位を得た。一九一九年、彼は国内外で偶像化され、それから数十年を経て、ふたたび国際関係において新たなモラルを体現する象徴となった。ウィルソンのめざした国際組織が、アメリカ人によって実現されるには、二十年以上の歳月を要したのだ。それでもなお、ウィルソンはフランクリン・ルーズベルトとハリー・トルーマンに強い影響を与え、その二人は一九四五年以降の世界に、リベラルな国際秩序を打ち立てた。二人ともウィルソン主義者を自認し、各国が戦争を起こす

＊ウィルソンはリベラルな理想主義者だったが、普遍的な人権を守ったわけではない。南部出身の彼は、人種的偏見とともに、当時優勢だったアングロサクソン至上主義思想の持ち主でもあった。アメリカのリベラルな伝統は、奴隷制そして人種差別を併せ持っていたのである。それにくわえて、ウィルソンはメキシコおよびカリブ諸島への介入をためらわなかった。彼の考えでは、それらの国々の統治が拙劣だったからだ。

理由を制限した国際連合は、ウィルソンが提唱した国際連盟の末裔といえる。

ウィルソンのリベラルな国際主義的プロジェクトには、ふたつの大きな狙いがあった——拘束力のある国際法と国際組織を確立して、国際社会の混沌をやわらげることと、諸国を立憲民主主義の方向へ促すことだ。ウィルソンは、民主主義国にとって安全な世界を模索した。[14] 歴史家で伝記作家のアーサー・リンクは、一九三〇年代の破滅的な事態に照らせば、ウィルソンが一九一九年にベルサイユで唱えた理念には先見性があったと主張する。それに比べてヨーロッパの指導的政治家だったジョルジュ・クレマンソーやデイヴィッド・ロイド・ジョージは、それぞれの領土を増やすことしか頭になかった。リンクは「ウッドロー・ウィルソンの、より高次元なリアリズム」と呼んでいる。同様にリアリストだったジョージ・ケナンは一九九一年、ウィルソンについてこう書いた。「人生のこの段階に及んで、わたしは若いころ彼に抱いていた印象の大半を改め、修正しなければならない。いまのわたしは、世界の社会が将来必要とするものを正しく見ていた点において、ウィルソンは同時代のいかなる政治家よりも先んじていたと思う」[15]

ウィルソンの道徳主義に裏打ちされたリベラルな遺産が、アメリカの外交政策にとって罠になってしまったという見解には、賛否が分かれるだろう。リベラルな民主主義は国内では最良の政治システムだが、国際政治の領域では、「すべての人間には奪うことのできない権利があり、その権利を守ることがほかの懸念に優先するという信念が、自由主義諸国にとっては他国に介入する強い動機を作ってしまう」[16] のだ。ほかならぬリベラリズムが、不安定と抗争の原因になってしまうのである。[17] もちろん、リベラリズムの定義やその実行のしかたには、さまざまな見解や方法があろう。しかし、ヘンリー・キッシンジャーが記したように、リチャード・ニクソンのような極めつけのリアリストさえも、ウィルソンには強い影響を受け、ホワイトハウスに彼の肖像画を掲げていた[18]。キッシンジャーはこう締めくくっている。「ウィルソンの究極の偉大さは、アメリカ例外主義の伝統に及ぼした度合いの大きさでわかるだろう……彼の予言した理念を一度拒絶したアメリカは、結局自ら、その理念を熱望するに至ったのだ[19]」

一九四五年以降のリベラルな国際秩序

ウィルソンがヨーロッパに二百万の兵を送り、戦局を決定づけたあと、アメリカ合衆国は世界一の経済大国であるのみならず、グローバルな勢力均衡にとって決定的な存在であることが明らかになった。しかし、上院がベルサイユ条約の批准を拒否し、ウィルソンの国際連盟に加盟しなかったことで、アメリカ合衆国は新たな役割を担うことを放棄し、グローバルな公共財を提供するのではなく、それにただ乗りしつづけることを選んだ——従来その担い手だったイギリスには、もはやそれだけの国力はなかったのだが。世界政府が存在しない以上、国際社会は最大の国に秩序を決めてもらい、グローバルな公共財を提供してもらうことになる。十九世紀においては、イギリスによる平和《パクス・ブリタニカ》が安全保障、経済的安定、海洋の自由をはじめとした共有財の保護に貢献していた。第一次大戦後、アメリカ合衆国がイギリスに取って代わり、〝不可欠の国家〟（十九世紀末から使われはじめた言葉）になったが、その自覚はなかった。

むしろアメリカは、それ以前の常態に戻ってしまった。一九二〇年代、合衆国はいくらか、世界に有益な行動を率先して行なったものの、第一次大戦への参戦と新たな世界秩序を創造しようとする試みを、世論は重大な過ちとみなすようになった。アメリカ合衆国はふたたび強い孤立主義に戻り、一九三〇年代にアメリカ主導のリベラルな秩序は実現しなかった。その結果訪れた十年間は道義に反するもので、大恐慌、大虐殺の序章に続き、遂には第二次世界大戦が勃発した。一九三〇年代の孤立主義はかつてより有害だったが、それは十九世紀以来の外交政策の伝統へ回帰したものだったのだ。

アメリカの国民世論はしばしば、外向性と後退の間を揺れ動く[20]。フランクリン・ルーズベルトのような指導者は一九三〇年代の孤立主義を過ちとみなし、国際協調体制の構築に乗り出した。一九四四年にブレトンウッズ協定を締結して国際経済の枠組みを安定させ、一九四五年には国際連合を創設したのだ。これから第3章で見るように、転換点になったのはハリー・トルーマンの戦後政策に関わる決断で、それによりアメリカは、諸外国と恒久的な同盟関係を結び、海外に軍を駐留させるようになった。一九四七年、国力の衰えたイギリスが、共産主義の脅威に揺れるギリシャとトルコを支援できなかったとき、それに代わったのはアメリカ合衆国だった。アメリカはさらに、一九四八年にはマーシャルプランに多額の資金を拠出し、一九四九年に北大西洋条約機構《NATO》を創設、一九五〇年には国連軍を率いて朝鮮戦争で戦った。一九六〇年には、ドワイト・アイゼンハワーが日本との新たな安全保障条約を締結した。

こうした一連の行動は、ソ連の力に対抗する現実主義的な封じ込め政策の一環だったが、封じ込め戦略はさまざまに解釈されてきた。ある外交政策は共産主義封じ込めという理由で正当化され、別の外交政策はソ連封じ込めのために正当化された。トルーマンが共産主義国家のユーゴスラビアを支援したのは、後者の例だ。なかには、倫理的な正当性という観点から疑問が残る決定もあった。たとえば、グアテマラやイランなどの政府を転覆させたことだ。おそらく、最も悪名高いのはベトナムへの軍事介入だろう——これは第4章で見るように、歴代のアメリカ大統領が共産主義によるドミノ理論と、二極化した世界の勢力均衡に及ぼす影響によって正当化したものだ。

ベトナム、そして最近ではイラクのような発展途上国への軍事介入をめぐり、アメリカ人は苦い論争と党派的な争いを繰り広げ、その結果は一九六八年と二〇〇六年の選挙結果に強く影響した。介入の倫理的正当性は広く議論を呼び起こした一方で、リベラルな国際秩序の正しさという論点には、さほど異論は生じなかった。神学者のラインホルド・ニーバーは、「リベラルな国際主義の幸運な曖昧さ」を称賛し、そのおかげで、共産主義が陥ったようなイデオロギーにつきものの硬直性を免れていると指摘した。冷戦で勝利を収め、イデオロギー上の闘いでもリベラリズムが勝利したことで、ウィルソン主義は〝厳しい〟イデオロギーになってしまうリスクを負うことになった。世界を民主主義「にとって」安全にするのではなく、民主主義「によって」安全にしようとするリスクだ。アメリカの〝一極時代〟に対抗勢力はなく、そのために傲《おご》りが生じる危険もあった。経済的グローバリゼーション、民主主義の強力な推進、アメリカのリーダーシップを唱道するワシントンの政治勢力[21]は、しばしば利益追求をかたくなに主張し、リベラルな国際主義というイデオロギーによってそれを正当化する。追求すべき「目標が過大になり、アメリカ合衆国はそのためなら、いかなる手段にでも訴えることが正しいとされてしまう[22]」のだ。

第二次大戦後、リベラルな国際秩序はアメリカの外交政策において広汎な支持を受けてきたが、二〇一六年の選挙でドナルド・トランプは、一九四五年以降の国際秩序を俎上に載せることが人々に受け入れられやすいと気づいた。すなわち、アメリカが締結してきた条約や加盟する国際機関が、諸外国の人々に利益を与えるようになり、アメリカにとっては不利益になってしまったという主張だ。彼の大衆受けを狙ったポピュリスト的な主張は、外交政策よりはるかに広い分野で根強く存在していた。グローバリゼーションによって経済的な混乱が生じ、二〇〇八年の大不況によってそれが一段と強まり、人種、女性の役割、性のアイデンティティに関する文化的な変化が、アメリカの有権者を分裂させた。トランプは、とみに存在感と影響力を増す少数派の人種や民族に対する白人層の怒りを、「メキシコや中国とひどい貿易協定を結び、移民に仕事を奪われるようになった」[23]として、経済問題を非難することにより、外交政策に結びつけることに成功した。

ただアメリカでは、リベラルな外交政策に対するこうしたポピュリスト的な反応は、近年に始まったことではない[24]。一九二〇年代から一九三〇年代にかけて、先例がある[25]。二十世紀初頭、一千五百万人もの移民がアメリカ合衆国に押し寄せ、「以前からアメリカに住んでいた人々は、国内で彼らに圧倒されるのではないかという漠然とした不安を抱いた」のだ。さらに一九二〇年代の初めには、クー・クラックス・クランが復活し、「北欧ゲルマン系の人種が圧倒されるのを防ぎ」、「彼らが崇めていた、昔ながらの同質なアメリカを守るため」、一九二四年移民法を成立させた。ドナルド・トランプが勝った二〇一六年の選挙でも、似たような事態が見られた。とはいえ、トランプが人種的、イデオロギー的、文化的な深刻な不和を起こしたのではなく、彼はそれらを選挙運動に反映させたにすぎない。そうした不和は、一九六〇年代から募っていたのだ[26]。アナリストのなかには、トランプの外交政策とアメリカの後退が、一九三〇年代のような国際社会の混乱をもたらすのではないかと危惧する人々もいるが、トランプの支持派は、むしろアメリカが甘い態度をやめ、毅然とした姿勢を取ることで、国際社会は安定し、国内での支持も大きくなると主張する。いずれにせよ、トランプの選挙がウィルソン以来の伝統に訣別する姿勢を示したのは確かだ。

一部の人々は、トランプの台頭をもたらしたのは、リベラルなエリートたちがアメリカ人の基調をなす外交政策の嗜好を読み違えたことだと考えている。たとえばスティーヴン・ウォルトは、リベラリズムの価値を一般市民より重視する、公徳心豊かな外交政策エリートの姿を著作で描いている[27]。しかし、こうした描写は単純化しすぎだ。もちろん、アメリカ人の間には多種多様な立場があり、たいがいエリート集団は一般的な国民よりも、外交政策に興味を持っているだろう。一九七四年以来、シカゴ国際関係会議はアメリカ人に、国際問題に積極的に関わるのと、関わりを避けるのとでは、どちらが国にとってよいか質問してきた。全期間を通じて、回答者のおよそ三分の一が、関わりを避けるべきだと答えたのは、十九世紀以来の孤立主義の伝統によるものだ[28]。その割合は二〇一四年に四〇パーセントに達したが、一般通念と異なり、一九四五年以降で孤立主義者の割合がピークに達したのは、トランプが当選した二〇一六年ではない。選挙の時点では、実に六四パーセントのアメリカ人が、国際問題に積極的に関わるべきだと答え、二〇一八年の調査でもこの数値は七〇パーセントに上昇し、二〇〇二年以来の高い水準を記録した[29]。

大半のアメリカ人にとって、外交政策の優先順位が高くないのは、彼らが直観的なリアリストである傾向が高く、生活の安全や経済的安定を優先するからだ。[30] 一般市民は自分たちの仕事や安全を第一に考える。しかしながら、世論調査はこのようなことも示している。「治安や日常生活の安寧が最優先だが……大半のアメリカ人は同時に、外国の人々が公正さを保障されることも重要だとみなしており、アメリカ合衆国が国際社会で利他的かつ人道的な目標を希求して行動することを願っている」。エリートたちはしばしば、一般市民よりもリベラルな傾向にあるが、すべての問いに対してそのような態度を取っているわけではない。一般市民は雇用に影響する経済問題や戦闘部隊の派遣に、より懐疑的なまなざしを注ぐが、彼らはまた、国際組織、制度、協定に対して、エリートよりもリベラルで、強い支持を示している。[31] 外交政策は二〇一六年大統領選挙での主要な争点ではなく、しかもドナルド・トランプがうまく利用したポピュリスト的な意見だけが外交政策を形成していたわけではない。

就任演説でトランプは、「われわれは自分たちの生活様式を誰にも押しつけるつもりはないが、むしろ模範としてそれを輝かせようではないか」と言った。こうした表現は「丘の上の町」の伝統といえるもので、その起源はかなり古い。純粋なジェファソン流の伝統ではなく、以下に見るように、積極行動主義を避けるものだ。[32] アメリカの国力は「行動の柱」よりも「霊感の柱」や魅力というソフトパワーに拠って立つとみなされている。[33] 聖書にある「丘の上の町」の比喩〔『マタイによる福音書』5章14節に「山の上にある町は隠れることができない」という一節がある〕は、十七世紀にピューリタンのジョン・ウィンスロップによって使われ、彼は「人々の目はわれわれの上に注がれている」と言った。一八二一年には、第六代大統領のジョン・クインシー・アダムズが、有名な言葉を残している。すなわち、アメリカ合衆国は「倒すべき怪物を探して外国に出ることはない。この国はあらゆる人々の自由と独立を真摯に願っている。この国は自国民のために戦う闘士であり、擁護者なのだ」[34]。トランプは二〇一七年十二月、国家安全保障戦略を発表した際に、ふたたびこのテーマを取り上げた。彼はそれを「理にかなった現実主義への回帰」と呼び、「われわれは自分たちの生活様式を誰にも押しつけるつもりはない」が、「アメリカの偉大さを世界の輝かしい模範として祝う」だろうと言った[35]。

アメリカの外交政策にはさらに、長きにわたる介入主義者という要素もある。モンロー政権のアダムズ国務長官は、オスマン帝国の迫害に反乱を起こしたギリシャの愛国者に味方しようと、アメリカの介入を求める人々に対して、その圧力をはねのける声明を出した。モンロー時代には孤立主義が主流だったものの、二十世紀の初めになると、現実主義者を自認するセオドア・ルーズベルトさえも、甚だしい人権侵害が認められた場合には、介入も「正当かつ適切な行為になりうる」との見解を示した[36]。二十世紀の半ばには、ジョン・F・ケネディがアメリカ人に、自分たちが国のために何ができるかのみならず、世界のために何ができるかを問えと呼びかけた。そして彼は、ベトナムへ一万六千人もの軍事顧問団を派遣した。冷戦の終結からこのかた、アメリカ合衆国は七回の戦争および軍事介入に関わってきたが、どれも大国の勢力争いに直接関係するものではなかった。二〇〇六年、ジョージ・W・ブッシュが打ち出した国家安全保障戦略は、トランプとほとんど正反対のもので、全世界への自由と正義の推進、人間の尊厳の保護という二本の柱によって、グローバルな民主主義コミュニティを発展させるというものだった[37]。モラルにかなった外交政策を形作るものは何か、われわれの歴史は実にさまざまな答えをもたらしてきたのだが、トランプは、民主主義を掲げる介入主義という答えも、ウィルソンのリベラルな遺産が示す国際機関による解決という答えも拒絶した。

批評家たちが正しくも指摘するとおり、一九四五年以降のアメリカ主導による秩序はグローバルでもなければ、きわめてリベラルなわけでもなかった。[38] いわゆるアメリカの覇権《ヘゲモニー》は、世界の半分以上の地域（ソ連の勢力範囲と中国）に及ばず、友好国には自由主義を標榜しない独裁国家も多く含まれていた。アメリカの擁護者は、リベラルな国際秩序は、たとえ不完全であっても世界をよくしたと主張する。なぜならそのおかげで、世界経済は前例のないペースで発展を遂げ、無数の人々が貧困から脱出し、リベラリズムと民主主義が広まるのを促したからだ。[39] いずれにしろ、多くのアナリストの見解では、いまやリベラルな国際秩序は、中国の台頭とともに終焉を迎え、国家主義的なポピュリズムが多くの国で勢いを増しているようだ。未来のアメリカ大統領たちは、一九四五年以降のパクス・アメリカーナやウィルソン的な理想像が変容した世界で、外交政策のモラルを選択しなければならないだろう。そのようなモラルの選択はどのような違いをもたらし、われわれはいかにして、モラルにかなった外交政策を判断すべきなのか？　われわれは歴代大統領の実績を採点表にし、慎重に比較することができるだろうか？　わたしは、それが可能だと思う。次の章で、その問いに答えよう。

第２章　道義的な外交政策とは

われわれがこれまで描いてきた、アメリカでの道徳的価値観や外交政策をめぐる議論は、より広い西洋の思想的伝統の一部である。リアリストの祖先をたどれば、古代ギリシャのツキュディデスや近世イングランドのホッブズに行き着くだろう。ルネッサンス期イタリアのマキアヴェッリは、混沌とした国際社会では外交政策の大半が道義にもとるものだと主張している。ツキュディデスの有名な記述では、古代アテネ人はメロス島の人々を虐殺したり奴隷にしたりする用意を整えながら、慈悲を懇願する声に取り合わず、こう言ったという。「強者はやるべきことをやり、弱者は苦しみを受け入れるしかないのだ」[1]。これと対照的に、啓蒙思想の哲学者イマヌエル・カントの流れをくむヨーロッパのリベラルは、基本的価値観は普遍的であり、あらゆる状況に適応されるべきもので、その範囲には外交政策も含むと主張する。どちらの見解にも長所はあるが、両者ともに、外交政策におけるモラルの選択は、全面的に適用されるか、まったく適用されないかのどちらかだとしている点で、単純化しすぎだ[2]。国際政治が扱うのはおよそ二百カ国、七十五億人の人々だが、それを執り行なう世界政府はない。しかもその大半は、西洋的な倫理学の伝統に属していないのだ。しかしながら、そうした複雑さを認めるとしても、われわれは水際まで来てさじを投げ、道徳的判断をあきらめてはならない。それでは、始めよう。

われわれはいかにして道義的判断を下すのか

われわれは絶えず、道義的判断を下している。信仰があるかどうかにかかわらず、さまざまな研究は、道徳心がわれわれ人類の一部であることを示している。保守主義的な政治学者ジェイムズ・Q・ウィルソンによると、「人々に道徳的感覚があるからといって、彼らが本質的に善良だとは限らない」が、「潜在的には人間の性質は善良だ」[3]という。われわれは社会的動物であり、そのように進化してきた。人間は利己的で攻撃的だが、争いを抑制し、お互いを気遣うことは、われわれの種が支配的な勢力になるための重要な適応だった。社会心理学者のジョナサン・ハイトの言葉では、道徳的規範のおかげで人間は「血縁関係がなくても協力して、大きな集団、部族、国家を作ることができるようになり……道義的判断は、われわれ人間が社会的義務へと進化させた能力であり――われわれの行動や所属している集団を守ることを正当化するものだ」。われわれは生まれつき道徳的衝動を持っているが、そうした衝動の内容には大きな幅がある。

人間は利己的、攻撃的で、しばしば残酷になるが、道徳的衝動は、脳に損傷がある場合を別にすれば、ほぼ人類共通のものだ。しかしながら、文化が異なれば、そうした道徳的衝動も異なる形で表われ、ある文化では危害からの保護、公平さを重視する一方、別の文化では権威、忠誠心、尊厳を重視する。(4) 神経科学の発展のおかげで、道徳的感覚と人間の脳の関係が理解できるようになった。われわれ自身の文化のなかでも、道義的判断のうちいくらかは衝動的で、脳のある一部が司《つかさど》っている。一方、別の道義的判断はより理性的で、脳の別の部分に由来するものだ。「いかに行動するかという決定は、これまで道徳哲学者が考えていたような単一の、合理的な計算によるものではなく、ふたつのプロセスのせめぎ合いによってなされるもので、そのうちの情緒的な一方がときおり、功利主義的なもう一方に優ることがある」(5)。だが、道徳的直感と理性的判断が対立するという理解は間違っている。直感も理性的判断も、われわれの道徳的反応の一部なのだ。* 道徳性は、信念と思慮深い慎重さの両方によるものだ。この生物学的な道徳的衝動を表現すると、われわれの道徳的義務感は三つの主要な社会的源泉から引き出される──宗教的あるいは個人的に導かれる良心の感覚、社会が義務として扱う共通の道義的ルール、われわれの社会的役割に求められる義務にまつわる職業的かつ個人的な行動規範だ(6)。

＊道徳のふたつの側面を示すのによく使われる方法が、〝路面電車の問題〟である。路面電車が制御不能になり、坂を下っているとしよう。あなたがポイントを切り替えれば、電車は一方の線路に入り、一人を轢き殺すが、ポイントを切り替えなければ五人を轢き殺してしまう。こうした場合、多くの人は功利主義的に判断し、ポイントを切り替えるのが正しい道徳的反応と考えるだろう。だがもうひとつの例では、一人を線路に突き落として路面電車を脱線させれば、五人の命を救えるとする。この場合、大半の人は直感的に思いとどまり、功利主義的な計算を実行に移さないだろう。しかし結果的には、どちらの例も救える人数は同じなのだ。

宗教はいくらか支配的な要因になりうるが、それだけが道徳的判断の明確な指針になるわけではない。宗教的原理主義者はときおり、答えはすべて聖書やコーランに書かれてあるので、道徳的判断は不必要だと主張する。しかし、こうした聖典でさえ、解釈が分かれることがある。著作家のギャリー・ウィルズによると、南部出身のバプテスト派信徒ジミー・カーターは、歴代で最も宗教的に敬虔《けいけん》な大統領で、成人してからずっと、日曜学校のバイブルクラスで教えており、それはホワイトハウスに入ってからも続けていた。それにもかかわらず、ウィルズの指摘によると、宗教的右派は大統領に当選したカーターを拒絶し、二〇一六年の選挙ではドナルド・トランプを支持した。「まず間違いなく、最も宗教心の薄い大統領に、圧倒的な数を」投票したのである。(7) それは、妊娠中絶禁止や保守的な裁判官の任命が、合意のない女性との性的行為や度重なる不貞行為よりも、重要な倫理問題とみなされたからだ。これから見るように、敬虔であることを公言していた二人の大統領、ジミー・カーターとジョージ・W・ブッシュは、倫理的採点表の評定が大きく異なる。そのうえ、同じ聖書が政治的にまったく異なる解釈をされることもあるし、ときには聖書の記述そのものが時代遅れの倫理的アドバイスをしていることもある。たとえば、レビ記18章22節では、同性愛を忌まわしい行為と呼び、レビ記の25章44節ではまた、隣国から奴隷を買う場合は奴隷制を認めている。つまり聖書は、カナダ人がアメリカ人の奴隷を持つことを認めているようだ。あるいはその反対もあるだろうか？　もっとも聖書は、カナダ人とどのように交渉すべきかまでは教えてくれないが。

三つの次元による道義的判断

アメリカ人の間でさえ、宗教的信仰の文化的背景が異なっているのだから、外交政策に関する道義的判断はしばしば熱い論争になり、一般に蔓延するいくつかの誤解がその混乱に拍車をかける。ひとつは、「はじめに」で触れたような、筋金入りのリアリストの見解で、それによると倫理は外交政策になんら寄与しない。なぜなら外交政策に選択の余地はなく、重要なのは国益だけだからである――しかしそういう態度もまた、ひとつの道義的選択だが。もうひとつの誤解は、大統領の道徳的性格を、彼の政策の道義的結果と混同してしまうことだ。さらにもうひとつは、結果よりも大統領の道義を謳《うた》った美辞麗句を基に評価を下すことである。

実際問題として、われわれの日常生活では、大半の人々が三つの次元によって道義的判断を下している――意図、手段、結果だ。第一の重要な次元である「意図」は、単なる目標以上のものだ。そこには価値観が表現され、個人的動機も含まれる（たとえば、「彼女はよかれと思ってしたのよ」という場合）。大半の人々は表向き、立派でもっともらしい目標を掲げるが、なかにはエゴや利己的な動機を隠蔽していることで、目標の価値をいくらか損なうこともあるだろう。さらに言えば、よい目標を掲げるだけではわれわれの求める価値は満たされず、それは実行可能かどうかというふるいにかけられたものでなければならない。さもなければ、最良の意図によって行なわれたことが、道義的に破滅的な結果に終わってしまうこともありうるからだ。彼らは往々にして、地獄への道を善意で舗装する。たとえばリンドン・ジョンソンは、善良な意図をもってアメリカの戦闘部隊をベトナムに送り込んだかもしれないが、指導者の善良な意図は、いわゆる〝道徳的明快さ〟（ときおりこの言い方は誤解を与える）の証拠にはならない。善良な意図だけに基づいて評価を下すのは、一面的な倫理でしかない。たとえば、ジョージ・W・ブッシュの報道官だったアリ・フレイシャーは、大統領の意図には「道徳的明快さ」があると言ってボスを褒めたたえたが、二〇〇三年に行なわれたイラク占領の健全な道義的評価には、それ以上の要素が必要だ[8]。

道義的判断で第二に重要な次元は、「手段」だ。目標を達成したとき、われわれはその手段が効果的だったかどうかを話題にするが、倫理的だったかどうかもまた、効果と同様に質を左右する。たとえば、現地の人々をどのように扱うのか？　大統領は魅力というソフトパワーや諸外国の信用を培うことの重要性を考慮しているか？　手段を考えた場合、一国のリーダーは報酬や脅しというハードパワーと、人々を目標へ向かって駆り立てる価値観、文化、政策というソフトパワーをどう組み合わせるかを考えなければならない[9]。ジェイムズ・マティス海兵隊大将がかつて議会に警告したように、国務省のソフトパワーに充分な予算をつけるのを怠ったら、その分よけいに銃弾を購入しなければならないだろう[10]。ソフトパワーで充分なのにハードパワーを使ったり、価値観を守るためにハードパワーを使うことが必要なのにソフトパワーしか使わなかったりした場合には、手段に関して深刻な倫理的疑問が生じることになる。

第三の次元である「結果」について言えば、決定的に重要なのはその効果であり、国家の政策目標が達成できたかどうかも含まれるが、アメリカにとってだけでなく、諸外国にとっても、よい倫理的結果でなければならない。「アメリカファースト」という言葉は、トマス・ジェファソンが言うところの「全人類の意見に対する適切な考慮」によってやわらげなければならない。実際、効果と倫理的手段はしばしば密接に関係している。ジョージ・W・ブッシュは善良な意図をもってイラクに民主主義をもたらそうとしたかもしれないが、彼にはそれを実行するだけの道義的・効果的手段がなかったために、占領政策は失敗した。指導者が道義を追求しても、目標が非現実的であったり、効果の乏しい手段を使ったりしたら、国内外で悲惨な道義的結果をもたらすことになる。これからの事例で検討するとおり、たとえ意図が善良であっても「状況を把握する知性」〔状況把握力〕が弱く、現実に実行可能かどうかをよく考えなかった大統領は、往々にして悪い結果を招き、倫理的にも失敗している。[11]良質な道義的判断とは、大統領の表明した意図や結果だけでその選択を評価するのではなく、「意図」、「手段」、「結果」という三つの次元すべてを考慮するものだ。

二重基準と汚れた手

それに続いて、さらに考慮に入れるべきなのは、歴代大統領を一般市民と同じ道義的基準によって評価すべきかどうかだ。歴史的に、少なからぬ政治指導者が、自分は例外だと考えていた。聖書によると、ダビデ王は軍団司令官の妻バテシバに欲情し、その司令官を危険な任務に赴かせて、彼女をわがものにした。ダビデは自らの行為が不義であることをわかっていたが、王には道義的な制約がないと考えたのだ。十五世紀にはボルジア家の教皇アレクサンデル六世が腐敗したバチカンを牛耳《ぎゅうじ》り、不義により生まれた息子たちを高い地位に取り立てたが、ほかの教皇たちもしてきたことだと強弁した。同様に、ニクソン大統領は「大統領がするのなら、それは違法ではないということだ」[12]と言っている。

そしてトランプ大統領は自分自身を赦免し、法律を超越した地位に自らを置くこともできると示唆した[13]。

アメリカ人はしばしば、大統領といえども法律を超越した存在ではないと言う。法的見地や、国民を導く象徴としての役割から、自分たちの大統領は、一般人と同じような道徳基準を守るべきだと考えるのだ。われわれは大統領の私人としての振る舞いと公人としての振る舞いを区別しがちだが、区別の基準は時代とともに変わる。これから見ていくように、ジョン・F・ケネディはホワイトハウスで無分別な不貞行為に耽溺したが、一九六〇年代の報道機関は、そうした行為に見て見ぬふりをした。その三十年後、ビル・クリントンは似たような行為で弾劾訴追された（上院による罷免は免れたが）。二〇一六年、福音派が支持したトランプにも、数々の不貞行為の証拠があった。

しかしながら、リーダーと一般市民の間に二重基準を設けることには、場合によっては正当性がある。「汝、殺すなかれ」という聖書の教えを考えてみよう。伴侶や同居人を探すときには、この戒律は望ましい道徳的価値観のトップクラスに入るだろう。一方、世論調査では大半のアメリカ人が絶対的平和主義者には投票しないと答えている。大統領は国民の受託者なのだ。彼らは自分を選んだ国民を守る受託者責任を負い、状況によっては、兵士を派遣して人を殺す決断をしなければならない。たとえ大統領が、いかにそうした行為を忌み嫌っていても。さらに、核抑止力の考え方は、いざというときに大統領が核ミサイルの発射ボタンを押すことへの信頼を前提としている。ジミー・カーターはこのように述べた。「国を戦争に導いた歴代大統領は、平和を志向した大統領よりも強いと思われている。だがわたしは、そんな見方に煩わされることはない」[14]。カーターは大統領任期中、軍事攻撃を一度も行なわず、核兵器拡散を規制したことを自らの誇りとしているが、決して核抑止力を放棄したわけではなかった。時と場合によっては、リーダーは「汚れた手」を持つ覚悟がなければならない。それはつまり、個人的な道徳規範から見れば不道徳とみなされかねない行為を、あえて行なわなければならないという意味だ[15]。

ドイツの思想家マックス・ウェーバーは、不正の許容をいっさい拒否する「信念倫理」〔心情倫理〕と、「責任倫理」の区別をしたことで名高い。前者では、たとえよい結果のためであっても、絶対的な道徳規範を侵すことは許されない。しかし責任倫理は、一義的に結果を考える。マルティン・ルターが腐敗した教会に反逆し、「わたしはここに立つ。ほかのことはなしえない」と宣言したとき、彼は信念倫理に従っていた。だがウェーバーは、核となる信念を持つことに敬意を払いながらも、政治に純粋さを持ち込むことの危険を警告している。「自らの魂の救済を求める者は誰であれ、政治という手段でそれをなすべきではない」[16]。政治家は心と頭の間で折り合いをつけ、直観と分別を組み合わせて、信念倫理と責任倫理の間でバランスを取らなければならない。二〇一五年八月、シリア内戦のさなかにドイツのアンゲラ・メルケル首相——ルター派の牧師の娘だ——は、百万人もの難民を受け入れるという勇敢で良心的な決断を下した。しかしそれは、ヨーロッパ各国で極右勢力の台頭を加速させ、ドイツをはじめヨーロッパの政治家を苦悩させる結果をもたらした[17]。彼女の決断は個人としては称賛に値するかもしれないが、政治や外交の世界では厳しい決断を下すことが迫られる。場合によっては「汚れた手」の持ち主になるのを厭わず、三つの次元による倫理で判断する必要がある。

アメリカ人のなかには、聖書やコーランのような聖典に書かれた戒律に基づき、原理主義的な倫理に従って生活している者もいる。しかし、十八世紀の哲学的伝統であるリベラルな啓蒙思想は、建国の父たちをこの国へ導き、いまなお多くのアメリカ人を律している支配的な伝統だ。この啓蒙思想のなかで、倫理学者はイマヌエル・カントのような思想家による、規則を重視する〔義務論的〕アプローチと、ジェレミー・ベンサムやジョン・スチュアート・ミルのような功利主義者による、帰結主義的なアプローチを区別している。両者の違いを把握するには、あなた自身に問いかけてみるとよい。たとえば、混雑した街中で作動している時限爆弾の場所を訊き出すために、テロリストを拷問すべきだろうか？　あるいは、大勢の人命を救えるとしたら、罪のない人間を一人犠牲にしても構わないだろうか？　救える命が百万人だったら、どうだろうか？*。

なかには、「徳倫理学」と呼ばれる第三の伝統に魅力を感じる人もいるだろう。これはアリストテレスや古代ギリシャ（あるいは非西洋的文化の儒教）にさかのぼることができる。これは人格の徳性を高めることに注目する考え方で、ある特定の決断が道義的かどうかより、その人物全体の道義性を重視するものだ。徳とは、道義的に称賛に足る行動を取ろうとする、われわれの気質である。人格は単なる性格以上のものだ。人生に関わる決断を、別の方向にではなく、ある一定の方向に行なうのは、徳の総計によるものなのだ。悪い人格を有する人々も、ときにはよい決断を下すことがあるし、よい人格の持ち主がつねによい決断を下すとは限らない。誰かが不道徳な決断を下した場合、われわれはよく、「その人らしくない」と言うだろう。よきリーダーは徳を高め、経験によって判断を下す。「倫理的な振る舞いは慎重かつ周到な計算や熟考の結果であるべきではない。それは瞬時に、反射的に下される、直観に基づいた決断であるべき」で、その直観は「関連する事実への真剣な注意から生まれるもので、その代わりになるものはない」⒅。しかしながら、徳倫理学と直観の問題点は、評価の対象となる決断に関して、決断した人物より大きな基準がないことだ。

さて、われわれは倫理の三つの次元として、「意図」、「手段」、「結果」を示してきた。徳倫理学は第一の次元に近い目標や動機に重きを置き、規則に基づく義務論的アプローチは、第二の次元である手段を、功利主義者は第三の次元である結果に焦点を当てる。ある哲学者が、西洋におけるこの三つの大きな思想的伝統を、このように要約している。「これら三つのアプローチのうち、どれかひとつだけを受け入れて、ほかの考え方を拒絶すべきかどうかは、はっきりしない……倫理学でさえ、ミル、カント、アリストテレスの手にかかれば、それぞれまったく違った試みになるように思える。ある者は、ほかの者が最重要視している要素に目もくれない。ところがわれわれは、この三人の思想家が共通して取り上げているテーマや、同じ結論さえあることに気づくのだ」⒆。ずいぶん丸く収めた言い方であり、実際のところ多くの大統領が、直観的にこれらの三者を組み合わせているのだが、同時

＊義務論的アプローチと帰結主義的アプローチのふたつの立場を両立させるには、結果が重きをなす場合に、その決断が今後の規則や制度に及ぼす損害も含めて考えることもできる。言い換えると、功利主義者が、その人の取る行動によって規則の体系が破られるという結果を考えたら、その人は規則に基づく義務論者と同じ決定をするかもしれない。しかし、こうした規則（あるいは制度）の帰結主義が、義務論者と功利主義者を同じ決定に導くとしても、規則に従うことと結果に集中することの根本的な違いが解消されるわけではない。両者のアプローチの間にある緊張関係は解くことができないが、採りうる選択肢により、どのような結果が生じるかをすべて正確に予測できる人はいないので、信頼できることが立証済みの規則は重要であり、規則功利主義は、少なくとも原理と結果を両立させようとする試みではある。

代の道義的判断を下すうえで重要な考え方は、共存が難しい場合もままある。正戦論者のマイケル・ウォルツァーの説明では、権利論と功利主義の間の緊張関係は決して完全には消えることなく、「この哲学上の泥沼に足を踏み入れる危険を承知のうえで、われわれはなんとか中間地点を探さなければならない」[20]。

一例として、ハリー・トルーマンが下した決断を取り上げてみよう。第二次大戦を終結させるために、広島に原爆を投下した決断だ。すでに数百万人の命が失われた戦争で、トルーマンは、原爆を投下すれば日本本土への上陸作戦を回避でき、無数のアメリカ人と日本人の生命を救えると進言された[21]。さらに、広島への原爆投下による死者数は、通常の爆弾による東京大空襲の死者より少ないとされており、当時原爆という新兵器についてはほとんど理解が進んでいなかった。トルーマンの行為は道義的に正当化されるだろうか？　規則に基づいた義務論者は、悪事に悪事で仕返ししても、正しいことにはならないし、おびただしい無辜の市民を殺戮した罪は、決して正当化されないと答えるだろう。一方、帰結主義者の答えは、大勢の無辜《むこ》の市民が死んだのは事実だが、それでもより多くの命が救われたのだと答える。彼らはさらに、こう付け加えるかもしれない。トルーマンは後に、朝鮮戦争でダグラス・マッカーサー元帥をはじめとした大勢の人間から、核兵器を使うよう迫られたが、それを拒否したことで、いくらか汚名をそそいだ、と。一九四五年の時点でさえ、その猛威を目の当たりにしたトルーマンは、「大勢の子どもたちを殺すという考えを認められず」[22]長崎に次ぐ三発目の投下を望まなかったという。時間と経験を重ねるにつれ、トルーマンはその人格により、核兵器に頼ることに後ろ向きになっていった。こうして、核兵器の実戦使用をタブーとし、回避する方針が七十年近くにわたって続いたのは、これから見るように、何人かの大統領にとっては重要な歯止めとなった。核兵器は歴代大統領にとって重大な道義的問題を提起し、もしもこのタブーが守られていなかったら、われわれの歴史はいまとまったく異なる様相を呈していただろう。レーガン政権時代に、アメリカのカトリック司教たちが核抑止力の道義性を議論したとき、彼らはこう指摘した。創世記以来で、われわれは神の被造物を破壊する力を持った初めての世代であり、こうした状態は、一時的に、条件付きでしか認められない[23]。核抑止力の意図、手段、結果に関する議論は、今日まで続いている。

しかし、一九四五年を振り返ってみると、もしトルーマンが個人的な倫理的信条を理由に原爆投下を拒んでいたら、どうなっていただろう。その後に、より思慮に欠けた指導者の手で核兵器が使われなかったと言い切れるだろうか？　あるいは、個人としては高潔さを心がける指導者が、仮に利己的振る舞いに及び、支持者の信頼を傷つけることがあるとしたら、その代償はいかなるものか？　トルーマンが感じる負い目は、原爆によって殺された日本国民に対してと、日本本土への上陸作戦で殺されたかもしれないアメリカ兵に対してでは、どう違っただろうか？　あるいは、原爆を使わずに上陸して戦闘が長引いた場合、侵攻作戦で死んだかもしれない日本人には？

われわれはなぜ、わざわざこうした答えの出ない問いを続けるのだろう？　イギリスの核兵器に責任を負うことになったとき、こうした問いと向き合った二人の高官の言葉では、それは「倫理的な説明責任が、人間性の最も中核に位置するもの」[24]だからだ。こうした問いに簡単な答えなどなく[25]、道義的義務の根源はいくつもせめぎ合い、互いに葛藤するだろう。オックスフォード大学の哲学者アイザイア・バーリンは、われわれの道義的ジレンマを適切に要約している。それは「目的は人さまざまで、そのすべてが原理的に両立できるわけではなく、抗争あるいは悲劇の可能性は決して、人間の生活から——個人的にも社会的にも——消し去られることはない」[26]からだ。外交政策の複雑な領域では、これはとりわけ事実であり、国内各地の有権者が——それに、ほかの人々の利害も——対立することはままある。ヘンリー・キッシンジャーがかつて述べたように、厳しい決断というのは五一対四九ぐらい意見が割れるもので、だからこそリーダーたる者の「資質に何より必要なのは、人間性と勇気」[27]なのだ。これから本書の例で詳しく見ていくように、われわれの興味の対象は、よき外交政策の決断とは何かとともに、よき外交政策を決める者の人格や技倆にも注がれるだろう。*

制度が果たす道義的役割——相互主義と公正さ

多くの社会には、公正であることに重きを置く倫理体系があり、キリスト教の黄金律に似た行動規範がある——「あなたが人々からしてほしいと望むことを、人々にもしなさい」。他者の利益と自分の利益は、同じように取り扱われるべきだ、ということだ。リベラルな哲学者のジョン・ロールズは、想像上の「無知のヴェール」〔自己および他者が有している才能、性別、財産、運などに関する情報や知識をいっさい欠いている状態を指す〕といういうすばらしい比喩を使って、われわれの原初状態における公正という正義を表現した。[28] すなわち、他者の能力や立場についてなんの知識も持たないかのように行動せよということだ。そのように行動するとき、あなたは人々からどのように扱ってほしいだろうか？　しかし、直観的な公正さ——自分がしてほしいように他者を扱い、えこひいきをせず、その人が必要としているものに敏感であること——に訴えれば、つねに問題が解決するとは限らない。たとえば、ノーベル賞受賞者の経済学者アマルティア・センは、このような思考実験にわれわれを誘《いざな》う。親が持つ一本のフルートを、三人の子どもたちがみなほしがっている。一人目は「そのフルートはぼくが作ったんだ」と言い、二人目は「そのフルートを吹けるのはわたしだけよ」と言い、三人目は「ほかにおもちゃがないいんだ」と言う(29)。さて、どの子にフルートを与えるべきだろう？　これはあくまで、想像上の「無知のヴェール」に隠れた、意思決定に関する思考実験だが、公正という正義の原則だけでは、すべての問題が解決できるわけではない。

そこで登場するのが、制度の倫理的重要性だ。こうした例の場合は、親（またはリーダー）が手続きや制度による解決策を用いるのがふさわしいだろう。すなわち、子どもたちが互いに取り決めをするか、くじ引きするか、あるいは中立の誰かに順番と時間を決めてもらって、フルートを交替で使ったり、共有したりするのだ。親もまた、子どもたちに共有することを教える機会を得られる。これは単に命令するのとは違う、説得と教育による道義的リーダーシップのあり方だ。道義的な対話を広め、支持者や子どもたちに、手続きや制度について啓蒙することこそ、大統領（や両親）が担うべき最重要な道義的役割である。

アメリカが世界をよりよくできる方法を考えてみると、大統領はよき価値観を宣言するだけではな

＊「はじめに」で記した注釈に付け加えると、マサイアス・リッセは以下のように指摘している。〝倫理〟(ethics)は「人格」という意味のギリシャ語が語源で、〝道義〟〝道徳〟(morals)は「慣習」や「規則」を示すラテン語が語源だ。これらが外交政策に及ぼす影響は、興味深い。

く、国際政治の制度的枠組みを構築して、よき価値観の達成に全力を尽くすべきだ。その一例が、一九四五年以降に創り出された開放的でルールに基づいた国際秩序だが、いまやこの秩序は脅威に直面している。そのシステムには不公正な側面もあるが、ほかのシステムよりはましだ。道義的に重要な役割を果たすうえで、制度が完璧である必要はない。制度というものは、安定への期待をもたらし、一定の行動規範を創り出すことによって、国際社会に協調主義、互恵主義、道義的配慮を根づかせることができるのだ。たとえば、囚人のジレンマのゼロサムゲーム〔一方の得点と相手の失点の総和がつねにゼロになるゲーム〕を考えてみよう。微罪で二人の犯罪者が逮捕されたが、警察は、彼らが重犯罪に関わっていると睨んでいる。警察はそれぞれの囚人に、もう一人が重犯罪に関係していると証言したら、刑を軽くしようと持ちかけるが、二人ともその誘惑に屈したら、どちらも長い刑に服することになる。このゲームが一回かぎりの場合、それぞれの囚人は、互いに協力して黙秘するより、相棒を裏切ることで自らの刑を軽くしたいという強い動機を持つことになるが、政治学者のロバート・アクセルロッドは、何度も続く長いゲームの場合、最善の戦略は「しっぺ返し」と呼ばれる相互主義〔相手と同じことをする〕であることを発見した。彼によると、最善の戦略が裏切りから相互主義に変わるのは、いつまで続くかわからない「未来の長い影」があるときだ。この長い影を作るうえで、制度は役に立つ(30)。

ときには、硬直化したルールや、時代遅れまたは不公正な制度が有害になり、異議申し立てが必要になることもある。マーティン・ルーサー・キング牧師が人種差別に抗議したときや、エイブラハム・リンカーン大統領が奴隷制度を撤廃したときのように。しかしリンカーンでさえ、北部同盟の制度を維持するため、境界諸州〔奴隷制度を採用していた州のうち、北部側についた州〕への配慮から、奴隷解放宣言を出すタイミングを遅らせた。リーダーが自らの決断にともなう結果を考慮するときには、目の前の状況だけではなく、制度と未来の長い影に及ぼす影響を勘案しなければならない。一回かぎりのゲームであれば、わたしはあなたを騙そうとする誘惑に駆られるかもしれないが、いつまで続くかわからない未来にわたっていっしょにやっていかなければならないのであれば、相互主義と公正の原則に則って行動することが重要だと気づくだろう。大統領にとって最も重要な道義的スキルは、システムや制度を構築し、維持することであり、単にその場かぎりの決断を下すのでは充分ではない。だが大統領はまた、こうした政策には長期的ビジョンを要し、いますぐ結果を求める世論に訴えるのは、容易ではないことに気づくだろう。*

嘘、リスク、人を欺く手段

支持者が短期間に、あるいはいますぐ見返りを求めている場合、大統領は何をすべきだろうか？彼は国民に嘘をつけるだろうか？** 制度への信用を培ううえで、真実は重要だ。ときおり、皮肉屋は「政治家はみな嘘をつく」と言う。実際にそのとおりだが、ちょっと考えてみれば、政治家のみなら

＊フランスのマクロン大統領が、地球規模の気候変動に対処する目的で、二酸化炭素排出を削減するためのガソリン税を課税したあと、抗議行動をしたフランス人は「あんたは世界の終わりを考えているが、俺たちは今月の終わりを心配しているんだ」と言って反対した。

ずあらゆる人間が、折に触れて嘘をつくことを認めざるを得ないだろう。だが、嘘も程度や種類によって違う。度重なる嘘は、信用という貨幣価値を損なうのだ。たとえば、ドナルド・トランプの支持者は、政治家が嘘をつくことは予想されているという理由で、彼の嘘を正当化しているが、いつも悪質な嘘ばかりついていたら、信用性、信任、制度の効力に悪影響を与える。

すべての嘘が、生まれながらにして平等というわけではない。あるものは自己保身のためで、あるものは組織を守るためだ。リーダーが自らの足跡《あしあと》を隠し、困惑を招く事態を逃れようと嘘をつくこともあれば、政敵をおとしめるために、あるいはそのときの都合で嘘をつくこともある。しかし状況によっては、リーダーは支持者を騙そうと決めることもある。それは支持者のより大きな利益、あるいは将来の利益を守るためだ。これから見るように、ジョン・F・ケネディは一九六二年のキューバ危機を終結させた取引により、トルコのミサイルの役割について世論をミスリードしたし[31]、フランクリン・ルーズベルトはアメリカの駆逐艦がドイツ軍の攻撃を受けたと国民に嘘をついた。ウィンストン・チャーチルはかつて、とりわけ戦時には、真実は「あまりにも貴重なので、つねに嘘というボディガードをつけるべき[32]」かもしれないと主張した。政治学者のジョン・ミアシャイマーは、否定的な結果になりかねないと認めつつも、国際関係において相手への信用度が低いことを考えれば、「言い換えると、外交上の嘘は、つねに不当だとは言い切れない[33]」としている。一方、シンガポールの外交官トミー・コーの意見では、信用を守ることはきわめて重要であり、長年にわたる彼の経験からすれば、「真実を語るという信望のある政府や外交官は、より大きな影響力と名誉を得られるものだ[34]」と述べた。

巧みな戦略の一部にはしばしばマキアヴェッリ的な策略が使われる。たとえば取引の材料として、あるいは集団に新たな目的を受け入れさせるために。しかし、単なる自己保身のため、あるいは利己的な動機から他人を操るための策略は、時間の経過とともに他人の気づくところとなり、信頼は損なわれる。たとえ動機が自己保身のためでないとしても、大統領は自分の胸に問いかけねばならない。策略を使う目的はそれほど重要なのか、その目的を達するためにほかの手段は使えないのか、その策略は少人数のグループ内で封じ込めることが可能か、あるいは悪評が広まり、悪い先例となってしまう可能性はないか[35]。言い換えると、大統領は「規則功利主義者」のように考えるべきだ。規則を破るのは、そのときには好都合かもしれないが、長期的には道義にもとる結果をもたらす。リーダーが支持者に策略を用いるほど、信頼を損ない、制度を弱め、悪影響を及ぼす先例を作ってしまうのだ[36]。一九四一年にルーズベルトがついた、ドイツ軍がアメリカの駆逐艦を攻撃したという嘘は、ヒトラーの脅威に対してアメリカ人を覚醒させる意図によるものだったが、それでも悪い先例を作ってしまった。リンドン・ジョンソンは連邦議会からトンキン湾決議〔大統領にベトナムでの武力行使の全権を与える決議〕を得るために、アメリカの駆逐艦が北ベトナムの魚雷艇に攻撃されたと嘘をつき、ベトナム戦争を拡大させることになった。危険なのは、指導者が単に政治的あるいは個人的な都合から嘘をついているのに、支持者の利益のために嘘をついていると自らに言い聞かせているときだ。

ルーズベルトがついたような嘘には、結果が手段を正当化できることもあるという言い訳が成り立

＊＊大統領に言及する際に、わたしが中性的な言葉を使っていないのは、歴史的に明らかな理由があるからだが、将来訂正する必要に迫られることを願っている。

つとしても、リーダーが行動のリスクとコストをどのように配分したかについては、道義的評価を下す余地がある。現実を性急に評価するのは、他者に高いリスクを押しつけることになりかねず、効果の点でも道義的にも、非難を免れない。たとえば、登山しようとする人々は一定のリスクを受け入れるが、チームのリーダーはメンバーに、リスクと目標達成とのバランスを理解させるよう努める必要がある。メンバーを山頂まで連れていく大きなビジョンを示すのはいいが、危険を知らせず、同意を得ることもなしに、彼らを先導して崖っぷちに接近しすぎるのは無謀な行為だ。

　大統領は支持者を代表してどの程度のリスクを負うべきで、どこまで真実を語るべきか？　一定の状況下では、大統領が少しずつ賭け金を増やすよりも、一気に大きなリスクを取ることによって、国民が利益を得る場合もある。その場合、国民はあとになって真相を知るが、あのとき本当のことを知らされなかったのは彼ら自身のためだったとして納得するかもしれない。たとえば、一九三八年のミュンヘン会談のあと、フランクリン《F》・Ｄ《D》・ルーズベルト《R》はヒトラーと戦うことを覚悟したが、大統領は抜け目なく慎重に立ちまわり、自らの行動を説明する際に世論をミスリードした。戦後、トルーマンはリスクを負ってトルーマン・ドクトリンを発表し、マーシャルプランの推進、ＮＡＴＯの創設を行なってソ連の共産主義の封じ込めを図った。そしてアーサー・ヴァンデンバーグの進言を受け入れて、ソ連の脅威を誇張し、「国民を怖がらせて」政策への支持を得た。一方、アイゼンハワーは核兵器の脅威について国民には大胆に語ったが、実際には慎重に配備し、賭け金を増やしすぎないことで、冷戦真っ只中の八年間、平和と繁栄を実現させた。ジョージ・Ｗ・ブッシュは大きな賭けに出て、イラクに民主主義を強制しようとしたが、それには多くの人命の損失という高い代償がともなった。

大統領は往々にして、慎重すぎると批判されることがある。たとえば、ズビグネフ・ブレジンスキーはジョージ・H・W・ブッシュを、冷戦末期にロシアと和解するための大胆なリスクを取らなかったとして批判した。[37] バラク・オバマは、二〇一二年から二〇一三年にかけて、シリアの人道的危機を回避しようとする思い切ったリスクを取らなかったと批判されている。クリントンも同様に、一九九四年のルワンダでの虐殺を止めようと動かなかったとして批判にさらされた。こうした評価への答えは、それぞれの状況を慎重に分析し、さまざまな可能性と予想される結果の価値を秤にかけて行なうことになる。外交政策の決断による道義的な結果を評価するには、彼らが命じ、行なったことに焦点を合わせたくなるものだ。そのほうが、結果との因果関係がわかりやすく目に見え、計算もしやすい。しかし、彼らが行なわなかったことのほうが、より大きな道義的結果を多くの人々にもたらした可能性もある。たとえば、一九三〇年代に国際制度を発展させず、守らなかった結果、数百万の人命が犠牲になった。同じことは、今日にも言えるかもしれない。

ときには、行なうという判断と行なわないという判断の区別に、道義的意義がある。容易に救えたはずの命を救わないのは、道義的にはその人を死に追いやるのとほとんど違いはないが、別の状況では、救助がより困難で、英雄的な行動が必要であり、失敗の高いリスクをともなうかもしれない。浅い池の近くを歩いていて、靴を濡らしたくないばかりに溺れる子どもを救うのを拒むのは、激浪の海に飛び込むのとはまったくわけが違う。後者の場合、アメリカ合衆国が問題の深刻な元凶だった場合を別にすれば、大統領の不作為は許されるかもしれない。ジョージ・W・ブッシュ政権のコリン・パウエル国務長官は、このことを「ポッタリーバーン〔インテリア雑貨販売店〕の原則」と呼んでいる――

――あなたが壊したら、あなたが賠償の義務を負うということだ。行動の結果を是正しようとすることは、別の道義的次元として、考慮に値する。

アメリカ人が大統領に求める慎重さは、人によっても時代によってもさまざまだ。ある者はライオンのような指導者を求め、ある者はキツネのような指導者を求める。ライオンは大きく、アイディアのスケールも大きい。キツネは小さく、機敏で、多くのアイディアを出す。マキアヴェッリはその名高い一節で、キツネのような指導者はオオカミから身を守れないが、ライオンのように行動する指導者は罠から身を守れないと指摘した。あるときにはライオンのような指導者がよく、別のときにはキツネのような指導者が望ましいが、それこそが外交政策をめぐる論議を白熱させる原因だ。道義的な振る舞いは、状況の正確な認識力にかかっている――つまりそれは、「判断力」とか「状況を把握する知性」〔状況把握力〕と呼ばれる能力だ。マキアヴェッリが警告したように、「ライオンのすべだけに頼る者は、周囲の状況に気づかない……キツネのすべを最も巧みに用いた者こそが、最も成功してきたのだ」[38]。FDRはキツネだったが、最終的にはライオンのように行動してヒトラーに対処した。リンドン・ジョンソンはライオンだったが、ベトナムという罠にはまってしまった。

思考の世界地図と道義的外交政策

それでは、大統領はいかにして罠を避けるべきか？　世界はどんな姿をしているのだろう。世界はあまりにも苛酷なので、大統領は国境で道義を放擲《ほうてき》しなければならないのだろうか。自国民以外の人々に、大統領はなんらかの義務を負うだろうか。冷笑的な政治コンサルタントなら、「問題ないよ。外国人には投票権がないからね」と言うだろう。筋金入りの懐疑主義者はさらに、「世界共同体」という概念は神話にすぎず、共同体のないところには、道徳的権利も義務もないと付け加えるはずだ。だが、国際政治を形作る三つの主要な思考様式は、こうした問いに別の答えを返してくれる。

リアリズム〔現実主義〕

懐疑主義者と異なり、現実主義者《リアリスト》は一定の道義的義務を受け入れるが、まずは慎重さを働かせ、国際政治の冷厳な性質に照らして、その義務には限度があると考えるだろう。ジョージ・W・ブッシュ政権とトランプ政権の中枢にいた法律家ジョン・ボルトンは、「最大限、アメリカの国益を力強く守り、世界そのものよりもアメリカ合衆国の擁護者を自任する」[39]と主張している。ハンス・モーゲンソーは「国家には道義的非難を、政治的生存を成功させる妨げにする権利はない。そのときリアリズムは、慎重さを、政治における至高の価値と考えるのだ」[40]と書いている。ジョン・ミアシャイマーの言葉によれば、「自助の世界で運営される諸国家にとって、生存する最善の道は、可能なかぎり強力になることだ。たとえ、そのために無慈悲な政策の追求を要するとしても。これは気持ちのよい物語ではないが、生存が国家の最高の目的であれば、ほかによりよい方法はないのだ」[41]。リアリストが描く思考の世界地図は、実に荒涼としている。

生存が懸かった極限状況では、道義にもとると思われる行為もまた、結果の前に正当化されることがある。ロバート・D・カプランはこのように主張する。「そんなことはめったに起こりえないが、一般道徳を侵犯する必要に迫られた人たちは、そのように行動するしかなかったのであり、彼らの行動に責任を負うことこそ、その国のリーダーに最も必要な資質なのだ」[42]。ひんぱんに引用される例は、一九四〇年、ウィンストン・チャーチルがフランス海軍の艦隊を、ヒトラーの手に落ちるのを防ぐために攻撃し、千三百名ものフランス兵を死なせたことだ。チャーチルはこのときの危機を、イギリスの生存が懸かった「最高度緊急事態」と呼び、ウォルツァーは「人間の歴史において、道義的ルールに支配されなかった瞬間は存在しない」[43]が、こうした稀有な状況では道義的ルールが無視されることもあると述べる。

たとえば一部の倫理学者は、第二次大戦初期、イギリスの生存が危機に瀕していたときにチャーチルがドイツの民間施設を標的にしたことを正当化するが、一九四五年二月、ヨーロッパ戦線での勝利が確定したあとにドレスデン空爆を支持したことは非難している[44]。大戦初期においては、チャーチルは「汚れた手」の必要性をもって、道義的ルールを蹂躙することを正当化できただろうが、大戦が終わりに近づいてもなお、その姿勢を続けたことは誤っていた。総じていえば、最高度緊急事態のような逼迫した状況に陥ることは稀であり、大半のリーダーは世界を漕ぎわたるのに、思考の地図からいくつかの立場を取捨選択するものだ。しばしば、リーダーは危険や脅威を誇張し、自らの行動を正当化したいという動機を持つ。たとえば、ドナルド・トランプはジャマル・カショギ殺害事件への甘すぎる対応を、「アメリカファーストだ！　世界は危険な場所なのだ！」[45]というコメントで説明した。擁護派の一人はこう言っている。「トランプが発信したメッセージは、いまのアメリカ合衆国は、いわゆるグローバルコミュニティの利益ではなく、狭く定義した自国の利益を守るということだ。たとえそのために、長年の同盟国を犠牲にしても、だ。この世界観はもともと、原理主義的なリアリストのものだ」[46]。しかし、世界に道義的選択など存在しないかのように描くリアリストたちは、彼らの選択を偽装しているにすぎない。生存が最優先なのは事実だが、それ以外にもさまざまな価値の選択がある。国際政治の大半は、生存に関するものではない。

聡明なリアリストなら、権力にもさまざまな形があることを知っているだろう。国内外で、いかなる力にも訴えることなく人々を率いられる大統領はいないが、爆弾や銃弾や財力だけが力ではない。人を従わせるには、強制（棍棒）、報酬（ニンジン）、魅力（ソフトパワー）があり、権力を十全に行使するには、この三つをすべて含むことが必要だ。ソフトパワーだけで充分なことはほとんどなく、目的を達するまでには長い時間がかかるので、リーダーは強制や報酬というハードパワーのほうに誘惑されやすい。だが、ハードパワーだけを行使するのは、魅力というソフトパワーと組み合わせるよりも高いコストがかかる。ローマ帝国は軍団の力だけで成り立っていたのではなく、ローマ文化という魅力もまた重要だったのだ。ベルリンの壁を崩壊させたのは、軍による集中砲火ではなく、共産主義への信頼を失った一般市民によるハンマーやブルドーザーだった。一国のソフトパワーとは、その文化や価値観のことで、その政策が他国民の目に正当なものとして映るかどうかにも左右される。大統領が外交政策を説明するときに、ふさわしい語り口で発信できれば、アメリカのソフトパワーは強化されるだろう。たとえばケネディ、レーガン、オバマは、彼らの政策を魅力ある語り口で訴え、国内外の支持を得ることができた。ニクソンやトランプは、合衆国外ではあまり支持を得られていない。

トランプは自分をナショナリストだと宣言したが、他者を包容する愛国心と、他者を追い出そうとする排外主義の間には、道義的な違いがある。

コスモポリタニズム（世界市民主義）

国際政治におけるもうひとつの重要な思考様式が、世界共通の人道主義だ。人道的な国際組織は活動しているものの、その力は弱い。前に見たように、われわれには共通の人道的精神が生まれつき備わっており、だからこそ人類は進化してきたのだ。大半のアメリカ人は、飢えに苦しむ子どもたちの写真を見れば、心を動かされるだろう。彼らが国境を越えてくるのを、誰もが認めるわけではないし、家に連れ帰る人は少ないだろうが（だが、そうする人もいる）。コスモポリタンは、基本的人権は普遍的なものだと主張する。「彼らは政治的国境を尊重せず、国境を設けるなら普遍的な政治が必要だと求める。たとえそれが、国家の主権を示す壁を破ることを意味しても」[47]。大半のアメリカ人は、同心円状に広がりを持つ、いくつもの共同体に同時に忠誠心を抱いているのだから、やがては国境を越えることもできるはずだ。人間は、自分の住む町、州、地域、職業、国を超えた民族グループ、ひいては人類全体の一部だという意識を同時に持つことができる。しかしながら、円の外周部ではその意識は弱くなり、コスモポリタンが主張するよりは道義的義務も弱くなりがちだ。ある人が、特定の人種を排除しない強固なナショナリストになると同時に、控えめなグローバリストになることも可能だ。あらゆる大きな共同体は想像上のものだが、今日の世界では、たいがい、国という想像上の共同体が最も強い。哲学者のクワーミ・アンソニー・アッピアによると、「コスモポリタニズムは道徳的想像力を広げた営みだ。それは人間を、ほかの仲間たちとともに暮らす生き物にする。家族、隣人、いくつも重なり合うアイデンティティの集団、それらが立ちのぼって渦を巻き、全人類を包み込む。それはわれわれに、多様な存在になるように求める。なぜならわれわれは、多様な存在だからだ」(48)

わたしはときおり、学生に以下の思考実験をして、彼らの道徳的直観を試し、コスモポリタニズムの存在と限界を推し量ろうとする――たとえば、あなたは水泳が得意で、海岸で読書していたときに、波打ち際で溺れている子どもを見たとしよう。あなたは本を置き、その子を助けに行くだろうか？　大半の学生はイエスと答える。では、その子が英語で「助けて！」と叫ぶか、外国語で助けを求めるかは問題になるだろうか？　ほとんどの学生は、外国語でも助けに行くことに変わりはないと答える。では、その子が少し遠くにいて、あなたがあまり水泳に自信がなければ、どの程度のリスクを取るだろうか？　答えは慎重なものから英雄的なものまで、さまざまだ。それでは、溺れている子どもが二人いて、あなたが一人しか助けられず、二人の片方があなたの子どもだったら？　大半の学生は、わが子を助けると答える。

言い換えると、あなたが親としての役割を担うようになれば、共通の人道主義的な救助の義務に、新たな道義的権利と義務が付け加わるのだ。国境は恣意的で不公正なこともあるが、国々は新たな権利と責任を生み出す共同体だ。スタンリー・ホフマンが書いているように、「国々は単なる個人の集合体以上のものではなく、国境は単なる事実でしかないかもしれないが、そこには道義的な意義が加わる」(49)のだ。国境の持つ道義的・法的・制度的意義をなおざりにするコスモポリタンは、あらゆることを国家の生存という観点でしか見ようとしない狭量なナショナリストと同じく、国際社会でさまざまな権利を共存させるという困難な仕事から逃げている。リベラル（次の項目で詳しく論じる）は、国境の道義的意義を認めるが、人道的な救助の義務は、同胞の市民を守ろうとする選択と共存しうるだろう。(50) ただし、どの程度まで、どれぐらい助けるべきかという話になると、問題は厄介になる。外交政策が困難の度合いを増すのは、国内的義務と外国での義務を両立させることが必要だからだ。寛大な外交政策を進めるリーダーでも、国内での支持が得られなかったら、その政策は失敗する。同時に、国内世論ばかりに関心を注ぐ大統領も、難しい道義的・政治的選択から逃げており、それでは有権者との道義的対話を広げることはできない。

リベラリズム（グローバルな立憲的統治）

これまで見てきたように、国際政治はしばしば「無秩序」(anarchic)と呼ばれるが、アナーキーというのは「政府がない」という意味であり、必ずしも、保安官や首長制度ができる前のアメリカ西部のような、混乱状態を指すわけではない。したがって、国際政治は「無政府的」と呼ぶのがより正確だろう。リベラルの主張によれば、バランス・オブ・パワー、国際法や国際的規範、国際機関などの基本的な慣習や制度をもってすれば、大半の場合、有意義な道義的選択を行なう枠組みを構築し、秩序を整えられるはずだ。

戦争のような極限状態においてさえ、法や倫理は一定の役割を果たす。正戦論は初期のキリスト教会で発祥し、聖アウグスティヌスをはじめとした神学者たちが、もし善良な人間が反撃しなかったら、彼らは滅ぼされ、邪悪な者たちが世界にはびこるのではないかという矛盾した命題と格闘した。ここから生まれた正当防衛の理論は、十七世紀以降に世俗化され、今日では三つの道義的次元をすべて考慮に入れるだけの広汎な規範体系を提供してくれる──正当な動機に基づく、善良な「意図」。状況に適合し、軍人と民間人の標的を区別する軍事的「手段」。成功の可能性を慎重に考慮することから生じる、良好な「結果」の三つだ。正戦論は単なる理論上の枠組みではない。国際人道法（ジュネーブ条約）およびアメリカ軍事裁判法として、正式に規定されている。軍事紛争の際、これらの戦時国際法や交戦法規の道義的原則に違反した兵士たちは、アメリカ合衆国を含め、多くの国々で刑に服している。

無政府的な国際社会も、思考様式の地図によって、このようにさまざまな相貌に描き出されるが、これらの相貌は、道義的選択を形作るリーダーの思考様式に影響する。一六五一年、血みどろの大内乱〔ピューリタン革命〕が終わり、国王の首がはねられたあと、リアリストのトマス・ホッブズは政府のない国の状態を想像して、万人の万人による闘争と表現し、そこでは人生は忌まわしく、野蛮で、短いと書き残した。対照的に、いくらか平和になった二十年後、リベラルの思想家ジョン・ロックは、社会契約を含む自然状態を想像し、そこでは生命、自由、財産を追求できると述べた。*今日では、リベラルの言葉によれば、世界政府はいまだ存在しないものの、世界には一定の統治がなされ、無政府

＊トマス・ジェファソンはアメリカ独立宣言にこの言葉を応用し、「生命、自由、幸福の追求」を謳った。

状態には限度がある。リベラルは国内的にも国際的にも制度の役割を重視し、現代世界における主権国家間の協力関係が進展していると主張する。彼らはさらに、「リベラルな諸国にとって最も重要な変数は、相互依存である。歴史上初めて、人間の基本的な利益を実現するため、グローバルな制度が必要とされている」[51]と論じる。

コスモポリタンはリベラルよりも国家の主権に懐疑的で、世界共通の個人の人道主義に重きを置く。とはいえ、ここに挙げたような単純な思考様式は、実際には相容れないものではなく、歴代の大統領は世界を認識する三つの思考様式を、ちぐはぐな方法で混ぜ合わせ、さまざまな状況下で外交政策を立案してきた。これらの事例で見るとおり、大半の大統領は「コスモポリタニズムの要素を備えた、リベラルなリアリスト」だったのだ。

第二次大戦後、酸鼻を極めた虐殺への反省から、人権法が次々と制定されたことは、大統領の選択をさらに複雑にした。国際的事件があると、アメリカの世論はなんらかの対応を求めるが、その度合いをめぐっては分裂するのが常だ。たとえば、ビル・クリントンはあとから振り返って、一九九四年ルワンダでの虐殺に反応を起こさなかったことを自己批判している[52]。しかし、当時クリントンがアメリカ軍を派兵しようとしていたら、政権の一部、連邦議会、世論からの強硬な反対に直面しただろう。とりわけ、一九九三年にソマリアへの人道的介入でアメリカ兵の死者が出た直後だったので、一般市民は新たな介入に肯定的ではなかった。クリントン自身、ルワンダで失われた命をいくらかでも救うために、国連軍や他国にもっと貢献できたはずだと認めているが、現代のよきリーダーはしばしば、コスモポリタン的な傾向と、自分を選んでくれた支持者へのより伝統的な義務の板挟みになる。

思考様式の地図のなかで、リアリズムはいわば初期設定の位置にあり、大半の大統領がこの見方を使って外交政策の方針を立てる。世界が主権国家によって構成されている事実を踏まえれば、リアリズムから始めるのが最適だ。問題は、大半のリアリストが出発地点で止まってしまうことだが、コスモポリタニズムやリベラリズムも、正確な道義的地図を描くうえで重要であることに気づいてほしい。生存の危機に瀕しているときには、リアリズムは道義的な外交政策を定めるために必要な基礎だが、それだけでは充分ではない。ここでもやはり、程度が問題になる。完全無欠の安全保障というものが存在しない以上、道義的問題は、どの程度の安全が保障されるかであり、幸福、アイデンティティ、諸権利などの価値もまた、大統領の外交政策の一部となる。外交政策の選択の大半は、独裁的な国家に武器を売り込むとか、外国政府の人権に関わる行動を批判するといった問題だ。一部のリアリストは、そうしたトレードオフ〔両者を完全に満たすことは困難だが、二者択一でもない関係〕を、フランス海軍の艦隊を攻撃したチャーチルの決断になぞらえるが、彼らは困難な道義的問題から逃げているだけだ。安全保障が最優先だとか、正義は一定の秩序を前提としていると言うだけでは充分ではない。大統領は、目の前の状況がホッブズ的あるいはロック的な思考様式の地図にどれほど近いのかを見極め、あるいは安全保障とその他の重要な価値の間で、どの着地点をめざして行動を取るのか見定める必要がある。

介入の問題

たとえば、介入の問題を考えてみよう。アメリカ合衆国は、主権国家の国境を越える、どのような行動を取るべきだろうか？　一九四五年以来、リベラルな国連憲章は、軍事力の行使を、自己防衛か、（アメリカとほかの四カ国が拒否権を持つ）安全保障理事会で認可された行動に限定している。リアリストの主張では、国際秩序の基盤となるバランス・オブ・パワーの崩壊を防ぐ場合には、介入は正当化されうる。リベラルの主張では、国民の集合である各国は、彼ら自身の運命を決める主権を持ち、そのことは国連憲章にも定められている。介入が正当化されうるのは、それ以前に行なわれた介入に対抗する場合と、民族自決権を隠れ蓑《みの》に行なわれる虐殺を阻止する場合だけだ[53]。コスモポリタンは正義と個人の人権を優先させ、人道的介入を正当化する。

実際には、こうした原則はしばしば、奇妙なやり方で組み合わされる。ベトナムでは、ケネディとジョンソンが、アメリカ合衆国は、北ベトナムによる南ベトナムへの介入に対抗するのだと主張したが、ベトナム人は、自分たち自身をひとつの国とみなしており、冷戦のバランス・オブ・パワーという現実主義の目的のために、それが人工的に分断されたのだと考えていた。皮肉なことに、今日のアメリカ合衆国は、戦争の勝者であるベトナムという主権国家と、良好な関係を維持している。第一次湾岸戦争でジョージ・H・W・ブッシュは、中東地域のバランス・オブ・パワーを維持する目的で軍事力を行使し、クウェートを占領したイラク軍を追い出したが、このときブッシュは国連の安全保障決議というリベラルなメカニズムを駆使し、アメリカの正当性とソフトパワーを高めた。ブッシュ41（ここからは、第四十一代大統領のジョージ・H・W・ブッシュをブッシュ41、息子のジョージ・W・ブッシュをブッシュ43と略称することがある）は彼自身をリアリストと考え、サラエボ市民への砲撃を阻止するための介入を拒否したが、一九九二年十二月、ソマリアの飢餓の惨状を訴えるテレビ番組に心を動かされ、モガディシオにアメリカ兵を送ってコスモポリタン的な人道的介入に乗り出した。それはやがて、彼の後継者を苦しめる問題になる。しかし人道的介入は、アメリカの外交政策に特有の問題でもなければ、新しい問題でもない。ビクトリア朝時代の大英帝国では、奴隷制、コンゴにおけるベルギーによる残虐行為、バルカン半島の少数民族に対するオスマン帝国の迫害などをやめさせるために、軍事力を行使するか否かをめぐって、論争が交わされていた。ウッドロー・ウィルソンがアメリカ大統領になる、はるか以前のことだ(54)。

一般市民の意見はまた、混合された思考様式の地図と似たようなパターンを見せることがある。外交政策はたいがい、国内問題より優先順位が低く、一般的なアメリカ人は基本的なリアリズムに傾きがちだ。前章で見たように、世論調査ではたいがい、治安の確保や景気対策が最上位に入る(55)。エリート層の意見はしばしば一般大衆より、介入を是認することが多く、このため一部の批評家は、エリートのほうが一般市民よりリベラルだと主張するが(56)、「国際機関、多国籍条約や活動、国際社会の集団的決定への、一般市民の強く広汎な支持は、大半のアメリカ人が……〝ネオリベラル〟〔リベラルのなかでも市場の自律性と財産の自己所有を重視する立場で福祉的介入に懐疑的〕であることを示唆しており、エリートによる人道支援への支持は、コスモポリタニズムの傾向を示している(57)」という。だからといって、大統領が国内に目を向ければ、あらゆる状況に対応できる思考様式の地図を得られるわけではない。一般市民の大半は、こうした問題になじみがないのだから、誰もが首尾一貫したひとつの見方でまとまるということはほぼないのだ。さらに、これから見るように、政治的プロセスのふるいにかけられた経歴を持つ大統領は、一般市民にもなじみがあるが、ワシントンでの政治経験がなかった、いわばアウトサイダーの大統領は、その性格も行動も、驚きをもって迎えられる(58)。

第二次湾岸戦争では、介入に対するアメリカ人の動機は複雑に入り混じっていた。二〇〇三年のイラク占領がリアリスト的な介入か、リベラル的な介入かをめぐって理論家は議論を闘わせた(59)。ジョージ・W・ブッシュ政権の枢要な人物、たとえばリチャード・チェイニーやドナルド・ラムズフェルドといった面々は、サダム・フセインの大量破壊兵器所有や中東地域のバランス・オブ・パワーに関心を持つリアリストだったが、政権の「新保守派《ネオコンサーバティブ》」（以前はリベラル派だった者が多い）は、民主主義の推進と同時に、アメリカの覇権に重点を置いていた。政権の外部では、一部のリベラルは忌まわしい人権侵害を重ねてきたフセインの過去ゆえに戦争を支持し、他の者は、国連安全保障理事会の支持を得た父親と異なり、ブッシュが国際的支持を得ることに失敗したために反対した。

最も広い定義では、介入とは、別の主権国家の国内問題に影響を与えるために行なわれる、外部からの行動を指し、そこには放送、経済支援、野党の支持といった強制力の低い措置から、国境封鎖、サイバー攻撃、無人機による攻撃、軍事占領といった強制力の高い措置まで含まれる。道義的観点かららすれば、強制の程度は相手国の選択や権利を制限する、きわめて重要な要素だ。さらに言えば、軍事的介入は危険な選択肢である。それ自体は一見ひどく単純に見えるが、実際にそうであることはほとんど稀だ。慎重さを働かせれば、意図しない結果を招くことを予測できるだろう。

スティーヴン・ウォルトの主張によれば、「過去二十年、リアリストがアメリカの外交政策の舵取りをしていれば、高い代償をともなった破滅的結果の多くは回避できただろう(60)」ということだ。おそらく彼の言うとおりだろうが、リベラリズムと同様、一口にリアリズムと言ってもさまざまな立場がある。リアリズムは幅広い概念で、ウォルトが考えているような明確な政策や、はっきりした範疇を指しているのではない。確かに、チェイニーやラムズフェルドは自分たちをリアリストだと考えていた。二〇一六年大統領選挙での候補者討論会では、トランプもヒラリー・クリントンも、アメリカ合衆国はシリア内戦で市民の犠牲者が増えるのを阻止する責任があると言っていたが、どちらも軍事介入を擁護しなかった。さらに、コメンテーターのなかには、民主主義の唱道は「アメリカが自らを特別な国とみなす」ことにつながったと主張する者もいるが、民主主義を強制するか、非強制的な手段を取るかには大きな違いがある。[61] 国営放送のボイス・オブ・アメリカや全米民主基金は、第82空挺師団とはまったく違った方法で国境を越える。結果について言えば、手段もまた目的に劣らず重要だ。思考様式の世界地図には、ひとつだけで大統領に簡単な答えを与えてくれるものはない。彼らの優れた判断力と、状況を把握する知性に代わるものはないのだ。

状況における最善の道義的選択――採点表

ではわれわれは、外交政策での大統領の倫理をどのように評価すべきだろうか？　大統領にはそれぞれの価値観や信念があるが、彼らはまた、マックス・ウェーバーの言う、不完全な倫理による現実の世界に住んでいる。スイス生まれのアメリカ人リアリスト、アーノルド・ウォルファーズは、第二次大戦後、次のように主張した。「何が死活的な国益を構成するのかという解釈と、そこにどれぐららいの意義が付与されるべきかは、道義的判断に関わる問題である。国際政治に固有の、いわゆる超道徳的な必要性に照らしてみなければ、その問題に答えることはできない」。それと同時に、リーダーはつねに単純明快な道義的ルールに従いつづけることはできない。外交政策をめぐるリーダーの倫理を評価するにあたり、望みうる最善は、リーダーが「そのときの状況が許すかぎり、最善の道義的選択をなすことだ」[62]とウォルファーズは結論づける。それはもっともなのだが、これだけではあまり参考にならない。最善の道義的選択は必要だが、充分な基準ではない。無政府的な世界にあって、慎重さは美徳だが、こうした大雑把なルールでは、簡単に悪用されてしまう。

それでは、われわれはどうやって、歴代大統領がそれぞれの状況で行なった道義的選択が最善だったかどうかを決められるだろう？　まず出発点になるのは、われわれによる大統領への評価だ。その評価は、「意図」、「手段」、「結果」という三つの倫理的次元によって行なわれる。それにあたっては、これまで見てきたリアリズム、リベラリズム、コスモポリタニズムという三つの思考様式から、知恵を引き出すことができる。大統領が模索した目的を見るとき、彼らが国内政治に望んだのと近い水準の正義を、国際社会でも希求したと期待するのは酷だ。一九四一年八月に定められた大西洋憲章は、リベラルな国際秩序を打ち立てた原則のひとつで、ルーズベルトとチャーチルは、欠乏と恐怖からの自由を実現するべく献身することを宣言した（ただし、大英帝国をめぐっては彼らの意見は合わなかったが）。しかしルーズベルトは、国内で進めてきたニューディール政策を国際レベルにも準用しようとはしなかった。結局のところ、ジョン・ロールズのような名高いリベラルな哲学者でさえも、彼の正義論が適用されるのは国内社会だけだという条件を信じていた。[63]

同時に、ロールズはこのように主張する。リベラルな社会には国境を越えた義務があり、そこには相互扶助、諸権利の尊重、基本的人権を保障するための制度が含まれ、人々は多様な世界でそれぞれの問題をできるかぎり自己決定できるようにすべきだ[64]。したがってわれわれは、大統領の目標が国の内外に広く魅力的な価値を表現する理念を含んでいるかどうかを問うべきだが、そうした価値とリスクを慎重に秤にかけ、成功への合理的な見通しを確かめる必要がある。これが意味するのは、われわれが歴代大統領をその人柄や意図だけではなく、「状況を把握する知性」〔状況把握力〕を発揮したうえで、価値を広めたかどうか評価するということだ。

倫理的な手段に関して言えば、われわれは歴代大統領を、確立された正戦論の範疇に基づき、戦時国際法や交戦法規に従って、適正かつ軍民の区別がなされた軍事力の行使をしたか、あるいはロールズのリベラルな配慮により、諸権利や諸外国の制度を尊重しつつ最小限の介入をしたかどうかで、評価することができる。倫理的結果については、大統領がアメリカの長期的国益に寄与したかどうか、狭量に陥らず、外国人への不必要な損害を避けてコスモポリタン的価値観に配慮したかどうか、真実と信頼を掲げて道義的対話の機会を広げ、支持者を啓蒙したかどうかを問えばよい。こうした判断基準はささやかなものであり、リアリズム、リベラリズム、コスモポリタニズムそれぞれの洞察から導き出されたものだ。その結果、次のページのような採点表ができた。決して完璧なものではないが、「状況が許すかぎり最善の選択」といった大雑把な慎重さの基準よりは、基礎的な手引きになるだろう。

この三つの次元による採点表で、あらゆる問題を解決するわけにはとてもいかないが、これから比較する歴代大統領を、三つの次元すべてで検証するには役立つ。たとえば、ロナルド・レーガンとブ

表2.1　道義的な外交政策を遂行したリーダーとは？　三つの次元によるチェックリスト

意図：目標と動機	1 道徳観。リーダーは魅力的な価値を表現し、こうした価値は彼または彼女の動機を決定づけたか？　彼または彼女は「感情知性」〔感情を制御し、それに支配されることなく、建設的な目的に振り向ける能力〕により、こうした価値を個人的必要のために否定しないよう注意したか？
	2 慎重さ。リーダーは「状況を把握する知性」を発揮し、追求すべき価値と他者が負わされるリスクとのバランスを賢明に取ったか？
手段	3 軍事力の行使。リーダーは必要性、民間人の扱い、利益と損害の均衡に注意を払って、軍事力を行使したか？
	4 リベラル的配慮。リーダーは国の内外の制度に敬意を払い、活用しようとしたか？　他者の諸権利はどの程度尊重されたか？
結果	5 受託者責任。リーダーは国民の信託に応えたか。長期的な国益に寄与したか？
	6 コスモポリタン。リーダーは他国民の利益を考慮し、不必要な損害を最小限にしたか？
	7 啓蒙効果。リーダーは真実を尊重し、信頼を築いたか？　事実は尊重されたか？　リーダーは国内外で道義的な対話の機会を創り出し、広げようとしたか？

ッシュ父子《おやこ》を取り上げてみよう。人々がときおり「レーガン的な外交政策」と呼ぶとき、それは道義的明確さを意味している。つまり、複雑な問題を単純化するレーガン流の能力と、効果的なレトリックで価値を提示する力だ。しかし、これはひとつの次元しか見ていない不充分な道義的評価であるだけでなく、レーガンが道義的リーダーシップを発揮するのに成功した秘訣を見逃している。すなわちレーガンには、政策を追求するにあたって、相手と取引し、妥協する能力があったのだ。そうした点を勘案すべきなのは確かだが、明確に表現された目的は、一般市民を啓蒙し、動かすことができる。鍵になる問題は、レーガンが慎重さを発揮して、彼の野心と、目標や目的がもたらすリスクとの間でバランスを取ったかどうかだ。一部の人々の主張によれば、レーガンが一期目に使った「悪の帝国」のよ

うな言いまわしは、米ソの緊張を高め、両国の関係を悪化させて、誤算や偶発的要因による戦争の危険を増したが、同時にそれは取引への動機を創り出し、レーガンの二期目でゴルバチョフが権力を掌握したときに、有利な条件をもたらした。結果という観点では、レーガンは疑いなくアメリカの国益を増したが、冷戦とソ連を終わらせた功績の大半はゴルバチョフのものだ。いずれにせよ、レーガンはアメリカ一国だけの狭量な利益追求に陥ることなく、機会を最大限に活用した。

ブッシュ41自身の言葉によると、彼に改革的な理念はなかったが、冷戦の終わりに際して、劇的な変貌を遂げる世界で災厄が起きるのを回避することに関心を向けていた。「新世界秩序」と言ったとき、彼はその言葉が具体的に何を指すのかを説明しなかった。ブッシュとそのチームが、自分たちでは大半がどうにもならない力に対処したときには、慎重な方法で機会と現実とのバランスを巧みに取り、目標と目的を定めた。どんな場合でも、ブッシュは大目標である長期的な安定を追求するため、短期的な目的を限定した。批評家は、ブッシュがより改革的な目的を定めなかったとして批判する。[65]倫理的な観点では、ブッシュは強い道徳観を表明しなかったものの、彼が慎重な態度から踏み出してリスクを取るべきだったと論証するのは困難だ。結果の観点からは、ブッシュは信託に足るリーダーであり、国益を達成して、過度の狭量さに陥らず、諸外国の利益への損害を最小限にしたと言えるだろう。彼はゴルバチョフに恥をかかせないよう配慮し、ロシア連邦のエリツィンへの権力移行が円滑に進むよう気を配った。ただ同時に、すべての外国人が充分に守られたとは言えず、ブッシュがイラク北部のクルド人や、中国の反体制派、旧ユーゴスラビアでの内戦に巻き込まれたボスニア人へ見せた優先順位は低かった。こうした意味では、ブッシュのリアリズムはコスモポリタニズムに限界を設けたのだ。より発信力に長《た》けていれば、ブッシュはアメリカの国民に、冷戦後に直面する世界の性質について、もっと啓蒙できただろう。だが、歴史の不確実さと災厄が起きたかもしれない可能性を考えると、ブッシュはこの一世紀で最良の外交政策を遂行した一人だ。彼のおかげで、アメリカは満ちていく潮から利益を得られ、嵐のなかで難破を免れた。

対照的に、息子のジョージ・W・ブッシュは外交政策にほとんど興味を持たない、視野の狭いリアリストとして任期を開始したが、二〇〇一年九月十一日のテロ攻撃を受けて、改革的な目的を定めた。ウィルソン、FDR、トルーマンのように、ブッシュ43も安全保障に配慮したが、危機のさなかで、支持者を鼓舞するために民主主義というレトリックを多用した。ブッシュが二〇〇二年に打ち出した国家安全保障戦略は、後にブッシュ・ドクトリンと呼ばれるようになったが、そこで彼はアメリカ合衆国が「テロリストがどこにいようと居場所を突き止めて殲滅《せんめつ》し、彼らを支持している政権も壊滅させる」と宣言した。この新たなゲームにルールはなかった。テロリストの問題を根絶するための解決策は、世界にあまねく民主主義を広げることであり、ゆえに自由という政策目標が、二〇〇六年国家安全保障戦略の基礎になった。だが、サダム・フセインを殺害したことではこの使命は達成されず、不充分な状況認識と、占領政策のずさんな運営計画が、ブッシュの大目的を損なった。

遺伝子が受け継がれているにもかかわらず、ジョージ・W・ブッシュの政策は父親のものとはひどくかけ離れていた。ジョージ・W・ブッシュとウッドロー・ウィルソンのほうが、より似通っている。二人とも敬虔で道徳的な男であり、就任当初は外交政策になんのビジョンもなく、国内問題に集中していた。危機に直面したときに、二人とも大胆なビジョンを描いてこれに対処したが、世界を黒か白かで見ようとし、薄暗がりの灰色とは考えず、自らの見方に固執した。二人とも国民を啓蒙しようとしたが、よき教師になるにはよき生徒であることが必要で、ブッシュのこらえ性のなさは学ぶことを妨げた。ウィルソンは当初、国際連盟についてアメリカの人々の大半を啓蒙することに成功したが、上院で妥協することを拒否したために失敗した。長期的に見れば、ウィルソンの理念は国際連合の創設によって、いくらかは正しさを証明されたが、彼は存命中、国際組織を運営してさまざまな措置を実行していくだけのリーダーシップが欠けていた。

外交政策における大きな問題は、状況の複雑さにある。だからこそ、大統領が倫理的な外交政策を構築するにあたっては、「状況を把握する知性」が非常に重要なのだ。状況を把握する知性、ないし状況把握力とは、変化する環境を理解し、局面の趨勢を利用する能力である。[66]場合によっては、慎重さが単なる利己的な戦略のせいで退けられたり、道義的信念と対立したりすることがある。だが三つの次元による倫理では、慎重さも道義的信念も重要だ。マックス・ウェーバーが指摘するように、信念は重要だが、外交政策のように複雑な政治環境では、大統領は国民の信託に応え、責任倫理に従わなければならない。このときに状況把握力が弱ければ、不注意な状況認識、無謀なリスクをともなう行動のせいで、道義に反する結果を招くことになる。われわれが住む世界には、多様な文化があり、社会工学や国家の成り立ちに関しては、依然としてわかっていないことが多い。世界をいかによくするか、確かなことがわからない以上、責任倫理においては慎重さが重要な価値になり、傲慢な理念は甚大な損害をもたらしかねない。慎重さを発揮するにはたいがい「感情知性」――感情を制御して、それに支配されるのではなく、建設的な目的に振り向ける能力――を要する。[67]これから見るように、慎重さには自制心が必要なのだ。オバマはこの基本原則を、「愚かな振る舞いをするな」と表現した。彼は充分なビジョンを示さなかったとして批判されるが、慎重さは出発点としては悪くない。外交政策を医学にたとえれば、ヒポクラテスの誓いを忘れないのは重要なことだ——第一に、危害を加えないこと。

そこからふたたび、制度や公共財の役割、大統領はわれわれの国益をどこまで広く定義できるかという問題が提起される。そうした問題への全般的な査定は、個々の動きだけではなく、国際政治の環境がどのように推移するかで決まる。大統領は広く長期的なビジョンを持てるかもしれないが、一九一九年のウッドロー・ウィルソンのように、国民を説得できないこともある。一九三〇年代が破滅的な十年になったのは、アメリカ合衆国がイギリスに代わって世界最大のグローバルパワーになったものの、グローバルな公共財を提供するという役割をイギリスの代わりに果たせなかったからだ。その結果はグローバルシステムの崩壊と世界的不況、大虐殺、そして世界大戦だった。国内政治では、政府が安全な社会や清潔な環境のような公共財を提供し、すべての市民がその受益者となって、誰一人排除されることはない。一方、世界政府のないグローバル社会では、公共財——気候変動対策、金融システムの安定、海洋の自由など——は、最大の強国に率いられた連合体によって提供される。小国がこうしたグローバルな公共財のために財政負担を行なう動機はほとんどない。小国の影響力はささやかなものであり、彼らが利益を享受しようがしまいが、全体的にはほとんど違いがないので、小国はただ乗りするほうが合理的なのだ。だが、最大の強国は大きな影響力を持ち、彼らは負担することで利益も得られる。したがって、最大の強国が主導して公共財を提供することが、合理的であり、長期的な国益にもかなっている。このことはアメリカファーストにも適合しているが、それを認識するには、現在の状況に至る歴史的経緯を、広い視野で理解しなければならない。トランプ大統領が「アメリカファースト」と言うときの行動を見ているかぎり、彼がそのことを認識しているとは思えない。

人間はみな語り手であり、大統領が外交政策を説明する際に用いる語り口は、国内では国のアイデンティティを定義し、国内政治の空間を広げて、何が国益かという定義を啓蒙することができる。そうした語り口はまた、国外に向けて魅力というソフトパワーを生み出し、アメリカ合衆国に好意的な環境を作り出す。しかし、大統領の語り口に外国の文化や宗教への敬意が欠けていたら、国内では道義的対話の機会が狭まり、外国に対するアメリカのソフトパワーを弱めて、その結果われわれの国益も損なうだろう。だからこそ、道義的対話の機会を広げることは、大統領の外交政策への評価を高めるうえで重要な要素なのだ。レーガンにはそうした語り手としての天賦の才があった。

レーガン政権の国務長官ジョージ・シュルツは、外交政策を庭師になぞらえたことがある――「たゆまず丹精込めて、役者、利益、目標の複雑な組み合わせに気を配ることだ」。後にオバマ政権で外交政策に関わったデレク・ショレは、シュルツの後継者コンドリーザ・ライスが、より変革的な外交を志向し、「世界の現状を追認するのではなく、それを変えようと努めた。ライスの望みは単なる庭師になるのではなく、造園家になることだったのだ」[68]と述べている。どちらのイメージにも、状況に応じた役割がある。われわれは反射的に、造園家のほうが、効果でも倫理の面でも、慎重な庭師より優れた外交政策のリーダーだと考えがちだが、そうした思い込みは誤りだ。ヘンリー・キッシンジャーが述べたように、「政治家の要諦は、力と正当性という、国際秩序のふたつの側面のバランスを取ることだ。道義的な次元のない、単なる力の計算では、意見の相違が起きるたびに力比べをするしかなくなる……一方で、均衡への配慮がない道義的規範は、正義の押しつけや、無力な政策を魅力的に見せかける挑戦に陥りがちで、そのいずれも国際秩序のまとまりを危機にさらす大きなリスクがある」[69]。もともと善良な意図で始まった介入でも、リアリズムが欠けていれば、数百万人の人生を暗転させかねない。シェイクスピアがいみじくも警告したように、破壊と戦争の犬たちが解き放たれる危険があるのだ。

歴代大統領にとって、慎重さはよき外交政策のために必要な美徳だが、それだけでは充分ではない。大戦間期の大統領はいずれも、国際機関を創設する広い視野が必要だったときに、慎重さのあまり孤立政策から抜け出せなかった。ウィルソンにはそうした理念があったが、リアリズムの視点を充分に持ち合わせていなかった。フランクリン・ルーズベルトは外交政策のビジョンをなんら持たずに就任したが、在任中にそれを大きく育てた。テクノロジーの進展と社会的変化がめまぐるしい世界では、庭師として手入れをするだけでは不充分だ。新たな変化を的確に理解し、反応するビジョンや戦略を持つことも重要になる。大統領が道義的な外交政策を追求し、アメリカを安全にして世界をよりよい場所にしたかどうか、その業績を評価するには、彼らのリーダーシップの力量をあますところなく検証し、その活動と制度面での実績、作為と不作為を振り返って、三つの次元による道義的評価を行なうことが重要になる。それでもなお、結局は複雑な評価に行き着くこともままあろうが、そうした複雑さもまた、これから見ていく外交政策にはつきものなのだ。

第3章　創設者たち

第二次大戦後にアメリカの秩序を打ち立てた大統領たちは、最初からアメリカの採るべき大戦略を持ち合わせていたわけではなく、リベラルな国際秩序も考えていなかった。大恐慌のさなかに就任したフランクリン・ルーズベルトにとって、外交政策はほとんど考慮の対象ではなかった。一九三三年、イギリスから金融システムを安定させるための世界経済会議に招かれたときにも、彼はさしたる注意を払わず、コーデル・ハル国務長官が開放的な貿易を支持したとき、アメリカ経済は世界の大半の国々と同じく、高関税の障壁の陰で孤立していた。一九三八年以降、ＦＤＲはヒトラーが示した安全保障面の脅威に注意を向けはじめ、戦時中から、彼の政権は戦後世界の制度を考えはじめた。政権の最大の関心事は、第二の大恐慌を避けることで、一九四四年七月には連合国の四十四カ国がニューハンプシャー州ブレトンウッズに会し、国際通貨基金《IMF》と国際復興開発銀行《IBRD》が設立された。安全保障分野では、ＦＤＲはウィルソンのリベラルな国際連盟を強化した国際連合の創設を求めた。組織強化の具体策は、侵略者に対して集団安全保障を行使する〝四人の警察官〟（後に五人に増えた）を置き、彼らによる安全保障理事会を設置するものだ。ルーズベルトのグランドデザインは、ソ連との協力関係が戦時中と同じく戦後も続くことを前提としており、協力関係が崩壊してソ連の拒否権が安保理の機能を麻痺させた場合の代替策はなきに等しかった。その戦後秩序のグランドデザインには抜け落ちている部分も多く、とりわけ、勢力均衡《バランス・オブ・パワー》が多極構造から二極構造に移行した世界ではなおさらのことだった。しかし最も重要なのは、FDRが生涯の終わりに近づいたときに、こう言って孤立主義の墓碑銘とした点だろう。「われわれは世界市民となり、人間の共同体の一員になることを学んだのだ」(1)

一九四五年、ハリー・トルーマンがルーズベルトの後継者となり、一部出来上がっていた経済制度と、ソ連との協力関係継続を前提とした国連とを引き継いだが、トルーマンには、協力関係が崩壊した冷戦世界でのプランは何もなかった。トルーマンは第一次大戦で軍に加わり、フランスで戦っていたが、外交政策に携わった経験はほとんどなく、トルーマンが副大統領だった数カ月間、FDRが彼に何かを打ち明けることはごく稀だった。さらに、「一九四五年秋の世論調査によると、アメリカ人の大半は、彼らの国が行動を起こして、アメリカ人の精神にとって忌まわしいイデオロギーを生み出した絶望や貧困を救ってほしいと考えていた」が、アメリカ人の大半はまた同時に、兵士たちが一刻も早く帰国することを望み、政府は国内の生活水準改善に集中すべきとも考えていた。(2) 第二次大戦は列強の経済を弱めた一方、アメリカ合衆国の経済を強化し、終戦の時点でアメリカは世界経済のほぼ半分を占めていた。それにもかかわらず、アメリカの覇権《ヘゲモニー》をどう活用していくか、なんら明確な戦略や計画はなかった。トルーマンが大統領に就任して最初の数年、外交政策は手探りの状態だった。

一九四七年になってようやく、マーシャルプランやNATOといったアメリカ主導の秩序を反映する機関が、一連の危機に対応する形で設置されたが、その時点でさえ、いわゆるアメリカのヘゲモニーは世界人口の半分にも及んでいなかった[3]。

ドワイト・アイゼンハワーは第二次大戦中、ヨーロッパで連合国軍の最高司令官を務め、トルーマンは一九五一年、彼をNATO軍の初代最高司令官に任命したが、一九五二年の大統領選挙で、アイゼンハワーはトルーマンの政策を、ソ連を打ち負かすのではなく、単に封じ込めるだけだとして批判していた。共和党の党員のなかには、いまだに孤立主義への誘惑に駆られる者もいれば、共産主義への巻き返しを図るべきだと選挙戦で訴える者もいた。それにもかかわらず、アイゼンハワーは大統領に就任後、前任者の政策を強化した。一九五三年、彼はホワイトハウスのソラリウム〔日光浴室〕に専門家を招集して、安全保障政策策定のための会合を開き、ヨーロッパで共産主義への巻き返しを図る戦略と、現行の封じ込め戦略のふたつのパターンを比較した。一九四九年にソ連は核兵器の開発に成功していたことから、核戦争になった場合のリスクやコストに鑑《かんが》みて、アイゼンハワーは巻き返し戦略を却下し、封じ込め戦略〔世界的な規模でソ連の周辺国に経済的・軍事的援助を与えることで、ソ連の対外進出を阻止しようとした〕をアメリカの方針とした。一九五四年には、「世界が破滅を避けるには、ロシア人との間に暫定協定《モーダス・ビベンディ》を締結しなければならないと主張し、アイゼンハワーの言葉に応えて、ワシントンの政治指導者たちは『平和共存』を議論した。ソ連が相手となれば、どの程度の共存が望ましく、実際、『平和共存』とは何を意味するのだろう?」[4]

三人の大統領はみな、第二次大戦時には高官の地位を経験しており、一九三〇年代の大恐慌の記憶もあった。そして三人とも、孤立主義は深刻な過ちだとみなしていた。ＦＤＲはウッドロー・ウィルソンの海軍次官補を務め、ウィルソンが唱えた集団安全保障の概念を、新たな国際連合の制度設計に応用しようとした。トルーマンもまた、自らをウィルソン主義者と考え、就任当初はルーズベルトの構想した国連中心の世界像を引き継ごうとしたが、その後の経過は彼に選択を迫り、ソ連の脅威の封じ込め政策の採用と、軍の海外駐在の恒久化を余儀なくさせた。一九五二年の選挙戦で、アイゼンハワーは封じ込め戦略を臆病と批判する共和党員たちと共鳴し、軍の海外駐在も一時的な措置とみなしていたが、就任後はすぐにトルーマンの政策を踏襲した。手短に言えば、アメリカの時代やリベラルな国際秩序を創り出そうとするグランドデザインは存在していなかったのだが、三人の創設者たちは一九三〇年代の失敗による教訓を共有していたのだ。

フランクリン・D・ルーズベルト

一九二〇年代、ラシュモア山に刻まれる栄誉に浴した大統領は、ワシントン、リンカーン、ジェファソン、セオドア・ルーズベルトだった。今日、この山に大統領の顔を刻むとしたら、フランクリン・ルーズベルトがそのなかに選ばれるのは間違いないだろう。長年、保守派も含めた歴史家による大統領のランキング投票で、ＦＤＲはたいがい（ワシントン、リンカーンに次ぐ）第三位に選ばれている。[5] 多くのヨーロッパ諸国で民主主義が崩壊した時代にあって、彼はしばしば、アメリカ合衆国のリベラルな民主主義を守るのに貢献したと讃えられる。そしてもちろん、彼がこの国を率いて第二次大戦に参戦したことで、世界におけるアメリカの役割は根底から変わった。

就任当初、ルーズベルトは外交政策にきわめて慎重だった。アメリカの世論は強い孤立主義的感情に傾いており、彼は「民主主義国での外交政策は、痛ましい犠牲を要するときにはとりわけ、国民的合意がなければ続けられないという視点を忘れなかった」[6]。最初のうち、彼は西半球〔南北アメリカ〕を重視する伝統的政策を踏襲し、ルーズベルト政権下の国務省は、ラテンアメリカとの通商と善隣外交を重視した。一九三〇年代の終わりになってようやく、彼はより世界に目を向けた外交政策の必要性に気づいた。

ヒトラーとルーズベルトは、ともに一九三三年に選挙で勝利したが、ヒトラーによる脅威にFDRが気づくのには時間がかかった。一九三七年のスペイン内乱で、ルーズベルトは慎重に、両陣営に「隔離」を呼びかけたが、国内政策が困難な局面になるや、すぐに手を引いた。ルーズベルトの政策は、ヨーロッパの戦争に向かう機運を少しでも遅らせ、それでも戦争が起こってしまった場合は、アメリカの関与を避けるというものだった[7]。一九三八年の終わりまでに、ミュンヘン協定と、ユダヤ人を迫害した「水晶の夜」事件〔襲撃されたユダヤ人商店のガラスの破片を水晶にたとえた〕で、FDRの個人的見解は変わった。公式には、チェコスロバキアの分割につながるミュンヘン協定を支持したものの、内心では、ヒトラーとはいかなる有意義な合意も結べないという結論に至ったのだ。

FDRは連邦議会に、中立法の廃止と英仏への軍事援助を求めたが、アメリカ国民は乗り気ではなかった。ギャラップ世論調査では、一九三六年と一九三七年には七〇パーセントのアメリカ人が、第一次大戦に参戦したのは誤りだったと考えていた。一九四〇年には、アメリカ合衆国が外国に軍隊を派遣すべきだと答えた回答者は一〇パーセントにも満たなかった。一九四一年になって、参戦への支持率は二三パーセントに上昇した。それでもなお、大多数の国民は反対していた[8]。ナチスの脅威に関して、アメリカ人はＦＤＲの懸念を共有していなかったのだ。一九三八年にルーズベルトは、彼のスピーチライターにこう言っている。「恐ろしいことだよ。みんなの先頭に立っているつもりで振り返ったら――そこに誰もいないというのは[9]」。ルーズベルトの状況を把握する知性はアメリカの大衆よりずっと先んじていたが、民主主義国の熟練した政治家として、彼はつねに世論に従い、あるいは導こうとした。

不介入政策を表明していたＦＤＲは、連合国にひそかな支持を与え、アメリカ参戦の準備をしていた点で不誠実だった。中立法に違反しないでイギリスを助けるため、彼はカリブ海のイギリス軍の基地と引き替えに、駆逐艦を提供したが、アメリカ合衆国にとってはよい取引だと述べただけだった。一九四〇年、武器貸与法によってイギリスを援助したときには、ＦＤＲは庭のホースをいっとき隣人に貸し出すようなものだとたとえたが、その比喩は誤解を与えるものだった。貸与した武器が返却されるという保証はなかったからだ。アイスランドはヨーロッパに近いのに、彼は西半球を守るという理由で軍を送り出している。

ルーズベルトは大衆と連邦議会を啓蒙しようとしたが、類い稀な弁舌の才にもかかわらず、中立法を変えるよう説得することはできなかった。演説やロビー活動で国民の姿勢を変えるのに失敗すると、今度は危機を作り出し、大衆を説得しようとした。ＦＤＲはいくつもの海事事件を材料に工作をもくろみ、ドイツの潜水艦がアメリカ海軍の駆逐艦〈グリア〉に攻撃を仕掛けてきたとでっち上げさえしたが、それさえも効果はあまりなかった。一九四〇年の大統領選で、彼は「みなさんの息子さんが戦争に行くことはないでしょう」と、まやかしのスローガンを打ち出した。結局のところ、ＦＤＲは国民との対話の手腕で誉《ほま》れ高かったにもかかわらず、そのジレンマを救ってくれたのは日本の真珠湾攻撃と、枢軸国を支持したヒトラーによる、アメリカ合衆国への宣戦布告という過ちだった。

陰謀論者は真珠湾攻撃がルーズベルトの工作による危機だと示唆するが、大半の歴史家はそうした見方を疑問視している。(10)実際、ＦＤＲはヨーロッパからアメリカへの脅威に関心を集中しており、彼の日米関係の処理には、戦略的デザインの面でも実施面でも、かなりの不手際を認めざるを得ない。ルーズベルトは日本に対する石油禁輸措置を、ときどき輪縄の結び目をぐいと引くようなものだとたとえていたが、実施する官僚機構への監督を怠ったため、日本の目には、絞め殺されるような強硬措置に映った。(11)しかし同時に、彼が故意に日本を欺き、攻撃させたとは考えにくい。一九四一年七月、ルーズベルトはハロルド・イッケス内務長官に、「われわれにとって決定的に重要なのは、大西洋をいかに制御するかだ。それによって、太平洋の平和を保つことができる」(12)と言っていたのだ。ヨーロッパの情勢を知悉《ちしつ》していたのとは対照的に、ＦＤＲのアジアの状況把握力は強いとは言えなかったが、皮肉なことに、いかにしてヒトラーとの戦争に突入するかという彼の問題を解決してくれたのは、アジアだった。この意味では、人命の損失という悲劇はあっても、真珠湾はルーズベルトにとって天佑だったのだ。それにより、彼はアメリカの外交政策を変更することができ、国民の態度もまた劇的に参戦支持に傾いたのだった。

裕福で高圧的な母親の下で育った、過保護の息子だったことから、ルーズベルトは幼いうちに、逃げ口上で自分の独立を守ることを覚えた。政治家としてのキャリアを通じ、ルーズベルトは人を欺くという手段に頼るところが大きく、その手段を妻、友人、大衆に行使した。彼は天性の役者で、一九二一年に三十九歳でポリオを発症してからは、演技力により磨きがかかった。歴史家のギャリー・ウィルズによれば「ポリオに感染したことで、彼は他人の目にどう映っているかを感知する超人的な能力を身につけた。そのことで、自分のイメージを操ろうとする彼の決意はいや増した。彼が不快感を示すと、周囲の人々は居心地が悪くなった。そのため彼は、人々の気を紛らせ、彼が好む話題に注意を向ける必要があった。人々を面白がらせ、強く印象づけ、楽しませるのだ。つまりルーズベルトは、耐えがたい痛みのさなかでも、人を欺く気楽さや飾らない沈着さを、完璧に行使できたのだ。彼は円熟した俳優だった」。ルーズベルトは鼻眼鏡やパイプのような小道具を使い、麻痺した下半身から注意を逸らすため、表舞台での演出に細心の注意を払った。「このまやかしの政権がクライマックスを迎えたのは一九四四年の選挙戦で、末期症状だったルーズベルトは、自らの強さを見せようと、降りしきる雨のなか、オープンカーに乗ってニューヨークの街中を一巡したのだ」[13]。別の歴史家の筆によれば、「ルーズベルトは偽りの名人で、不愉快な真実を大胆に語ることは好まなかった。したがって彼は、真珠湾攻撃以降もなお、幅広い外交政策の目標に関して、敵国にも同盟国にも嘘をつきつづけた」[14]

　フランクリン・ルーズベルトはまた、妥協の人物でもあり、しばしば立場を変えたため、支持者も第三者も、彼の本心がどこにあるのか戸惑うことがあった。側近に秘密を隠すことでも悪名高く、彼のリーダーシップの力量は、いくつものボールを同時に宙に浮かせる曲芸師になぞらえられた。アイゼンハワーやジョージ・H・W・ブッシュのように、政策スタッフをうまく組織した大統領とは対照的に、FDRは彼らを競わせることで、いくつもの情報網を確保したがったが、最終的な決定権は手放さなかった。ケネディやトランプのホワイトハウス運営スタイルにも、どこか似通っているだろう。

FDRはつねに、一般大衆の意見に寄り添い、決してそこから離れすぎようとはしなかった。これを臆病で道義に反すると評する向きもある。たとえば、アメリカ人の間で根強かった反ユダヤ感情に立ち向かい、戦争前に移民制限を緩和していれば、ヒトラーのヨーロッパからより多くのユダヤ人を救えたのではないか、と。また大戦初期には、同様の感情が、日系アメリカ人の強制収容という人権蹂躙を招いた。それに、国民を連合国側につかせ、参戦の心構えをさせるという大目的についても、いくつかの観測気球がパンクすると、FDRはすぐにその姿勢を引っ込めている。むしろ彼は、個別の危機や事件が世論を啓蒙し、彼の望む方向に動かすことを望んでいた。しかし、大衆を啓蒙しようとすることと、道義に反する方法で操作することの一線は、どこに引くべきなのか？　民主主義においては、道義的にどの程度の嘘が許容されるのだろう？

第2章で見たように、自己保身のための嘘と、組織防衛のための嘘の間には、重要な区別がある。FDRがときおり、楽しみながらついた嘘は、自己保身以上の目的ではない。それはいわば「彼らしい」嘘だ。しかし、彼が働いた大きな欺瞞の大半は、国民の利益のためだと思いながら、その国民を騙したものだ。嘘を判定する、ひとつの理にかなった目安がある。大統領と目標を共有する公平な第三者になったつもりで、その行動がどの程度、制度への信頼を損なったかを考えるのだ。FDRはやり過ぎたこともあった。一九四〇年の選挙戦で参戦はしないと約束しながら、「基地と駆逐艦の交換」だとか、「武器貸与法」の名目で、軍事援助政策を偽ったのはまだよしとしよう。だが、一九四一年にアメリカ海軍軍艦《USS》〈グリア〉がドイツの潜水艦に攻撃されたと国民に訴えたのは、明白な欺瞞だ。実際に攻撃を仕掛けたのは、〈グリア〉のほうだったのだから。

ＦＤＲの外交政策の道義性を評価するうえでは、帰結主義的な主張に頼らねばならない。「極限状況下では、法の支配を守るために法の条文に背くことが必要な場合もある」というものだ。ヒトラーが民主主義の存続に関わる脅威を示したために、ＦＤＲは緊急手段として、国民を騙すよりほかになかったというわけだ。歴史家のキャサル・ノーランは、開戦当初にＦＤＲがついた嘘は許容するが、戦時中や戦後の計画を進めるために嘘をついたのは、その必要性が弱いと批判している。大戦後期になっても、ＦＤＲはソ連の本質的な性格について、アメリカ国民を故意に欺いていた。以下の批判はもっともだが、それによると、問題はルーズベルトが嘘をついたこと自体ではない。「本当の問題は、ルーズベルトが不必要な嘘をついたかもしれないということだ。大統領は持ち前の弁舌で、ソ連への大量の物資援助は合衆国の国益にとって死活的に重要だと、ソ連嫌いのアメリカ人に説得を試みるべきだった」[15]。歴史家のなかには、ルーズベルトがスターリンの動機を自分に都合よく解釈し、それを押しつけることで国民を欺いたと考える者もいる[16]。いずれにしろ、そのことにより、大戦末期のアメリカはソ連に対処する準備が不充分だった。

前の章で用意した採点表に即して評価すれば、第一の次元である「意図」については、ＦＤＲはよくやったと言えるだろう。ルーズベルトは魅力的な価値を表現し、感情知性を発揮して、個人的動機をそうした価値に合わせた。オリバー・ウェンデル・ホームズ・ジュニア判事の有名な言葉に即して言えば、ＦＤＲは「知性は二流だが、感受性は一流だ」[17]。ＦＤＲは誇大妄想や不安や自己陶酔に流されることはなかった。彼はまた、外交政策でリスクとリアリズムの間の妥当なバランスを維持したが、アジアの状況を把握する知性は、対ヨーロッパよりは明敏ではなかった。倫理的な目標はいくらか、狭量さのせいで損なわれてしまった。より大胆な行動に出ていれば、より多くのユダヤ人を救い、日系アメリカ人の人権をあれほど損なわずにすんだかもしれない。

第二の次元である「手段」については、彼が参戦した第二次大戦の苛烈な性質に鑑みると、ルーズベルトの行使した軍事力はおおむね必要だったものの、大都市の無差別爆撃については疑問が残る。国内で行使した手段は合法的だったが、国民を欺いた度合いは目に余り、長期的な制度への信頼を損なった可能性がある。同時に、戦後の国際連合やブレトンウッズ体制を計画し、イギリスに植民地を解放するよう圧力をかけたことには、諸権利や制度に対するリベラルな配慮が見られる。一九四一年の時点で、チャーチルとともに大西洋憲章を表明したときから、ＦＤＲはそうした目標を掲げていたのだ。

第三の次元である「結果」では、ルーズベルトの外交政策に最も倫理的な重要性が認められる。彼がヒトラーを脅威とみなし、孤立主義的な世論を受け入れることなく、アメリカが第二次大戦に参戦する準備をしたことは、国家の安全保障と世界秩序の形成に、巨大な影響を及ぼした道義的決断だった。日本による攻撃とヒトラーの宣戦布告は、ＦＤＲにとっては天の助けだったが、その機会を逃さず利用できたのは、平時からイギリスに武器援助をし、協定を結び、海軍を再建するという困難な政治的事業を進めていたからだ。さらにＦＤＲが幸運だったのは、一九四〇年に前例のない三期目の選挙戦に出馬したとき、共和党が指名した候補者が穏健な国際協調派のウェンデル・ウィルキーで、チャールズ・リンドバーグのようなアメリカファーストの孤立主義者ではなかったことだ[18]。

同じく重要なのは、真珠湾攻撃のあと、FDRが世界におけるアメリカの持続的役割について、国民に啓蒙しようとしたことだ。第2章で論じた制度の道義的重要性を、彼は理解していた。一九三〇年代にアメリカが国際制度にただ乗りした（その決定には彼も参画していた）ことによる、反道義的な結果を見て、世界をよりよくするには、最大の国が主導して国際制度を構築し、それを維持していくことが必要だと気づいたのだ。その点で、FDRの道徳観はウッドロー・ウィルソンのリベラルな伝統を受け継いでいるが、彼はウィルソンの構想した制度にリアリズムの立場から味付けをした。ウィルソンの国際連盟と異なり、FDRの国際連合は、拒否権を持つ安全保障理事会——四人の警察官は後に五人になった——が侵略者を罰するはずだった。

このグランドデザインが機能するには、アメリカ合衆国とソビエト連邦が戦時下の協力を維持しなければならず、ルーズベルトの最後の努力にはそのビジョンが不可欠だった。協力関係を保つため、ルーズベルトはアメリカ国民に対し、ソ連についてつねに率直に語っていたとはいえない。だが、一九四五年のヤルタ会談で最後にスターリンと会った際、FDRは、戦争に倦み疲れたアメリカ国民が兵士の速やかな帰国を望んでいることを意識し、「軍事力よりも個人的魅力に訴えて、スターリンに東欧諸国の真の政治的独立を許すよう説得した」という。当時の東欧は、ソ連軍が掌握していた[19]。戦後のリベラルな国際秩序を構築するため、FDRは外交政策についての道義的対話の機会をアメリカ人に広めた。しかし、真実を尊重したかどうかと言えば、彼がついた嘘の一部は長期的結果という観

表3.1　ルーズベルトの倫理的採点表

意図と動機	道徳観：魅力的な価値、よき動機づけ	よい
	慎重さ：価値とリスクのバランス	よい
手段	軍事力：均衡、軍民の区別、必要性	評価が分かれる
	リベラル的配慮：諸権利や制度の尊重	評価が分かれる
結果	受託者責任：アメリカの長期的国益に寄与したか	よい
	コスモポリタン：他国民の損害を最小限にしたか	評価が分かれる
	啓蒙効果：真実を尊重し、道義的な対話の機会を広げたか	評価が分かれる

点から正当化できるものの、すべての嘘が許されるわけではない。それに彼は、世論を啓蒙し、ほとんど準備のできていない代役、ハリー・トルーマンを教育することを怠った。一九四五年四月に偉大な役者が急死したとき、トルーマンはその状態で大統領職を引き継ぐことになったのだ。以上の評価により、採点表はこうなる（ページ上の表）。

ハリー・S・トルーマン

ハリー・トルーマンはミズーリ出身の「眼鏡をかけた小男」で、大学を出ておらず、父親の農場で十年間働いていた。三十三歳のころ、彼は額に汗して家畜の世話をしていたのだ。富裕なハーバード卒の前任者とはまったく違っていた。それでもたいがいの歴史家は、トルーマンを非常に高く評価し、彼はアメリカ大統領の十傑にランクインしている。彼の国際経験はきわめて限られたもので、第一次大戦時に砲兵士官としてフランスで戦闘に参加したほかは、一九三五年から一九四五年にかけての上院議員時代だけだった。ルーズベルトの副大統領を務めたのは二カ月半で、その間ＦＤＲは、原爆やヤルタ会談をはじめとした重要問題を、一度も彼に相談しなかった。伝記作家のデイヴィッド・マカルーの言葉によると、トルーマンは「十九世紀的な男」[20]だったが、彼は二十世紀で最も重要な外交政策の決断をいくつも下している。ウィルソンとＦＤＲは、海外に大軍を送り出して、西半球を重視するアメリカの伝統から訣別し、トルーマンは軍隊を海外に駐留させることで、戦後秩序の礎《いしずえ》を築いた。ジョージ・ワシントンは「複雑な同盟関係に巻き込まれないように」と警告していたが、トルーマンの創設したＮＡＴＯの同盟関係は、実に七十年以上続いている。

一九四五年、アメリカ合衆国で中心的な政治問題は、国際秩序ではなく、国内の雇用問題であり、戦後経済が恐慌を再発させるかどうかだった。トルーマンはいち早く、ヨーロッパから三百万ものアメリカ兵を帰還させた。一九四五年のギャラップ世論調査がアメリカ人に、国が来年直面する最も重要な問題は何かと質問したとき、真っ先に上がったのは雇用とストライキだった[21]。それでもアメリカの世論は、もはや一九三〇年代のような孤立主義ではなかった。一九四五年十月には、七一パーセントの回答者が、これからはアメリカ合衆国が国際問題で積極的な役割を担うべきだと答えている[22]。一九四五年から一九五六年にかけての調査では、アメリカが世界で積極的な役割を果たすべきだという回答者の割合が七割を下回ったことはなかった[23]。

就任当初、トルーマンは明確な外交政策の方針を持ち合わせていなかった。彼はウィルソンを尊敬し、ルーズベルトが描いた戦後秩序のグランドデザインを実行に移したかった。そのリベラルなアイディアに基づく国際秩序の中核を担うのは、新たな国連の集団安全保障体制だった。拒否権を持つ常任理事国で構成される、安全保障理事会によって強化された体制だ。一九五〇年六月、ソ連が安保理をボイコットするという戦術的ミスを犯したため、その集団安全保障体制が機能し、北緯三八度線を越えて韓国に侵入してきた北朝鮮軍に対処することが決まった。このときトルーマンは自らの深い信念により、歴史家のアーネスト・メイが「教条的」と形容する反応をした[24]。北朝鮮軍の侵入を知ってワシントンに戻ったとき、トルーマンは補佐官たちに、ムッソリーニやヒトラーに続いて、今度はソ連という脅威が現われたと、自らの胸の内を語った。「神にかけて、やつらの思いどおりにさせるつもりはない」[25]。一九三〇年代の教訓から学んでいた彼は、二度と侵略を黙認してはならないと誓った。それは、彼の道義的な基準だったウィルソン主義によるものだった。

トルーマンの大統領就任直後、ソ連のヴャチスラフ・モロトフ外相が一九四五年四月にホワイトハウスを訪れたとき、トルーマンはモロトフを厳しく非難し、とりわけ東欧に関して約束を破ったことに不快感を露わにした。批評家のなかには、この出来事がトルーマンの冷戦に臨む方向性を示すものだと見る者もいるが、むしろこの一件は、冷戦への方針というよりも、ソ連の嘘にトルーマンのアメリカがまだ慣れていなかった証拠と見たほうが正確だろう。ともあれルーズベルトと同様、トルーマンもまた、スターリンの悪辣な意図を過小評価しており、カンザスシティの政治的ボスだったトム・ペンダーガストに似ているなどと、見当違いな比較までしていた[26]。一九四六年の初め、アメリカの外交官ジョージ・ケナンは、かの有名な長電をモスクワから打ち、ワシントンにソビエトの意図を警告したが、それでもトルーマンはＦＤＲの協調政策を保とうとした。一九四六年夏、彼は側近のクラーク・クリフォードに、政府内の見方を尋ねた。クリフォードが、大半の専門家がケナンの見解に同意していると報告すると、トルーマンはケナンの報告文書を十部に限定し、外部に漏らさないよう命じた。[27] 彼はまだ強硬な姿勢を取りたくなかったのだが、かといってそれに代わる方向性もなかった。

終戦から、トルーマン・ドクトリンとして知られる方針が打ち出されるまでの一年半は、「アメリカ外交史で最も困難で、混乱した時期のひとつだった……アメリカは平和的協調への希望と、全面的敵対への不安の間で揺れていた」。[28] ロシアの専門家チップ・ボーレンによれば、「アメリカ合衆国が直面している世界のありさまは、政策が依拠する仮定次第で、いかようにも変わりうるものだ。大国間の結束は雲散霧消し……いまは完全に分裂している」。[29] 一九四七年二月、ソ連とユーゴスラビアの脅威にさらされるギリシャとトルコから、イギリスが撤退するに及び、トルーマンはトルーマン・ドクトリンへの大きな一歩を踏み出すことに同意し、その数カ月後にはマーシャルプランを打ち出して、一九四九年にはNATOを創設した。

トルーマンはカリスマ的なリーダーでもなければ、雄弁家でもなかった。歴史書を読んで英雄的なリーダー像を理想としていたものの、自分自身にその資格はないのではないかと不安に思っていた。さらに、彼の周囲には傑出した助言者がひしめいていた。[30] 国務長官のディーン・アチソン、ミシガン州選出で共和党の上院議員アーサー・ヴァンデンバーグは、一九四七年のホワイトハウスにおける重要な会議で、対策を取りまとめる中心的存在だった。ジョージ・マーシャルはハーバード大学卒業式での有名な講演で、後のマーシャルプランにつながる構想を発表し、トルーマンは彼を尊敬した。だが、外交政策立案グループの賢人《ワイズ・メン》たちとして知られるディーン・アチソンのほか、アヴェレル・ハリマン商務長官、ロバート・ラヴェット国務長官、ジョン・マクロイ陸軍次官補、ジョージ・ケナン政策企画局長、チャールズ・ボーレン国務副長官はそれぞれ、死角や短所を持っていた。「いずれも一人だけでは、国が世界的大国としての新たな役割を担えるよう導くことはできなかっただろう」が、彼らが力を合わせれば、「ビジョンと実現性、攻めの姿勢と忍耐を絶妙に混ぜ合わせるという、きわめて重大な役割を果たすことができた」(31)

批評家のなかには、トルーマンを、いわゆるワイズ・メンの単なる仲介者と見る向きもある。しかしそうした見方は、彼の類い稀な能力を見落としている。トルーマンはこの優秀な男たちに敬意を抱きつつ、状況にふさわしい提言を選び、統率したのであり、在任中に実践を通じて学び、状況を把握する知性を発揮した。そしてまた、進んで困難な決断を下した。トルーマンは伝説的なジョージ・マーシャル国務長官と対峙し、イスラエル建国への反対を退けた。大統領はまた、御しがたい戦争の英雄ダグラス・マッカーサーを解任し、朝鮮戦争を拡大させなかった。さらに、戦局が膠着状態になったとき、核兵器の使用を認めなかった(32)。トルーマンは第二次大戦末期に原爆の使用を許可したとき、（彼の言葉によれば）安眠は妨げられなかったが、その人格により、さらなる核兵器の使用にはきわめて疑い深くなり、一九五〇年十一月に中国軍が朝鮮戦争に参戦してきた際にも、その姿勢は変わらなかった。アメリカが北朝鮮に侵入して鴨緑江《おうりょっこう》に近づいたら容赦しないという中国の警告を、トルーマンが軽視していたのは、慎重さの欠如として大いに批判の余地がある。しかし、彼の楽観的な見通しは、諜報機関関係者も、顧問や補佐官も、何よりマッカーサー元帥も共有していたものだ。前線の最高司令官はマッカーサーであり、彼を制御するのは至難の業《わざ》だった(33)。

トルーマンを操り人形として描く批評家は、アメリカが世界で担う役割に関する、彼の道徳観を見落としている。トルーマンはアメリカ例外主義をウィルソン主義的に見ており、そのことは封じ込め政策が形成される過程に違いをもたらした[34]。アチソンとヴァンデンバーグの助言に従い、封じ込め政策を東地中海におけるバランス・オブ・パワーの問題として描くのではなく、世界中で自由を謳歌する人々を守る盾に見立て、〔共産主義の脅威を誇張して〕「アメリカの国民を心底から怖がらせる」ことにしたのは、トルーマンの決断だ。ジョージ・ケナンは、彼の提言した構想が軍事的、イデオロギー的に拡大されたのを見て、失望した。一部のアナリストは、トルーマンの全世界的な関与政策が、やがてベトナム戦争の悲劇を招いたと批判するが、それは単純化しすぎだ。チトーの共産国家ユーゴスラビアがスターリンと決裂すると、トルーマンはユーゴスラビアに（ギリシャの共産主義者の主要な支援者だったにもかかわらず）経済援助を行なった。さらにアジアでは、蔣介石の中国国民党政権が敗色濃厚になったとき、トルーマンはマーシャルの進言を受け入れ、彼らを守る無駄なあがきをやめ、底なし沼にはまるのを避けた。このとき彼は、連邦議会の共和党やマスメディアから、非難の矢面に立たされた。

さらに、トルーマンが彼のドクトリンやマーシャルプランに体現した価値は、大西洋の同盟関係の制度化にも貢献した。ドイツの民主化は決定的に重要で、リベラルな性質のアメリカがヨーロッパで主導する同盟は、伝統的な軍事同盟よりもはるかに安定度が高かった。ノルウェーの学者の言葉によれば、アメリカが戦後のヨーロッパで同盟関係の維持に成功したのは、「招かれた帝国」[35]だったからだ。トルーマン・ドクトリン、マーシャルプラン、NATOに加えて、トルーマンは、発展途上国を近代化するための技術支援という第四の政策《ポイント・フォア・プログラム》を打ち出した。

ともかくも、封じ込めの対象に関するトルーマンの解釈こそが、第二次大戦後の二極化した新たな地政学的構造に対応する、アメリカ合衆国の政策を導いたのだった。封じ込めはリアリストの視点によるバランス・オブ・パワーの政策だが、トルーマンの監督下で、リベラルな国際秩序の一部にもなったのだ。そうするうえで、彼の道徳観が重要になった。同時にトルーマンは実際的な姿勢で、リベラルな価値と安全保障上の利害との折り合いをつけようとした。フランクリン・ルーズベルトの妻で文筆家だったエレノア・ルーズベルトは、彼に手紙で、「民主主義の名の下、近東でミスター・チャーチルのような政策を引き継ぐことはないと信じている」と伝えた。ある歴史家によれば、「ギリシャとトルコの政権が強固な反共主義であることは間違いないだろうが、だからといって自由で民主主義的なわけではない」[36]。同じことは、韓国の李承晩大統領にも言えた。

運命の巡り合わせで大統領になったトルーマンは、ルーズベルトとは非常に異なる個性の持ち主だった。「彼にカリスマ性はほとんどなく、傍目《はため》からは想像もつかないほど、自信のなさと格闘しており、他人を操らねばならないことに生理的な嫌悪感を覚えていた。それでも、彼は優秀な監督者であり、重要な問題については、健全な判断力の持ち主でもあった。それは少なからず、彼が自らの弱さを理解していたからだ。同時代の人間から『小男』と蔑まれていたのは、外見上の欠陥のほうが内面の強さよりも目立ったからだが、実際には、二十世紀で最も重要にして成功した大統領の一人だった」[37]

別の伝記作家の言葉では、トルーマンは「彼自身より高い教育を受け、背が高く、ハンサムで、より洗練され、エリート慣れしている人々で周囲を固めたが、彼はそのことを気にしていなかった。彼は自分をよくわかっていたのだ」[38]。一見、矛盾するような記述だが、どうやらトルーマンの内面にはいくつもの層があったようだ。外見の一枚下には、繊細さと不安があり、批評家に激越な手紙を書くこともあったが、さらにその下には、書いた手紙を投函せず、抽斗《ひきだし》にしまっておく思慮深さが備わっていた。それどころか、ダグラス・マッカーサーのような、御しがたい戦争の英雄を解任する気骨と勇気さえ持ち合わせていたのだ。トルーマンには優れた感情知性が備わっており、それによって、個人的必要や動機を抑える自制心を働かせた。そして彼は、自らの国際問題に関する知識が限られているのを理解していた。ルーズベルトと異なり、彼は専門家や側近に多くを頼り、外交政策を制度化して、中央情報局《CIA》、国防総省《ペンタゴン》、国家安全保障会議《NSC》を創設した。

　三つの次元による倫理的評価から見れば、第一の次元である意図、目標、動機では、トルーマンは高く評価される。就任当初、彼はルーズベルトのグランドデザインを実行することに熱意を傾けたが、彼自身にも強い道徳観があった。「トルーマンはウィルソン的な理想主義者で、アメリカの国際的リーダーシップを深く信じていた。アメリカの外交政策の義務は、人類の進歩を促進することだ、と。彼が雄弁家だったら、世界にあまねくテネシー川流域開発公社《TVA》（ルーズベルトのニューディール政策の中心となる開発事業を行なった）のような事業を広め、人間生活を向上させようと呼びかけただろう。全体主義について学問的な議論を持ちかけられたら、彼は返答に窮したかもしれないが、……彼は同時代の大半の人々よりも、ナチスやソ連が人間性を脅かすことを理解していた」[39]。トルーマンはまた、いわゆるアメリカ中西部的な美徳を体現した男であり、その感情知性によって、公《おおやけ》に表明した目標を個人的動機よりも優先させた。功名心を抑えるすべを知り、ヨーロッパ経済復興計画の名前を、提案者の将軍にちなんでマーシャルプランとするよう強く主張した。そのほうが、大統領の名をつけるよりもずっと、「議会で受けがいい」とわかっていたのだ[40]。

トルーマンは目標を追求するにあたって、リスクとリアリズムを慎重に均衡させ、理性的な仕事をした。戦後間もないうちはきわめて注意深く、経験から学び、外交政策に精通した補佐官と協議してから初めて、改革的な目的を発展させた。そのときでさえ、分別を忘れなかった。一九四九年の就任演説では、ソ連の拡大を封じ込めるための軍事的・経済的措置を列挙したあと、謙虚さを促す言葉を付け加えた。「われわれはいつでも好きなようにできるという思い上がりを戒めなくてはならない[41]」。彼はトルーマン・ドクトリンを普遍的な言葉で表現したが、アメリカの限界も認識しており、中国の国共内戦の結果を覆そうとする圧力に抵抗した。アチソンが言ったように、自由という大義で一般大衆や連邦議会を説得できるのは「真実よりも明白」だったが、限られた予算は、ギリシャとトルコに充てられていた。朝鮮戦争までは、トルーマンはペンタゴンの予算を拡大することに慎重だったのだ。

トルーマンは、アメリカ合衆国が核兵器を独占して予防戦争（相手国の戦力が脅威となる前に先制攻撃をかけ、脅威を排除すること）を遂行すべきだという提案に抵抗した。トルーマンの言葉では「そんな戦争は独裁者の武器によるもので、アメリカ合衆国のように自由な民主主義国が行なうべきものではない[42]」ということだった。トルーマンは、核兵器は通常兵器ではないと主張し、軍にそれらの管理をまかせることを拒絶して、文民による原子力管理委員会に委ねた。「アメリカが原子爆弾を独占しているにもかかわらず、日本への使用に決して疑問を表明しなかった男が、いまはそれをふたたび使用する可能性に悩んでいた[43]」。封鎖されたドイツの首都からアメリカ軍を追い出そうとするソ連の試みに、ベルリン空輸で応じたトルーマンの手法は、その後の外交政策において、補佐官たちの間でリスクとリアリズムを均衡させるモデルケースとなり、一九六二年のキューバ・ミサイル危機で、ジョン・F・ケネディが模倣した。

フランスの傑出した知識人であるレイモン・アロンは、二十世紀を「総力戦の世紀」と表現した。[44]しかし核兵器が登場してからは、その脅威の下でむしろ限定戦争〔局地戦〕の世紀になった。それでも、歴史はこの道義的な移行を行なう代理人を必要とし、トルーマンがその過程の鍵を担った。広島に核兵器を投下した男は、ベルリン空輸の間、核兵器を使用した場合の研究を求め、その結果に戦慄した。[45]一九四八年、マーシャルプランを実行している時期にソ連がポーランドとチェコスロバキアを支配した際には、より強硬な措置を取ることもできたが、慎重に反応して戦争のリスクを避けた。

朝鮮半島では、一九五〇年十一月に中国軍が鴨緑江を渡って、アメリカ軍を押し返したあと、トルーマンは戦争をこれ以上拡大すべきではないと主張し、中国大陸の標的に核爆弾を投下して、中国の内戦で負けたばかりの蔣介石の軍隊を投入すべきだと要求したマッカーサーに抵抗した。[46]一九五〇年六月にトルーマンが取った行動、すなわち朝鮮戦争への軍事介入の決定はうかつだった。その直前にアチソンが、朝鮮半島をアメリカの防衛線から除外したことや、アメリカ軍の準備が整っていなかったことを考えると、いかにも不注意だった。トルーマンは、ウィルソンが構想し、国連憲章として規定された集団安全保障体制を実行したかったのだが、リアリストであれば、そこに含まれるリスクに、より慎重に臨んだだろう。アチソンが後に述べたように、最終的に「トルーマン政権を破壊したのは」朝鮮半島だった。[47]トルーマンにとって、一九三〇年代の道義的な教訓は、断固として侵略に対峙することであり、彼はそれを実行した——そして、代償を支払ったのだ。しかし同時に、彼は核兵器を道義的に不均衡だとみなし、自らの地位と名誉を守るためにそれを使いたいという誘惑をはねのけた。

ＦＤＲと異なり、トルーマンが人を欺くことは稀だった。朝鮮半島への介入を表明した際には、アメリカ人に戦争へ臨む心構えを充分にさせたとは言えないが、概してトルーマンは真実を尊重し、国内外で制度への信頼を培《つちか》った。彼はまた、自治権や諸権利の問題に注意を払い、一九四八年には、彼の立ち会いの下で世界人権宣言が採択された。手段という次元においてトルーマンが責められるのは、日本で戦争を終結させるために核兵器を使用し、市民を無差別殺戮したことだ。マンハッタン・プロジェクトが動きだしていた事実を踏まえると、新大統領がその計画を止めるというのは大胆な行動であり、彼はそれを止める理由を見出せなかった。とりわけ、その時点では核兵器について、ほとんど知られていなかったのだ。大都市の無差別爆撃によって、軍民の区別や均衡はすでに甚大に蹂躙されており、世論は日本が始めた戦争を一日も早く終わらせたがっていた。トルーマンが大統領に就任した時点で、いわば列車は駅を出発しており、彼はそのコンセンサスに従って行動したのだが、三発目の爆弾を使う決断は下さなかった。ベルリンでも朝鮮半島でも、核兵器の使用が取りざたされたが、トルーマンは分別を発揮し、核兵器を通常兵器とみなすことを拒んだ。一九五三年の退任演説で、彼は「核戦争を始めるというのは、理性的な人間にはまったく考えられないことだ(48)」と警告した。彼は原則にこだわることで、核兵器をタブーとみなすきっかけを作ったのだ。

道義的な結果という次元から見れば、アメリカ軍を海外に駐留させ、同盟国と強力な制度や機関を構築したことは、アメリカ主導の秩序を打ち立てるうえで決定的に重要だった。共和党の孤立主義者

表3.2　トルーマンの倫理的採点表

意図と動機	道徳観：魅力的な価値、よき動機づけ	よい
	慎重さ：価値とリスクのバランス	よい
手段	軍事力：均衡、軍民の区別、必要性	評価が分かれる
	リベラル的配慮：諸権利や制度の尊重	よい
結果	受託者責任：アメリカの長期的国益に寄与したか	よい
	コスモポリタン：他国民の損害を最小限にしたか	評価が分かれる
	啓蒙効果：真実を尊重し、道義的な対話の機会を広げたか	よい

は国際社会への関与を深めることによるリスクを批判したが、タカ派は蔣介石の中国と東欧を共産圏の全体主義者に明け渡してしまったことを道義に反するとして非難した。マッカーサーと同様、彼らもまた、トルーマンはもっと強硬にスターリンに対処すべきだったと考え、不作為の罪を糾弾した。もしかしたらトルーマンは、アメリカによる核兵器独占という優位を活用しなかったことで、いくつかの機会を逃したかもしれないが、それでも核のリスクは高く、すべてを考慮してみると、彼は慎重さによって国民の信託に応え、アメリカの長期的な国益に裨益《ひえき》したと言えよう。さらには、マーシャルプランや発展途上国の技術支援によって、外国の人々を援助するプログラムを推進した。

　トルーマンは決して雄弁家ではなかったが、彼とその閣僚は、アメリカが戦後世界の再建と安定にリーダーシップを維持することの重要性を、アメリカ人に啓蒙しようとした。批評家のなかには、トルーマンがジョージ・ケナンのリアリスト的な封じ込め戦略の範囲を広げすぎ、あらゆる地域の自由を謳歌する人々を守る、世界的自《リベ》由主義《ラル》戦略にしたことで、ベトナム戦争の原因を作ったと批判する者もいる。しかし、ベトナム戦争の原因をトルーマンに求めるのは無理があり、彼が世界を守ると言わなかったら、ヴァンデンバーグ上院議員が警告したように、アメリカ人にこの戦略を認めてもらうのはより困難だっただろう。トルーマンはアメリカの道徳主義に傾倒したが、彼が概して倫理的な外交政策を遂行したことが、戦後のリベラルな国際秩序を創り出すうえで有益だったのもまた事実だ。以上から、採点表は右の表のようにまとめられる。

ドワイト・D・アイゼンハワー

近年の歴史家はトルーマンを上位六人に入る大統領と評価するが、一九五三年に退任したとき、彼の支持率はきわめて低く、外交政策は政治的な論議の的になっていた。民主党リベラル派のヘンリー・ウォレスを中心とした一派は、トルーマンがソ連に強硬すぎたと考えていたが、共和党は「封じ込め政策を支持する臆病者の群れ」を攻撃するグループと、ロバート・タフトをはじめとした、アメリカの国際社会への関与の縮小を望む孤立主義者の一派に分裂していた。ドワイト・アイゼンハワーは五つ星の元帥として陸軍を退役し、コロンビア大学の学長に就任したが、NATOの最高司令官として軍に復帰していた。彼は本来、大統領に出馬するつもりはなかったが、一九五二年、タフトが共和党の候補に指名されるのを恐れ、出馬を決意した。

トルーマンと同様に、アイゼンハワーも中西部の農家の出身だが、陸軍士官学校《ウエストポイント》に入学（一九一五年卒業）してから頭角を現わし、陸軍で第二次大戦時にめざましい勲功を重ねた経験から、前任者の誰よりも、国際問題の状況を把握する優れた知性を備えていた。トルーマンと異なり、アイゼンハワーに実務でのトレーニングは必要なかった。一九五三年、まだ任期が始まったばかりのころ、彼はホワイトハウスで「ソラリウム作戦」として有名な、外交政策の基本方針を立案するための検討作業を行ない、アイゼンハワー自身よりもむしろ、側近や閣僚が認識を新たにした。その結果、アイゼンハワーが悩みの種だったふたつの勢力（孤立主義者と巻き返し戦略の擁護派）を自派から退け、中道を取ることにしたのは、驚きではない。共和党は国務省からジョージ・ケナンを追い出していたが、アイゼンハワーは彼を用い、封じ込め政策の選択肢を提示させた。共産主義への巻き返し戦略を望んでいた一部の共和党員は、ケナンの政策を反道義的で臆病だと呼んでいたが、大統領はそんなことを意に介さなかった。

国務長官のジョン・フォスター・ダレスは、ケナンを新たな役職に就かせるのを拒んでいたが、アイゼンハワーはダレスの顔色を窺ったりはしなかった。歴史家のジョン・ギャディスによると、ダレスの強気な物腰はアイゼンハワーを不安にさせたが、共和党はいまだに孤立主義者やマッカーシー主義者に牛耳《ぎゅうじ》られていたので、ダレスを国務長官にしておくほうが政治的にやりやすかったのだ。さらに、アイゼンハワーはその豊かな軍事経験にもかかわらず、権力ずくで部下を従わせるようなことはしなかった。彼はソフトパワーの重要さを理解していた。彼自身の言葉によれば、「頭を殴って人々を導くべきではない。それは暴力であって、リーダーシップではない」[49]ということだ。そうする代わりに、彼はダレス以下の閣僚を啓蒙しようとした。より攻撃的な戦略を実施した場合に考えられるリスク、コスト、結果を考えさせたのだ。ギャディスによると、アイゼンハワーはケナンを使って、「ダレスが一九五二年の選挙戦で公約させようとした『解放』戦略から、アイゼンハワーを解放させようとした」[50]

アイゼンハワーは控えめな目標を掲げて就任したが、彼の政権運営スタイルはカリスマ的というより、相互交流によるものだった。彼は封じ込め戦略を強化し、分別ある判断によって、それを持続させようとした。朝鮮半島やベトナムでの地上戦を回避したのがその一例だ。実際、ベトナムは彼の後継者たちの落とし穴となった。さらに海外向けの軍事予算を削減し、国内経済を支える方向に重点を置いて、ヨーロッパや日本との新たな同盟関係を強化した。ソ連との交渉にも前向きで、一九五六年にソ連がハンガリーに軍事介入した際には、大いに慎重さを発揮して、ハンガリー人に武器を空中投下するというＣＩＡの提案を拒絶した。[51]さらに彼は、ヨーロッパで通常兵器戦力において優るソ連に対抗するため、核兵器による大量報復戦略に頼り、高額な地上軍の予算を削減した一方、北朝鮮や中国への核兵器の実戦投入には抵抗して、きわめて用心深く行動した。

アイゼンハワーは外交政策において、広汎な世論のコンセンサスを維持することに成功した。世論分析の専門家オレ・Ｒ・ホルスティは、このように主張する。「『国際主義的な外交政策へのコンセンサス』という用語が、アメリカ外交政策への国内的支持を表現するのに適切な表現だとしたら、それが最もあてはまるのは、朝鮮戦争とベトナム戦争のトラウマが残った時期だ」。一九五六年には、共和党員の五九パーセント、民主党員の五八パーセント、無党派層の五八パーセントが、共産主義を食い止めるための海外援助に賛成だった。[52]一九五四年のギャラップ世論調査では、国民の六二パーセントが自分たちを国際主義者と考えていた一方、孤立主義者と答えたのは一七パーセントだった。そして大半の回答者（七六パーセント）が国連を支持していた。[53]

しばしばアイゼンハワーは、命令するよりも穏やかに説得し、「隠然と導く」指導者と言われた。大統領職の研究家フレッド・グリーンスタインが、アイゼンハワーの運営スタイルを「大統領の隠れた手」と呼んだのは、表から見える君主的スタイルと、より見えにくい首相的な役割を組み合わせていたからだ。ダレスが強い言葉で警告を発するかたわら、アイゼンハワーは外交政策を制御しつづけた。アイゼンハワーはきわめて優れた組織力の持ち主で、政権をしっかりと掌握していた。[54] 彼はトルーマンが創設した国家安全保障会議を変革し、情報管理、政策決定に活用したのみならず、中枢を担う高官たちを教え育てた。だが、こうした隠然とした統治スタイルの代償として、世論を啓蒙することはできなかった。そのため、公民権やミサイルギャップ〔当時アメリカは、核ミサイルの配備数でソ連に遅れを取っているのではないかといわれた〕の問題は、民主党の批判材料に利用された。

アイゼンハワーはアメリカの力の限界を理解しており、危機をうまく管理した。ドミノ理論により、東南アジアが共産勢力になってしまう危険性を誇大に喧伝したが、その比喩を利用してベトナムに軍事介入することは避けた。なぜなら、彼自身の言葉によれば、ベトナムは「わが軍を師団ごと飲み込んでしまう」からだ。しかしながら、インドシナは死守しなければならないと言ったことで、アイゼンハワーは信頼を失う危険に直面し、介入の決断は彼にとって容易ではなかった。[55] 空爆、核兵器、地上軍による介入を検討したが、最終的には、一方的な軍事行動をやめることにした。[56] 彼は、自身による情勢分析から感情を切り離しつづけ、後にリンドン・ジョンソンを破滅させた罠を逃れた。ジョンソンにはアイゼンハワーのような感情知性や状況把握力が欠けていたのだ。アイゼンハワーはその慎重さで、八年にわたる平和と繁栄という結果をもたらした。

伝記作家のスティーヴン・アンブローズが記すように、アイゼンハワーのリーダーシップは「強固で、公正で、客観的で、威厳があった」ので、「彼は大半のアメリカ人が理想に描く大統領そのものだった」。アイゼンハワーへの国民の反応をひと言で表わすなら、それは「全幅の信頼」だった。[57] 副大統領だったリチャード・ニクソンの述懐によると、決断を下す際、アイゼンハワーは「世界の誰よりも感情を排し、論理的に分析する男」であり、グリーンスタインの意見では、彼のリーダーシップで最も印象深いのは、「情熱の欠如ではなく、人前で見せる行動が感情にまったく左右されない」[58]点だった。彼には、自らの動機を適切に抑える感情知性があった。ジョセフ・マッカーシーのような政敵に対しては（あるいは味方で副大統領のリチャード・ニクソンに対してさえ）、マキャベリストの政治家のようなしたたかさで臨むこともできたが、アイゼンハワーは概して、真実に敬意を抱いていた。同様に、強い倫理的な確信も持っていた。彼は自由市場原理を信奉する共和党員にして、筋金入りの反共主義者であり、アメリカが世界で果たす役割を心から信じていた。

戦時中の最高司令官としての回顧録に『ヨーロッパ十字軍』とタイトルをつけたものの、アイゼンハワー自身は十字軍的に正義を振りかざすような人物ではなかった。一九五二年、共和党の指名を受諾した際、彼は党員に向かって、ワシントンを心機一転させるための十字軍に加わるよう呼びかけたが、それはお決まりの政治的レトリックにすぎなかった。後に批評家は「彼の十字軍がいったい何に対してのものなのか、判然としなかった。昂揚感をかきたてるような、武器を取れという呼びかけもなければ、道義的な戦いを訴えるわけでもなく、すべてに優先する国家的目標を追求する理想主義的なキャンペーンでもなかった」と述べている。一九五三年、アイゼンハワーは「ソ連に、ひいては全世界に対し、アメリカの精神的な優越性を知らしめ、際立たせるための道義的なリーダーシップを」取りたいと望んだ。[59]しかし彼は、当時アメリカのソフトパワーに影響していた、国内的に最も差し迫った道義的問題について、国民を強く導こうとはしなかった——公民権とマッカーシズムである。

第三世界に対しては、アイゼンハワーはソ連の影響力を封じ込めるためなら、民主主義や人権にあまり配慮しなかった。選挙で選ばれた外国の政権を転覆させるのに、リベラルな立場からの制約は覚えなかったのだ。[60]アイゼンハワーがベトナムへ軍を投入すべきという提言を却下したのは、「アジアの人々の目に、フランスの植民地支配がアメリカの植民地支配に代わっただけだと映る」からだった。[61]一九五六年のスエズ危機で、イギリス、フランス、イスラエルがエジプトに侵攻したときには、イギリス軍の撤兵を促すため、経済的に圧力をかけた。その理由について彼は、たとえ誰が侵略者で、誰が被害者であろうとも、武力侵攻を容認しないからだと言っている。アイゼンハワーが自由世界においてリベラルな価値を重んじると発言したのは、西洋的民主主義の下に諸国を結集させたかったからだが、それにもかかわらず、イラン、グアテマラで国民に選ばれた政権を倒し、エジプトのナセル、キューバのカストロ、コンゴのパトリス・ルムンバに露骨な敵意を示したことは、第三世界におけるアメリカへの不信につながった。冷戦の二極構造という状況であっても、アイゼンハワーの秘密介入は、ふさわしかったとも必要だったとも考えにくい。彼に好意的な伝記作家でさえ、「残念ながら、アイゼンハワー時代のCIAは、アメリカの国益に役立つどころか、害のほうがはるかに大きかった」[62]と結論づけている。さらに言えば、アイゼンハワーが秘密工作をいつまでも隠しておけると思っていたのも、非難に値しよう。[63]

アイゼンハワーは危機管理の名人だった。一九五三年は朝鮮半島、一九五四年にはディエンビエンフー、一九五五年には金門島と馬祖、一九五六年にはハンガリーとスエズでなんらかの問題や危機が発生し、一九五七年にはソ連のスプートニク衛星の打ち上げによって、宇宙開発競争で先を越され、一九五九年にはベルリン問題が起き、一九六〇年にはU2高高度偵察機がソ連に撃墜されたが、「アイゼンハワーはいずれの問題にも、過剰反応せず、戦争を起こすこともなく、国防予算を増額することもなく、正気を失いかけた人々を怖がらせることもなく、巧みに処理した。どんなときにも彼は抑制的に表現し、解決策はきっと見つかると主張して、実際に見つけた。それは驚くべき能力だった」[64]。戦争の経験と自制心によって、彼は状況を把握する知性と感情知性を身につけ、大惨事を避けることに成功したのだ。

倫理的な観点では、アイゼンハワーのビジョンや目標は控えめでバランスが取れ、彼の感情知性は、個人的動機のために公的な価値を犠牲にするようなことはなかった。彼は慎重さによって価値とリスクの均衡を取ったが、手段に関しては評価が分かれる。秘密工作によって、グアテマラで民主的に選ばれたアルベンス政権、イランのモサデグ政権を転覆させたのは、それぞれの国の自治権を蹂躙し、アイゼンハワー自身の回顧録によれば、「アメリカ合衆国による中央アメリカやカリブ海諸国への介入が、ラテンアメリカ全域におけるわれわれの立場を大いに損なったことは、充分に認識していた」[65]という。彼がCIAのアレン・ダレス長官に、多くの国々で暗殺計画を含む秘密工作の実行を承認したのは、二極構造の冷戦において、共産主義者に出し抜かれないよう先手を打つことが重要だと考えていたからだ[66]。しかし、こうした急進的ナショナリストの政権が、必ずしも共産主義国になったかどうかは疑問であり、長年残る怨恨や復讐感情は、アメリカ合衆国と外国の住民の双方に負の影響をもたらした。さらに、アイゼンハワーは、ラオスとベトナムへの関与について、後継者にまずいアドバイスを残し、キューバに行なった潜入作戦も、一九六一年にピッグズ湾事件という大失態をもたらした。伝記作家のウィリアム・ヒッチコックは問う。「いったいなぜ、アイゼンハワーはあれほど粗暴かつきわめて有害な秘密工作を命じたのだろうか？」そしてそれは「道義的な想像力の欠如によるものではないか」[67]、と。

このように、秘密介入に頼った点には疑問が残るが、それでもアイゼンハワーが道義的に大いに称賛に値するのは、核兵器使用を促すおびただしい提案に抗《あらが》いつづけたことだ。まず朝鮮戦争で、次はディエンビエンフーでフランス軍がベトナム人に負けるのを防ぐため、さらには中国の沖合にある金門島と馬祖の国民党軍を守るために。彼は統合参謀本部による、ベトナムに原爆を投下する作戦計画の提案をこう言ってはねつけた。「きみたちは頭がどうかしている。こんな恐ろしいものを、十年足らずのうちに、もう一度アジアの人々に使うわけにはいかないぞ。まったく、とんでもないことだ」。さらに一九五四年には、別の問題で、アイゼンハワーは統合参謀本部議長のラドフォード提督に向かって、こう言っている。「仮にロシアを破壊することが可能だとしよう。きみには、いまから言う問題をよく考えてみてほしい――そんな形で勝利を得られたとして、それからきみはどうするつもりだね？　エルベ川からウラジオストックまでの広大な土地が……見るも無惨に破壊し尽くされ、政府もなく、通信は寸断され、あるのはただ、飢えと災いばかりだ。わたしはきみに訊きたい。文明世界は、果たしてこの状態をどうするだろうか？　繰り返して言うが、そんな勝利はわれわれの想像の中でしかありえない」[68]。アイゼンハワーの思慮分別は、狭量なアメリカだけの利益を超え、コスモポリタン的な要素も含んで、核兵器を使わないという道義的な判断を守ったのだ。

皮肉なことに、こうした個人的な道義的判断は、核兵器にまつわる政権の公式声明とは大きく違っていた。核抑止力は、それを使うだろうと敵対陣営に思わせることが必要なのだ。アイゼンハワーは財政的な保守主義者で、退任演説では「軍産複合体」について警告を発した。一九五八年までに、彼はペンタゴンの国防予算を、就任当初はＧＤＰの一四パーセントあったのを、一〇パーセント以下に削減した。核抑止力は、国防政策に「支出に見合う以上の効果」を挙げるためだった[69]。トルーマンと異なり、彼は核兵器が通常戦力の一部として――「銃弾のように」――認知されることを求め、タブーが拡大されて非合法化され、武器庫から取り除かれるような事態を恐れていた。彼の国防に対する姿勢は、戦術核兵器による大量報復の脅威を示唆することで、通常兵器の経費を節減するというものだった。同時に彼は、大統領の権限で核兵器を使用できる体制を維持したかった。

アイゼンハワーは核兵器の実戦使用こそ拒否したものの、それを抑止力または威圧の手段として使うことは辞さなかった。膠着状態に陥った朝鮮戦争で、休戦協定を結ぶために核兵器使用をちらつかせ、一九五四年および一九五八年の台湾海峡危機に際しても、核兵器使用に関してあいまいな態度を取った。アイゼンハワーが実際に核兵器使用に踏み切った可能性はあるだろうか？　側近のアンドリュー・グッドパスター陸軍大将は、おそらく使用しなかっただろうと考えたが、そう思わなかった側近もいる。いずれにしろ、アイゼンハワーが仮定の質問に答えることはなかった。彼の目的は抑止にあり、伝記作家のエヴァン・トマスによると、アイゼンハワーがそれを達成できたのは「怜悧さ、偽り、巧妙さ、それにまぎれもない狡猾さによるものだ……そして、決して使うことのできないまさしくその武器を腕に抱えることで、彼の国と、おそらくは全人類を、絶滅から救ったのだ」[70]

果たしてアイゼンハワーが核兵器を使うことがあったかどうかは、誰にもわからないが、個人としての決断は、重大な局面では「ノー」だった。それと裏腹に表舞台では、核戦争の危機が差し迫っているように見せかけたが。[71]こうした個人としての決断は、核を使わないというタブーを強化させた。まさしくそのタブーが、表向きの選択肢を損なってしまうのではないかと彼は恐れていた。そして彼の後継者たちは、大量報復を行なうための洗練された兵器システムが、大統領の実質的な選択肢をほとんどなくしてしまうのを懸念した。同時に、アイゼンハワーはソ連との軍備管理協定を進めようとした。しかし、核抑止力には脅しが必要だという性質からして、アイゼンハワーがアメリカ人に、核兵器を本当のところどう見ているのかを腹蔵なく語ることはできなかった。一度彼は、報道官にこう言ったことがある。「心配するな、ジム。そういう質問が出てきたら、うまくはぐらかすから」[72]

アイゼンハワーの原子力政策は、表舞台で見せる、慈悲深く超然とした君主的なスタイルと矛盾しなかったが、見えないところでは首相のように、注意深く手綱を握っていた。フレッド・グリーンスタインが指摘するように、「彼は決してマキャベリストではなかった。私人として思索に耽《ふけ》るときには、誠実さや知的な明晰さを重んじていたが、公式声明は状況を掌握しているかのように脚色し、最善の結果を予想させることを暗黙の原則としていた」[73]。こうした欺瞞的な姿勢は、フランクリン・ルーズベルトの嘘やドナルド・トランプのツイートに比べれば、大衆を欺いた度合いははるかに低い。しかし、それでもこのような疑問の残る手段は、アイゼンハワーが国民を啓蒙する能力を限定させた。しかし、

表3．3　アイゼンハワーの倫理的採点表

意図と動機	道徳観：魅力的な価値、よき動機づけ	よい
	慎重さ：価値とリスクのバランス	よい
手段	軍事力：均衡、軍民の区別、必要性	核兵器についてはよい
	リベラル的配慮：諸権利や制度の尊重	悪い
結果	受託者責任：アメリカの長期的国益に寄与したか	よい
	コスモポリタン：他国民の損害を最小限にしたか	評価が分かれる
	啓蒙効果：真実を尊重し、道義的な対話の機会を広げたか	評価が分かれる

概して言えば、アイゼンハワーが外交政策に取ったリーダーシップは、アメリカをはじめとする多くの諸国に八年間の平和と繁栄を現出させ、それは慎重かつ賢明に危機を管理し、あるいは回避した賜《たまもの》だ。道義的な結果としては傑出しており、彼の実績への採点表は上のようになる。

これまで、アメリカのリベラルな国際秩序を打ち立てた三人の大統領の決断に、倫理が果たした役割を見てきたが、いくつか際立った特色がある。まず、三人とも伝統的な思考様式から知恵をくみ出し、リベラルなリアリストとして世界地図を描いてきた点だ。国際機関や安全保障体制には、彼らはウィルソン主義者としての見解を取り、アメリカ例外主義を信じていたが、イデオローグではなく、十字軍のような振る舞いもしなかった。それに三人とも、ルイジアナ州知事のヒューイ・ロングや、ウィスコンシン州選出の上院議員ジョセフ・マッカーシーと異なり、ポピュリストやナショナリストの伝統を自らの権力掌握のために利用するようなことはなかった。三人とも慎重に行動して、リスクと価値のバランスを取ろうとした。三人とも優秀な感情知性の持ち主で、個人的な動機を抑制し、思考の世界地図において、状況を把握する知性に優れていた。トルーマンは彼のドクトリンで「世界中の自由を謳歌する人々」を守ると言いながら、中国のような困難な事例にはそれを適用せず、アイゼンハワーの共和党は封じ込め政策を反道義的と非難し、ヨーロッパの共産主義に対して巻き返すと言いながら、一九五六年に蜂起したハンガリーを見捨てた。

同時に、アメリカ例外主義とその価値観は、政策形成のうえで重要だった。外交官のチップ・ボーレンは、友人のジョージ・ケナンからヨーロッパを米ソの勢力圏に従って分割すべきだと提案されたとき、こう答えた。「抽象論では確かにそれが最善だろう。しかし現実論としては、まったく不可能だ。そういう種類の外交政策は、民主主義でなされるわけではない」[74]。しかし事実として、ヨーロッパは分割された。トルーマンとアチソンがすぐに気づいたように、ミシガン州選出の上院議員アーサー・ヴァンデンバーグ――かつては孤立主義者だったのが、共和党の中心的な国際主義者になった――の言葉は正しかった。すなわち、トルーマン・ドクトリンに予算をつけるよう連邦議会を説得するには、政権側は自由の価値を強調し、そのことを「真実より明白にすべきだ」ということだ。道徳性に訴えることは、政策への支持を取りつけるうえできわめて重要だったのだ。

もうひとつ明記しておくべきことがある。なされたことだけではなく、なされなかったこともまた、道義的に測り知れないほど重要だという点だ。第二次大戦が終わった時点で、アメリカ合衆国は全世界の生産高の半分以上を占め、原爆を独占していた。政策決定に携わる者は少なからず、予防戦争や平和のための攻撃という考えに誘惑を覚えた。しかしトルーマンは、それを道義にもとるとして退けた。さらに、一九四八年のベルリン危機から一九五八年の台湾海峡危機までの十年間、トルーマンとアイゼンハワーはともに、核兵器を使用すべきだという軍の提言を却下しつづけた。当時、核兵器はまだ新兵器で、ほとんど理解が進んでいなかったことから、トルーマンかアイゼンハワーがその使用を決断していたら、それ以後の世界は現在とまったく様相を異にしていたに違いない。核兵器を保有する国ははるかに多くなり、使われる可能性も高まっていただろう。ノーベル賞受賞者のトマス・シェリングの主張では、核兵器をタブーとする慣習が定着したことが、過去七十年における最重要な規範的発展だ。それは吠えない犬、あるいは嚙まない犬なのだ。アイゼンハワーは核兵器の使用を公式にタブーとすることに抵抗した。そうすることで、大量報復の抑止戦略が弱められることを懸念したのだ。しかし重要な局面になると、実戦投入の提言に抗った。トルーマンと同様、彼の理性的判断が戦略的慎重さに基づいていたところもあるが、二人とも個人的には、直観的な道徳的配慮に基づいて判断していたのだ。核兵器使用への強いタブーは現在まで続き、議論されている。道徳観は一般市民、エリート、大統領のレベルでそれぞれ異なるが、タブーと議論の存在は、一九五〇年代の大統領の決断にまでさかのぼることができるだろう[75]。

　最後に制度面から見ると、三人の大統領はいずれも国際連合を尊重していたが、ソ連の拒否権行使に直面すると、すぐにその限界に気づいた。彼らは国際機関や制度を重視していたが、それらに囚われてはいなかった。国際秩序を維持する期待を形成するうえで、ソフトパワーと制度の果たす役割を理解していたのだ。マーシャルプランはヨーロッパの経済統合に重点を置いていたが、大統領たちはいがみ合うヨーロッパ各国の首脳にひどく手を焼いた。大統領たちはまた、ヨーロッパの経済統合を加速するには、アメリカが安全保障制度の構築に関与するのが不可欠であることに気づき、それがN

ＡＴＯの創設に結実した。創設者たちは、ハードパワーとソフトパワーが車の両輪のように互いを強化することを理解していた。彼らの大戦略は決して完璧ではなく、実施面で欠陥を露呈したところもあったが、それでも創設者たちが構築した制度や機関は、アメリカ国内外の大勢の人間のために、世界をよりよくすることにつながった。

第４章　ベトナム戦争の時代

一九六〇年代は冷戦の不安が頂点に達した時代だ。Ｕ２偵察機がソ連に撃墜されたことで、アイゼンハワーとフルシチョフの頂上会談は中止された。アメリカ人はソ連の核兵器開発を懸念し、とりわけフィデル・カストロがキューバで権力の座に就いてからは、ソ連の影響力がアフリカやラテンアメリカに拡大するのを心配した。ヨーロッパでは、ソ連はベルリンの状況を変えようと圧力をかけ、東ドイツに西側の飛び地が孤立したまま残された。アジアでは、共産主義勢力による暴動が、アメリカに支援された南ベトナム政府を脅かし、六〇年代はベトナムが世界の関心を集めることになる。

しかしながら、外交政策の空気と現実には違いがあった。ソ連が一九五七年十月にスプートニク衛星を打ち上げたことで、アメリカのエリートも一般大衆も衝撃を受け、アメリカの技術的優位への自信が揺らぐことになった。それを反映して、諜報機関の報告はソ連の能力を過大に見積もり、ケネディを含む民主党員は、ミサイルギャップの拡大を許しているとしてアイゼンハワーを批判した。アイゼンハワーは、アメリカ合衆国がはるかに優位に立っているのを知っていたが、きわめて重要な情報を提供してくれるU2偵察機を危険にさらしたくなかったため、ほとんど口をつぐんでいた。ミサイルギャップの存在は事実だったが、民主党員が弄する言辞と異なり、実際にはほぼ六対一の差でアメリカが優位だったのだ。六〇年代初めのアメリカの空気は、世代交代に関係していた部分もあった。ケネディは舌鋒鋭く、世界の潮流がアメリカを置き去りにしつつあり、アイゼンハワーは「共産主義者がわれわれを、世界革命の先頭という本来の地位から追い出そうとする」のを許していると攻撃した。ケネディによれば、（たとえばベトナムのような）発展途上国は、アメリカが支援したほうが「はるかに平和的で、はるかに民主的で、はるかに自治が行き届く」はずだったのだ[1]。

しかしそれどころか、一九六〇年代はアメリカ外交政策にとって挫折の時代になった。ベトナム戦争は五万八千人以上のアメリカ人と、数百万人のベトナム人を犠牲にし、アメリカ国内の都市や大学のキャンパスでは暴動が頻発、一人の大統領が任期をまっとうできず、もう一人は弾劾寸前の状態に追い込まれた。戦争は敗北に終わり、精神的、政治的な傷は癒えるのに数十年かかった。アメリカがベトナムに関与するようになったきっかけは、トルーマンやアイゼンハワーの時代までさかのぼるが、最も中心的に関与した大統領は、ジョン・F・ケネディ、リンドン・B・ジョンソン、リチャード・ニクソンだ。三人とも、一九五〇年代初頭の偏執的なマッカーシズムの時代を生き、「中国を共産主義者に奪われた」苦い国内的な政治的論議を経てきた。したがって、彼らはそれぞれ、ベトナムを「奪われた」大統領という汚名を着せられるのを恐れていたのだが、それでいて誰一人、ベトナムを深く理解していなかった。

当時ベトナムを論じるとき、お決まりだった比喩、すなわちドミノ理論——アイゼンハワーが発明したが、皮肉なことに彼はうまく逃げた――が、後継者たちの罠になった。ワシントンで広く浸透したイメージは、もし北ベトナムの共産主義者が南ベトナムを占領したら、ほかのアジア諸国もドミノ倒しのように、二極構造の世界で中国・ソ連の勢力圏に入るだろうというものだった。指導者層のなかには、ドミノ理論の限界にひそかに気づいた者もいたが、一般に広まったイメージに縛られ、選択肢が制約されてしまったのだ。さらにドミノ倒しの比喩は、一カ所で敗北すれば、冷戦下、アメリカが世界規模で軍事的コミットメントの信憑性を損ないかねないという懸念にもつながった。一九六五年三月、国務次官補のジョン・マクノートンが有名な言葉を残している。それによると、われわれがベトナムに留まっている理由の七〇パーセントは「屈辱的な敗北を回避し、保証人としてのアメリカの信用を失わないためだ。二〇パーセントは、南ベトナムと周辺の領域を中国の手に渡さないため。一〇パーセントは、南ベトナムの国民に、よりよい、自由な生活を謳歌してほしいからだ」[2]

後知恵であることは重々承知しているが、アメリカの歴代大統領が、共産主義ではなくナショナリズムにもっと注意していれば、もっと適切な比喩を使えたように思えてならない。すなわち、赤と黒の升目が交互に広がるチェッカーボードだ。ドミノ理論は、すべてが赤に変わってしまうのを喩えるには理想的だ。一方、チェッカーボードはリアリスト的な比喩で、「敵の敵は味方」であることを示している。中国はすでに、ロシアの指導に苛立ちを覚えはじめていたし、ベトナムでの戦いはそもそも、フランス植民地支配への抵抗として始まった。フランスが敗れたあと、南北を分けるベトナムの国境線は、一九五四年のジュネーブ協定によって暫定的に定められた。一九五六年の自由選挙で統一を図るはずだったのが、統一選挙に向けた南北の協議は暗礁に乗り上げ、二十年にわたって戦争状態が続くことになった。アメリカがベトナムをふたつの国に分かれた状態と捉えたのに対し、大半のベトナム人は、あくまで本来はひとつの国だと考えていた。一九七五年、アメリカの最後の部隊が撤退し、共産主義者の下でベトナムが統一されたあとの数年間に、ロシアと中国、中国とベトナム、ベトナムとカンボジアの間で紛争が発生している。リアリストの視点による、ナショナリズムに基づいたチェッカーボードの比喩のほうが、ドミノ理論よりも、政治的な同盟や抗争を適切に予言していたのだ。そして今日、社会主義国家のベトナムは、共産主義の中国の圧力に抗するため、アメリカ海軍の艦艇の寄港を歓迎している。

ジョン・F・ケネディ

ジャック・ケネディという愛称でも親しまれ、一九六一年、四十三歳という若さで大統領に就任した。選挙で選ばれた初めてのカトリックの大統領であるのみならず、史上最年少でもあり、その格調高い演説は、若さと清新さをいっそう引き立てた。アイゼンハワーより二十七歳も若かっただけではなく、政権の運営スタイルも極端なまでに異なっていた。アイゼンハワー時代を「八年にも及んで惰眠をむさぼっていた期間」と断じた彼は、「国をふたたび動かす」ための「ニューフロンティア」政策をひっさげて現われた。就任演説での「自分たちが国のために何ができるかを問え」というカリスマ的な呼びかけは、多くの若い世代を鼓舞し、平和部隊に加わる若者が増え、月探査計画への期待も高まった。一九六三年十一月、彼の任期は就任して千日ほどで、暗殺によって突然の幕切れを迎え、世界に衝撃を与えた。

この悲劇的な最期と大統領としての任期の短さで、もしケネディが生きていたらどうなっただろうという神話と、それを打ち消す神話が無数に創り出された。ケネディの死から十五年が経った日までに、彼について書かれた本は推定四万冊以上にのぼり、彼は大衆的な神話に近い存在となって、歴史的な人物としての輪郭はぼやけている。[3]彼の外交政策は冷戦下のラオス、ベルリン、キューバ、ベトナムで起きた危機対応に終始した。うまく処理したものもあれば、失敗したものもある。しかし、ケネディを振り返るときつねに取り上げられるのは、一九六二年に、世界が最も核戦争に近づいたと言われるキューバ・ミサイル危機を巧みに処理した手腕だ。イギリスのハロルド・マクミラン元首相の言葉によると、「彼はこの一件だけで歴史に名を残した」[4]のだ。

この危機を切り抜けたあと、ＪＦＫは一九六三年、冷戦の軍拡競争に変化を促そうと、アメリカン大学で宥和的な演説を行ない、部分的核実験禁止条約による核兵器管理に乗り出した。同時に覚えておかねばならないのは、フルシチョフとの暗黙の取引によって東西ベルリンの分断を固定化させたことや、キューバでの秘密作戦（アイゼンハワーから引き継いだピッグズ湾事件と、ケネディ政権が始めたマングース作戦）がいずれも失敗し、キューバ・ミサイル危機につながったことだろう。そしてベトナムでは、六百八十五名だったアメリカ人軍事顧問を一万六千名に増やしつつ、ゴ・ジン・ジエム政権へのお粗末なクーデターを扇動していた。歴史家のアラン・ブリンクリーが要約したように、「彼を偉大な大統領と呼ぶのは難しいが、さりとて失敗者とも呼べない」[5]というところだ。

ジャック・ケネディは一九一七年、ボストンの富裕なアイルランド系カトリックの一家に生まれ、私立学校を経て、ハーバード大学を卒業した。政治家として駆けだしのころは、父の財力や人間関係に助けられたところもあった。ＪＦＫはまた、太平洋戦争で非常な勇気を見せた戦争の英雄であり、生涯にわたって難病と闘っていたが、気づかれないよう慎重に偽装し、国民にはひた隠しにしていた。筋金入りの反共主義者だが、イデオロギーに凝り固まってはいなかった。アイゼンハワーがケネディに、新大統領はラオスを共産主義者に奪われないよう、軍事介入すべきかもしれないと言ったとき、ＪＦＫは危機を巧みにかわし、ラオスの中立化に合意した。冷戦が頂点に達していた一九六三年、六月十日のアメリカン大学での講演でケネディは、アメリカ人が共産主義を「個人の自由や尊厳を否定するものとして心底から嫌悪する」が、同時に「いかなる政府や社会システムも、そこで生きる人々に徳がないとみなさなければならないほど邪悪ではない[6]」と信じていた。これに先立つ一九六一年シアトルの演説でも、呼応するような、より大きなコスモポリタン的なビジョンを訴えている。「われわれがいま、違いを乗り越えられないとしても、少なくとも、この世界を多様な生き方の人々にとって安全にすることはできるはずだ。最後にひとつ指摘しておきたいのは、われわれの最も基本的な共通点は、われわれがみな、この小さな惑星に住んでいるということだ」

　ＪＦＫはナショナリズムと反植民地主義の高まりを意識していた。ラテンアメリカの「進歩のための同盟」や南ベトナム政府支援のようなプログラムによって、ケネディは第三世界のナショナリズムから共産主義を押し流し、民主主義の方向へ誘導できることを願っていた。彼はマ《M》サチューセッツ工《I》科大《T》学の経済学者ウォルト・ロストウ（後に政権に登用した）が唱えたような近代化論〔独立した旧植民地の国々を近代化させ、欧米的な国民国家を形成させる方法論〕に傾倒した。すなわち、民主主義を広めるには、国造りに対ゲリラ計画を取り入れることだ、といった主張だ。しかしながら、アメリカの民主化促進計画を分析したイギリス人の言葉によると、「対ゲリラ計画を額面どおり受け入れているケネディ政権中枢の人々は……戦略的経済援助と投資によって民主化を促進させようとする発展途上国の指導者と同じ過ちを犯している。発展途上国ではしばしば、民主主義制度を定着させるための政治文化そのものが欠けているのだ」ということだった。アメリカには、ベトナムでその間違いを改めるだけの力が欠けていた。クーデターを煽り、ゴ・ジン・ジエム大統領を放逐することによる政権交代の企ては、逆効果に終わった。ドイツや日本で戦後民主主義が定着したのは、リベラルな国際秩序を形成するうえで、測り知れないほどの重要性があったが、それは両国とも、第二次大戦で政府が完膚なきまでに打倒されたあと、数年間にわたる占領期間を経てきた結果だ。ケネディの国造りと対ゲリラ計画は、民主主義を安上がりに広めようとする試みだった。[7]

ケネディの統治スタイルはカリスマ的で、その言葉は人々の心に響いた。彼は革新的な発信者だった。セオドア・ルーズベルトが演説を自己宣伝の機会として活用し、フランクリン・ルーズベルトがラジオの炉辺談話を活用した（時代が変わり、ドナルド・トランプはツイッターを使っている）のと同様、ケネディはテレビ中継を活用した先駆者だった。一九六〇年代、リチャード・ニクソンとの大統領候補者討論会で成功を収めたのみならず、テレビを使ったホワイトハウスからの記者会見は、国民に広く視聴され、称賛された。

ケネディはその演説で変革を呼びかけた一方、彼の政策は漸進的なものだった。大衆の前での振る舞いにはいささか危うげなところがあったものの、政治の世界ではむしろ慎重だった。キューバ・ミサイル危機の間、彼は核戦争になる危険を一対三と見積もっていたと言われる。当然、アメリカ人にそれだけの危険を負わせるべきだったのかという疑問が生じるが、ケネディは、キューバでフルシチョフの冒険的な企てを黙認してしまえば、そのあとにはベルリンでさらに大きなリスクを背負うことになると判断していた。そして彼は、危機に際しての妥協的解決では慎重に振る舞った。

しかしながら、私人としての振る舞いはまったく正反対で、マフィアのボスの愛人や、東ドイツのスパイと考えられる女性との関係もあった。こうした情報はことごとく、側近にもJ・エドガー・フーヴァーFBI長官（後者のケースで介入した）にも知れ渡っていた。彼の不貞行為に対する道義的判断はどうあれ、ケネディがこうした女性たちをホワイトハウスに連れ込んでいたことによる政治的リスクは、大統領の私人としての振る舞いと、公人としての行動の境界をあいまいにした。

ケネディの政権運営スタイルは、アイゼンハワーよりもFDRにより近かった。アイゼンハワーが選び抜いた補佐官や閣僚はおろか、苦心して作り上げた外交政策の立案・決定プロセスも、ケネディはご破算にし、国家安全保障会議も内輪の集まりに戻した。ケネディ政権の発足当初、ホワイトハウスを訪れたアイゼンハワーは、あとで友人に「どうしようもない若造どもがのさばっている」[8]と悪態をついている。その結果、重要な情報がしばしば抜け落ちた。JFK自身が告白したところによると、アイゼンハワーから引き継いだ、キューバへの秘密侵入計画のすりあわせが不充分であり、一九六三年にゴ・ジン・ジエム政権を追い落としたクーデターも、最初は入念に検討しないまま承認していたという。ケネディの言葉では、「〔ゴ・ジン・ジエムを死なせた〕責任の大半はわれわれにあると思っている」[9]ということだ。JFKがCIAのマングース作戦を細部まで承知し、フィデル・カストロの暗殺計画を了承したのかどうかは確かではないが、CIAのリチャード・ヘルムズ長官が後に証言したところでは、カストロに何かしなければならないという強い圧力にさらされていたという。状況証拠では、ケネディは承知していた疑いが強い(10)。

ピッグズ湾事件の失敗のあと、JFKはその教訓をすばやく学び、キューバ・ミサイル危機ではきわめて優れた組織力を発揮して、感情を抑制し、核戦争にエスカレートしかねない、軍による先制攻撃の提案を退けた(11)。むしろ彼は時間稼ぎをし、キューバの海上封鎖を実施して、先に火蓋を切らせる重荷をソ連側に押しつけた。当時録音されたテープで、抑制的なJFKと、リンドン・ジョンソン副大統領のやり取りを聞くのは興味深い。「交渉による妥協と、軍事力行使の間を行きつ戻りつしながら(12)」揺れ動いていた様子がよくわかる。時の大統領の道義的な人格が、アメリカ外交政策の結果に甚大な影響を及ぼすという、明白な証拠だ＊。

キューバ・ミサイル危機は、フロリダから九十マイルあまりの島で起きたというところに、ベルリンに劣らぬほど重要な意味があった。ベルリン封鎖にトルーマン政権が空輸による物資援助で対抗したあと、ソ連側は東欧での地歩を強化するため、かつてのドイツの首都から西側の力を締め出そうとしてきた。ケネディとその補佐官たちは、核抑止力に頼ったアイゼンハワーより慎重に振る舞った。彼らはヨーロッパにおける大統領の選択肢を増やそうと、通常戦力を増強し、「柔軟反応戦略」を発

＊これが道義的問題なのか、慎重さをめぐる問題なのかという疑問もあるが、第2章で論じたように、結果を予測しえない複雑な外交政策の問題では、三つの次元による倫理において、慎重さが合理的な価値を持つ。

展させた。同時に、一九六〇年から一九六三年までのアメリカ合衆国は、核弾頭の数を二万発から二万九千発に増やした（同時期のソ連は千六百発から四千二百発に増やしている）[13]。ケネディはまた、西ヨーロッパ諸国の防衛協力を推進しようとし、アイゼンハワーの予算削減と打って変わって、ケネディ政権では三年間で国防予算を一七パーセント増額している。

ヨーロッパの状況は、東ドイツから西ベルリンを経由して逃げ出す政治亡命者の群れで緊迫の度を増していた。一九六一年六月、ウィーンでケネディがフルシチョフと会談したとき、議題の中心はベルリンだった。JFKの警告にもかかわらず、フルシチョフはケネディに威圧的な態度を取り、会談が終わったときには「この男はとても経験が浅く、未熟ですらある」[14]との印象を抱いた。ケネディは現実主義的に会談に臨み、居合わせたジャーナリストに、フルシチョフが彼に「粗野な」態度を取ったと語っている。その数カ月後、ソ連が亡命者の波を食い止めるためにベルリンの壁を築いたとき、ケネディはこれを黙認した。

フルシチョフがアメリカの核戦力を甘く見ているのではないかと不安になり、ケネディはペンタゴンに、アメリカ合衆国が戦略的に圧倒的優位にあることを公表させた。フルシチョフがキューバにミサイルを配置したのは、ひとつにはカストロ政権を守るためだっただろうが、戦略的バランスを是正するため、ベルリンの壁に続く圧力をかけたいという意図もあったと思われる。ミサイル危機の最終的な解決策として、JFKは弟のロバートを秘密裡に協議へ送り込み、ソ連側がキューバからミサイルを撤退させたら、アメリカ側は、アイゼンハワーがトルコに配備した中距離核ミサイルをひそかに引き上げるという合意をさせた。武力で「撃ち払う」のではなく、取引で譲歩を「買い取った」のだ。

ケネディは結果の倫理において、妥協することの価値を理解していた分別あるリーダーだった。

ケネディの外交政策にまつわる大きな謎は、彼が生きていたらベトナムにどう対応したかという問題だ。一九六三年十月、彼は国家安全保障行動覚書二六三号を発表し、一九六五年末までにアメリカ軍事顧問団を撤退するとした。一部の支持者は、ケネディは一九六四年に再選を果たしたら撤退を実施するつもりだったと断言し、ウィリアム・フルブライト上院議員にそれを意味する発言をしたと指摘する。一九九〇年代に、当時の顧問団だったロバート・マクナマラ元国防長官や、マクジョージ・バンディ元国家安全保障問題担当補佐官が、ＪＦＫは撤退したと信じていると発言したが、ほかの元側近と同じく、彼らの判断は、後世からの評価を意識している可能性がある。[15] 回顧録は歴史ではない。それらは歴史を形作ろうとする意思の表われだ。多くの批評家の記すところでは、ケネディは、最も身近な相談相手で弟のロバート・ケネディとそうした話し合いをしたことは一度もなく、ロバートはジョンソン政権の初期まで戦争を支持しつづけた。論議は歴史家の間で今日まで続いており、答えは不確かなままだ。[16]

ケネディはつねに、ベトナムに関してはあいまいな態度だった。歴史家のフレデリック・ロジェボールは「ケネディは、同時代の大半の政治指導者よりも、軍事介入が性に合わず、ベトナム政策の全面的な見直しを命じたに違いない」[17] と信じている。一九五一年のベトナム訪問、ディエンビエンフーでのフランスの敗戦時の二度目の訪問で、ケネディはアメリカの介入に否定的な発言をしていたが、一九五六年になると、ベトナムは「東南アジアの自由世界にとっての礎石、アーチの要石《かなめいし》、堤防の決壊を防ぐ手だ」と宣言している。大統領になってからは、ラオスに介入すべきというアイゼンハワーの忠告を巧みにいなし、実戦部隊を送り込むべきだと迫る側近たちに抗いつづけたが、軍事顧問団の数は一万六千人にまで激増させた。

伝記作家のロバート・ダレクの見方では、JFKが軍事顧問団以外の派遣を拒んでいたのは、「全面撤退への地ならしのような姿勢を取った」からだ。ダレクの考えでは、一九六三年十一月のゴ・ジン・ジエムに対するクーデターは、ケネディをさらに撤退の方向へ押しやり、「ケネディがなおも数千人のアメリカ兵を、ベトナムのように敵意に満ちた土地へ送り込むとはほとんど想像すらできなかった」(18)としている。一方で、自らドミノ理論のレトリックを使ったことで、彼はジレンマに囚われており、このジレンマをどう解決するつもりだったのかは不明のままだ。ロジェボールの見立てでは、「暗殺される直前のケネディは、ベトナムに関するさまざまな選択肢を用意し、駆け引きをしていた」が、「JFKは戦争をアメリカの手で行なうことなく、なんらかの形で撤退を選択しただろうという主張には、信憑性がある」(19)としている。

それではわれわれは、ケネディの短くも危機が相次いだ外交政策の道義性を、どう評価すべきだろうか？　わたしの採点では、目標や動機に関しては、高い評価をつけられる。ケネディの道義的理念は、民主主義と自由の普及、核兵器管理、経済発展（ラテンアメリカの「進歩のための同盟」で正式に記された）など、広汎で魅力的な価値観を表明した。彼は優れた感情知性の持ち主で、公に表明した価値と個人的動機に折り合いをつけるには充分だったが、国内政治で非難されるのを避けたいという動機は、ベトナムの自由を守ると宣言した目標と食い違っている。一九六三年五月、彼はマイク・マンスフィールド上院議員に、一九六四年に再選を果たすまでは撤退できないと語ったが、そのとおりだったとしても、「彼が再選を果たすために、ベトナムで兵士たちを死地に追いやったとは考えにくい。むしろケネディは、政治や政策決定が、よりよい可能性を追求する技術であることを忘れていなかったと考えたほうが、理にかなっている」[20]ようだ。アメリカの軍事顧問団はベトナム人を殺し、あるいは殺されたが、ケネディは実戦部隊の投入を拒むことで、死者数を低く抑えていた。ケネディが暗殺されたとき、アメリカ軍事顧問団の死者数は百八名だ[21]。より広い目標という観点から考えれば、ケネディが国への奉仕を呼びかけて人々を鼓舞することができたのは、就任演説で、アメリカ人だけでなく「世界の同胞市民」のために立ち上がって、「人間の自由」のために力を合わせようと訴えたからだ。

同じく重要なのは、ケネディが概して、アメリカの力の限界を理解していたことだ――演説や講演では、必ずしもそう明言はしなかったが。彼はリスクと価値のバランスを慎重に取った。就任初期にキューバで過ちを犯したあとは、妥協への意思を見せ、それはミサイル危機で戦争を回避するのに重要な要素だった。それに続く一九六三年には、冷戦の軍拡競争に異なる基調をもたらした。彼は平和を「理性的な人々による、必要にして理性的な目標」と表現した。反共主義者でありつづけたが、人間性のコスモポリタン的な見方を受け入れ、核兵器管理のプロセスに着手しはじめた。ウィルソン的な「民主主義にとって安全な世界」ではなく、「多様な生き方をする人々にとって安全な世界」を訴えた（ただしその訴えは、彼がベトナムに取った行動とは一致していないように思われたが）。

手段という第二の次元からは、ケネディの業績には評価が分かれる。キューバでは海上封鎖のために軍事力の行使をちらつかせたが、実際の使用は慎重かつ分別をもって抑制した。同様の姿勢は、核問題へのアプローチにも、キューバやベトナムで大規模な地上軍の投入に抵抗を示したことにも表われている。反面で、諸権利や他国の体制・制度への配慮を欠いたことは責められるべきだろう。多様な生き方をする人々にとって世界を安全にしようという訴えは、キューバでの（暗殺工作を含む）秘密作戦や、ベトナムのゴ・ジン・ジエム政権に対するクーデターとは、ほとんど整合性がない。側近のマイケル・フォレスタルによると、クーデターでジエムが殺されてしまったことは予想外であり、「道義的にも宗教的信条のうえでも、彼を苦悩させた」[22]という。一九六一年にケネディが更迭したリベラル派のチェスター・ボウルズ国務次官の言葉では、「この新政権でわたしを最も懸念させた問題は、善悪に関する確固とした信念がないように思えたこと」[23]だった。ケネディが枯葉剤の撒布を承認したことで、ベトナムの自然環境は広大な範囲で破壊され、人々の健康にも深刻な悪影響を及ぼした。歴史家のニーアル・ファーガソンは、ケネディの無神経かつ無謀な介入を非難している。具体的には、失敗に終わったキューバ侵攻作戦、カストロに企てた暗殺工作、ベトナムでの血なまぐさいクーデターだ[24]。

結果という次元を倫理的に見ると、ケネディの行動にはやはり評価が分かれる。彼はよき受託者として、アメリカの国益に寄与しただろうか？　確かに、ハロルド・マクミランが評価するように、キューバ・ミサイル危機でケネディが見せた手腕は、歴史における彼の位置を不動のものにした。録音された会話からは、ジョンソンだったらもっと悪い結果になっただろうと思わずにはいられない。しかし、こうした賛辞にもかかわらず、懐疑論者が指摘するのは、ケネディが就任当初にピッグズ湾事件やフルシチョフとのウィーン会談やマングース作戦で見せた行動が、一九六二年十月のキューバ危機における彼の成功につながったという見方だ。[*] 免責できる点を挙げるなら、その後冷戦の基調に変化をもたらし、一九六三年に、初めての核兵器管理協定に合意したことだろう。ベトナムについては、ケネディは自らドミノ理論のレトリックにはまり、アメリカの関与をひどく深めてしまったが、一九六四年に再選を果たしたら、撤退したかどうかはわからない。われわれにわかっているのは、リンドン・ジョンソンがさらなる深みにはまってしまったという事実だ。

倫理的結果を別の角度から見れば、ＪＦＫはよくやったと言える。彼の慎重さは完璧にはほど遠く、秘密工作は有害だったが、それでも彼は、他国民の不必要な危険を最小限にしたこともあった。啓蒙効果は、おそらく彼が挙げた最良の成果で、遺産でもあるだろう。ときおり嘘はついたものの、彼の言葉は聞く者を勇気づけ、国内外で道義的な対話の機会を広めて、平和部隊や月探査計画への認識も大いに広めた。大勢の若者がケネディのビジョンに共感し、公共奉仕活動に加わった。アメリカのソフトパワーに、ケネディは貢献した。世界中の都市に、彼の名をつけた通りがあり、その理想はいまなお、彼が「世界の同胞市民」と呼んだ人々を奮い立たせている。だが採点表は、次ページ上のよう

＊一九八七年十月、ハーバード大学でキューバ危機二十五周年を記念するディスカッションが行なわれ、当時のソ連側の政策担当者と、ケネディ政権の関係者が討論し、わたしがその司会を務めた。マクジョージ・バンディとロバート・マクナマラは、ケネディにキューバを再度侵攻する意図はなかったと断言したが、マクナマラはこう付け加えた。「わたしがそのときソ連側の立場だったら、そうは思わなかっただろう。侵攻が目前に迫っていると、いともたやすく判断したに違いない」James G. Blight and Janet M.Lang, The Fog of War (Lanham, Rowman and Littlefield, 2005), p40-41.

表4.1　ケネディの倫理的採点表

意図と動機	道徳観：魅力的な価値、よき動機づけ	よい
	慎重さ：価値とリスクのバランス	評価が分かれる
手段	軍事力：均衡、軍民の区別、必要性	よい／評価が分かれる
	リベラル的配慮：諸権利や制度の尊重	評価が分かれる／悪い
結果	受託者責任：アメリカの長期的国益に寄与したか	評価が分かれる
	コスモポリタン：他国民の損害を最小限にしたか	評価が分かれる
	啓蒙効果：真実を尊重し、道義的な対話の機会を広げたか	よい／評価が分かれる

に評価が分かれる。

リンドン・ベインズ・ジョンソン

リンドン・ジョンソンは一九六三年十一月、ケネディの暗殺にともない、大統領に就任した。二人は近しい間柄ではなく、JFKが（弟のロバートの忠告に反して）彼を副大統領に選んだのは、純粋に戦術的な理由によるものだった。二人は生まれも育ちもまるで違っていた。JFKがボストンで銀の匙をくわえて生まれてきたのに対し、ジョンソンの一家は南西部のテキサスで、貧困と闘っていた。ケネディはハーバードを卒業したが、ジョンソンはサンマルコスの南西テキサス州教員養成大学を出ている。ジョンソンはジャーナリストに、こう言って不満を露わにしたことがあった。「わたしが外交政策でどれほど成功したとしても、褒められはしないだろうね。わたしはハーバードを出ていないんだから」[25]。人種差別された町のコトゥーラで、ジョンソンが貧しいメキシコ系アメリカ人の子どもたちに教えた経験は、彼に強い印象を与え、大統領就任後の投票権法の制定や、「偉大なる社会」と呼んだ貧困対策プログラムにつながった。

ジョンソンはケネディより十歳上で、一九三一年に議員秘書官として初めてワシントン入りして以来、大半の時期を秘書、下院議員、上院議員として過ごし、FDR、トルーマン、アイゼンハワー政権下で、多くの成果を上げた。一九四八年、議論の余地がある上院選挙を経て、ジョンソンは頭角を現わし、少数党院内総務に続いて、多数党院内総務に選ばれた。ケネディの下院ならびに上院議員としての実績が平凡なのに対し、ジョンソンの政治的手腕は議会の制度を改革し、伝記作家のロバート・カロに「上院の魔術師」と称された[26]。

JFKが偉大な発信者で、テレビを使いこなす天才だったのに対し、ジョンソン（LBJ）のテレビ映りは悪かった。しかし、より小規模な政治的舞台では、並外れた政治的対話力と手腕を発揮し、威圧から個人的魅力までを自在に操った。ジョンソンは大柄で、一九二センチの身長でのしかかるように相手を圧倒したことから、「ジョンソン流の人あしらい」として知られた。しばしば、自らの力を利用して人を欺いたり、辱めたりして楽しみ、その対象には妻や部下も含まれた。彼に仕えた人々は、ジョンソンを以下のような形容詞で呼んだ。「勇敢にして粗暴、情け深く冷酷、何かに衝き動かされているようで、専制的で、無遠慮で、鈍感で、けちで、共感を呼び、内気で、洗練され、機転が利き、度量がある」。歴代の大統領を研究しているフレッド・グリーンスタインは、LBJを「舞台裏で類い稀な力量を発揮する政治家で、人間としては複雑で、欠陥があった[27]」と要約する。側近のビル・モイヤーズは「わたしは彼を愛すると同時に憎んでいた[28]」と言っている。カロはLBJを「恐ろしいほどの実用主義《プラグマティズム》」と「底なしに思える欺瞞、策略、裏切りの能力」[29]の持ち主だと表現する。ジョンソンの報道官だったジョージ・リーディは、「人間としては、彼は惨めな人でした――高圧的なサディストで、不作法で、利己主義者でした」と振り返っている。LBJは報道機関に不信の念を抱き、嘘つきだと非難し、自分に人気がないのを彼らのせいにした。テレビを何台も並べていくつものテレビ局を同時に見ていたが、切望した自己イメージを見出したことはついになかった。それにもかかわらず、この利己主義者は、午前五時にホワイトハウスの危機管理室に顔を出しては、「ベトナム戦争の犠牲者数を確かめ、その一人一人が自分を叱責しているように感じるのだった」[30]

ジョンソンは当時の典型的な反共主義者だったが、イデオローグではなく、一九五四年のジョセフ・マッカーシーの赤狩り運動に敢然と反対する勇気があった。数十年間で、ジョンソンはニューディール政策の支持者から、上院の保守的な南部ブロックに立場を変えたが、アイゼンハワー政権下で一九五七年の公民権法を通過させたときには、南部選出の同僚たちを見放して賛成に回った。カロはLBJを「哲学やイデオロギーに妨げられなかった」[31]と描写している。続いて彼は、公民権運動の旗手となり、それを実現させるために大統領への野心を抱いたが、その野心とプラグマティズムの下には、南テキサスで人種差別と貧困の不正を目の当たりにした青年時代の経験があった。一九六五年、宿願だった投票権法を成立させたとき、彼はこう言っている。「幼い子どもの希望に満ちた顔に残る傷跡を見れば、貧困と憎悪がどれほどひどいことをするか、決して忘れられなくなる」[32]

暗殺されたJFKへの世論の同情も追い風となり、ジョンソンはケネディの公約だった公民権法を実現させ、「この先長い間、南部が共和党支持に回る」[33]リスクを充分認識しながらも、さらに積極的に取り組む姿勢を見せた。多くの歴史家が、ジョンソンがリンカーン以来のどの大統領よりも、公民権の保障に貢献したと考えており、このことだけでも、ジョンソンは歴代のアメリカ大統領で上位十人に入るだろう。

しかし、ジョンソンの大統領としてのこうした実績は、ベトナム政策のせいで台無しになってしまった。不人気のあまり、一九六八年の再選を断念したほどだ。ドリス・カーンズ・グッドウィンはこう記している。「もしベトナムがなければ――歴史におけるジョンソンの位置が話題になるたびに、いったい何度そう言われてきたことか」。彼女は続けて、一九七〇年にジョンソン自身が語った言葉を書いている。一九六五年になってすぐ、「最初から、どちらに動こうとわたしがつるし上げられることはわかっていた。もしわたしが、心から愛している女性――『偉大な社会』政策――を捨てて、世界の反対側にいる戦争という娼婦に関わったら、わたしは国内ですべてを失うだろう……しかし、戦争を捨てて、共産主義者に南ベトナムを明け渡したら、わたしは臆病者とみなされ、わたしの国は弱腰と見られて、全世界のどこの誰に対しても、何ひとつ達成できなくなってしまうのだ」(34)

ＬＢＪの政治的手腕は、全国民から注目されるホワイトハウスの表舞台よりも、上院の小部屋のほうに向いており、彼の状況把握力は国内政治には敏感でも、外交政策にはあまり働かなかった。彼の外交政策にも、成功したものはある。たとえば、一九六六年にＮＡＴＯの指揮下からフランス軍が撤退したときには、ジョンソンはフランスのシャルル・ド・ゴール大統領を如才なく扱ったし、一九六八年に北朝鮮がアメリカ海軍の〈プエブロ〉号を拿捕《だほ》したときにも、慎重に事後処理にあたった。それよりも論議を呼んだのは、一九六五年、ドミニカ共和国でクーデターが起こり、左派政権が誕生して、キューバと連携するのではないかと懸念が高まったときに、二万二千の兵士を派遣したことだろう。一方で、ＪＦＫが始めたソ連との軍備管理交渉を継続させ、上院を説得して、一九六七年の宇宙条約を批准したことや、一九六八年に核不拡散条約を締結したことは業績として挙げられる。しかし、こうしたこともすべて、ベトナム戦争の陰に隠れてしまった。ジョンソンは近代化論については、ケネディに賛成していた。彼の「民主主義を海外に促進させたいという、ケネディ政権の野心的目標への支持は、真率かつ本能的で、心底からの思い入れがあった」[35]

当初、ジョンソンはベトナム戦争の拡大に乗り気ではなかった。十一月に控えた選挙に、不利になるようなことはしたくなかったのだ。一九六四年五月、ジョンソンはマクジョージ・バンディに、「戦う価値があるとは思わないが、さりとて撤退できるとも思わない。大きすぎる厄介の種だ」[36]と言っている。だが八月になって、二隻のアメリカ駆逐艦が、あいまいな状況で北ベトナムの沿岸哨戒艇に攻撃を受けると、ジョンソンは報復攻撃を命じ、連邦議会を説得してトンキン湾決議を通過させ、「必要なあらゆる措置」を取る権限を与えられた。後に彼は、側近の一人に「あの間抜けな北ベトナムの水兵どもは、トビウオを狙い撃ちしていただけだ」と打ち明けたが、八月四日の国民への演説では「嘘をつくことを決意し」、駆逐艦がいわれのない攻撃を受けたと言った。[37] 彼はこの事件を利用して連邦議会から白紙委任状を手に入れ、自らの選択肢を増やしたのだ。

一九六五年一月、ケネディ政権からとどまっていた二人の閣僚、マクジョージ・バンディとロバート・マクナマラが、ジョンソンにメモを送り、段階的に軍事介入を拡大させることを薦めた。二月六日、ベトコンのゲリラがプレイクで九名のアメリカ軍事顧問を殺害すると、ジョンソンは拡大のプロセスを始め、七月には劇的にその水準を引き上げて、大統領の任期を終えるまでに、合計で五十三万六千人ものアメリカ兵をベトナムに送り込んだ。しかし、いくら拡大させても問題を解決することができなかったため、ジョンソンのジレンマは深まった。「たとえ厳然たる事実であっても、自分の言葉で隠すか、変えたいとさえ願っているようで、支持率の低下を防ぎたいという思惑も働き、ジョンソンは際限なく、歪曲や明白な嘘に頼るようになった。ベトナムでの戦況は順調だと言いつづけ、いつも彼が願っているように描写した」[38]。同時に、彼は側近の輪を狭め、いくらかの象徴的な反対意見は許したものの、あとは威嚇して退け、「彼自身のプロパガンダの虜になっていった。リンドン・ジョンソンは、代替案、事実、アイディアを排除し、イデオロギーが全体主義の方向へ社会を向かわせるのと同じく、真実をねじ曲げていった」[39]。アイゼンハワーとジョンソンの顧問団のシステムを注意深く比べてみると、ジョンソンの非公式かつ内輪の顧問団には、対話の過程が抜けていることがわかる[40]。ジョンソンはドミノ理論の落とし穴に、どこまでも深く落ちていったのだ。「なるほど、共産主義も一枚岩ではなく、ナショナリズムは共産主義と同じぐらい強いというきみの主張にも、一理あるかもしれん」と彼は言った。「しかし問題は、どちらが強いのか、じゃないのか？……南ベトナムへの侵略が成功したら、侵略者どもは、東南アジア全域が自分たちの手に落ちるまで進撃を続けることは、わかりきっている」[41]

　ジョンソンがこの問題を、弱い男に見られたくないという個人的問題にすり替えたことで、状況はさらに複雑になった。彼の感情知性には欠陥があり、彼のエゴは公的な目標と絡み合って、収拾がつかなくなった。高飛車な振る舞いとは裏腹に、内心は不安に満ち、ジョンソンは何よりも臆病者と見られることを恐れた。「ジョンソンにとっては、勇気があると見られることが最も重要だった」[42]。彼は次第に、ケネディがベトナムを撤退することなど決して考えなかったという証拠探しに躍起になり、一九六七年、ウォルト・ロストウに、JFKの発言を編集し、ケネディがいかなる代償を払ってもベトナムを守り抜くつもりだったことを示すよう命じた[43]。一九九七年、入念に研究をしたH・R・マクマスターは——後にトランプ大統領の国家安全保障問題担当補佐官になった——こう結論づけた。「大統領が短期的な政治目標に執着したことは、その性格や、軍民の主だった助言者の個性もあいまって、彼の政権がベトナムの複雑を極める状況に適切に対応するのを不可能にしてしまった」[44]

ジョンソンの信じるところでは、「偉大な社会」政策の法案成立こそが、彼の遺産になるはずだった。しかしそのことは、LBJが戦争の状況に関して国民を故意に欺き、啓蒙できなかったことにつながった。元国家安全保障問題担当副補佐官のフランシス・ベイターによると、ジョンソンが一九六五年七月に兵士の数を大幅に増やすことに同意したのは——しかし表向きには「政策の変更はない」と言い、戦費調達のために増税を求めることを拒否した——「大砲かバターか」〔戦争と貧困対策を同時に進めるのは無理だという主張〕という問題が取りざたされれば、議会で「偉大な社会」関連法案が否定されかねないと恐れたからだ。「ジョンソンの考えでは、南部の民主党離反派や、小さな政府を支持する共和党議員は、真っ向から反対してくる可能性が高かった……彼が共産主義者に弱腰だと映れば」[45]

しかしフレデリック・ロジェボールは、ジョンソンにはほかの選択肢もあったと主張する。一九六五年初めの段階では、ベトナムはそこまで世論の関心を惹きつけてはいなかった。ベテランの上院議員は戦争の拡大に懐疑的で、一九六四年の選挙では、ジョンソンがタカ派のバリー・ゴールドウォーターに圧勝したばかりだった。その年の五月、ジョンソンが議会での親友、ジョージア州選出のリチャード・ラッセル上院議員に相談すると、彼は南ベトナムでふたたびクーデターを起こすことを薦め、こう言った。「現地の人間で、われわれに撤退してほしいと言った人間を、首班に担ぎ出すんだ。そうすれば、撤退の恰好の口実になる……ベトナムは、われわれにとってちっとも重要ではない。精神的シンボルになっているだけの話だ」[46]

後知恵で振り返ってみれば、マクジョージ・バンディの見解では、ジョンソンがこれ以上の損失を食い止めると決心していたら、「『偉大な社会』政策を台無しにしない形で、何かいい口実を考えて撤退しただろう」[47]ということだ。ではなぜ、ＬＢＪは戦争を拡大し、アメリカの戦争にすることを選択したのだろうか。ヒューバート・ハンフリー副大統領のように抜け目のない政治家が、国内政治が内部崩壊するだろうと警告しており、一九六八年にはそれが現実に起こったのに。ロジェ・ボールによると、「事は信用性に関わる問題だったからだ。国家の信用という観点だけでなく、国内の党員に対しても、個人的な観点からも。いわば信用性の三乗ということだ」。ＬＢＪの個人的動機が、等式を完成させた。「敗北によって否応なしに個人的恥辱をこうむるのを想像するだけで、彼は不安に駆られた」[48]。バンディの見方では、ベトナムの問題に関して、ケネディとジョンソンの決定的な違いは、「ケネディは愚か者になりたくなかったが、ジョンソンは臆病者になりたくなかった」[49]ということだ。

われわれは、ジョンソンの外交政策にどのような倫理的評価を下すべきだろうか？　公に表明された目標を見れば、ＬＢＪの抽象的な道徳観は、南ベトナム人を共産主義の圧制から守るという点でケネディと似ているが、ジョンソンの個性や人格のゆえに、さらに複雑な問題になっている。勇気ある男という自己イメージを守りたいとする動機からして、彼の道義的な意図には欠陥がある。慎重さという次元を見ると、ジョンソンはベトナム問題でリアリズムと楽観主義の間を揺れ動いている。一九六八年に北ベトナムとの交渉を開始する決断を下したのは、分別ある一歩だったが、戦局の誤った見通しは大勢の死者につながった。だが同時に、ソ連やヨーロッパに関係する外交政策では、ジョンソンは慎重さを発揮して成果を上げている。

手段という次元からは、彼が軍事力の行使に際して、非戦闘員に配慮したとも、均衡を取ったとも言いがたい。消耗戦略は非情かつ残酷なもので、ホーチミン・ルート〔北ベトナムから南ベトナムへの物資輸送ルート〕に枯葉剤を撒布したことは、意図せざるとはいえ、予期できたはずの結果を招いた。あまりにも多くの一般市民が殺され、グッドウィンが論じるように、「彼の手段は目的に従属してしまった」[50]。同時にジョンソンは、軍や連邦議会のタカ派から空爆目標を拡大するよう迫られながらも、戦場を限定し、中国やソ連に拡大するのを防ぐ努力をした。彼はアイゼンハワーの好意による、戦術核を使用すべきだという忠告を拒み、軍がベトナムに核兵器を使用する緊急プランを策定しているとの警告を受けたときには、直ちに計画をやめるよう命じた[51]。諸権利や制度へのリベラル的配慮に関して言えば、ベトナムについても、一九六五年にドミニカ共和国に二万二千人の兵士を送ったことについても、ジョンソンの行動には評価が分かれるか、もしくは悪い。

結果について言えば、ジョンソンは外交政策の多くの側面でアメリカの国益に寄与する、よき受託者としての実績を残したが、ことベトナムに関してはそのような評価をするのは不可能だ。ベトナムへの軍事介入を決めたのは彼ではないが、一九六五年にその規模を劇的に拡大させたことは、長期間にわたってアメリカ合衆国の重荷となった。他者の損害を最小限にすることに関して言えば、数百万のベトナム人を死なせた責任は、ベトナム側の指導者であるホーチミンやレ・ズアンにもあるものの、この次元でジョンソンの評価はきわめて低い。のみならず、彼の外交政策は、国内外にいかなる有意義な啓蒙効果ももたらさず、この点でも情状酌量の余地はない。ジョンソンは繰り返し、アメリカ国民（一九六八年まで、その大半は戦争を支持していた）に嘘をつき、戦争に関する正しい認識を遅らせた。

マクジョージ・バンディはかつて、軍事報復を正当化する事件は「路面電車のようなものだ」と述べた。ひとつの事件を見過ごしても、次に起きる事件に乗ればいいのだ。皮肉なことに、一九六四年にアメリカ軍は何度も攻撃を加えられたが、ＬＢＪは手近な八月四日のトンキン湾での事件を針小棒大に喧伝し、嘘の発表をした。この事件が「幽霊電車」であることが明るみに出ると、ジョンソンは「大統領が何よりも必要としている人々の信用」を失った。[52]ロバート・カロが総括するように、大統領職への憲法上の制約が弱体化し、国民の信用が劇的に落ち込んだことは、「国の歴史に深刻な影響を及ぼしたが、その大半は、一人の男の性格がもたらしたものだった」[53]

トルーマンが朝鮮戦争の拡大を拒んだことは、総力戦の世紀に終止符を打った。限定戦争の道義的利益のひとつは、拡大による損害が軽減されることだが、そうした戦争を続けるには、ある程度虚勢を張ることが必要だ。交渉や取引での信用性を維持するため、大統領は絶えず楽観論を唱えつづけることになり、それは国民を欺くことにもなる。しかしジョンソンの場合、この戦術は彼個人の必要性

表4.2　ジョンソンの倫理的採点表

意図と動機	道徳観：魅力的な価値、よき動機づけ	評価が分かれる／悪い
	慎重さ：価値とリスクのバランス	評価が分かれる／悪い
手段	軍事力：均衡、軍民の区別、必要性	悪い
	リベラル的配慮：諸権利や制度の尊重	悪い
結果	受託者責任：アメリカの長期的国益に寄与したか	悪い
	コスモポリタン：他国民の損害を最小限にしたか	悪い
	啓蒙効果：真実を尊重し、道義的な対話の機会を広げたか	悪い

によって強化された。ロジェボールによると、シェイクスピアの劇では「悲劇は、主人公が行なう選択そのものにひそんでいる。彼の書いたマクベス王は、単なる犠牲者とは言えない。王が崩御した原因は、王自身にあるのだ。同じことが、リンドン・ジョンソンにも言える」(54)

彼の外交政策に関する採点表は、上のようにきわめて低い評価だ。

リチャード・ニクソン

ベトナム戦争時代の三人の大統領はいずれも、非常に複雑な性格の持ち主で、評価も分かれるが、なかでもリチャード・ニクソンはその最たる例だ。彼はウォーターゲート事件という倫理的失態を犯し、一九七四年に弾劾を避けるため辞任したが、また同時に、この三人のなかで最も創意に富んだ戦略的な外交政策を展開した。内気な男で、ときおり自分自身のことを、外向的な職業を選んだ内向的な人間だと言っていた。こうした限界にもかかわらず、彼は非常に成功した政治家で、二度の大統領選に勝利し、それ以前の一九六〇年の選挙でもケネディに僅差まで迫り、《タイム》誌の表紙を五十六回も飾った。ニクソンは測り知れない能力の持ち主だが、「それは天性のものではなく、孤独な刻苦勉励によるもの」だった。＊彼は自身を理想主義者と考えていたが、「ほとんど誰のことも信用しなかった。彼は人々のうちに、最悪の可能性を想定していた……『タフ』という言葉と観念に執着していた。それこそが、偉大さに近づく鍵だと考えていた」[55]

大統領を研究している歴史家の言葉では、「ニクソンは側近に対してさえも、謎に満ちていた。その謎は、彼の孤独を愛する性質に由来している。辛辣で皮肉な政治的性格と、建設的な成果を達成したいという願望が同居しており、強さに満ちた政治家としての人格が、自己破滅的な行動を起こしてしまうという矛盾を抱えていた」[56]。評論家のなかには、「二面性を持つニクソン」という説を立ててこの謎を解き明かそうとする向きもあったが、伝記作家のエヴァン・トマスはこう主張する。「どれも同じニクソンである。ニクソンのなかには、光と闇が緊張関係にあり、解きほぐせないほど複雑に絡み合っていた。両者は互いを養っていたのだ。ニクソンの強さは、彼の弱さでもあり、その逆もまた然りだ。彼を衝き動かす力が、逆に動けなくすることもあった。弱者の感じやすさが、遠くまで見る眼力を与えることもあれば、目を隠してしまうこともあった。彼が自分を強く見せたかったのは、自分を弱いと感じていたからだ。人気を得る秘訣を体得したのは、拒まれていると感じていたから

＊一九八〇年代初期、わたしはニクソン元大統領に、大観衆の前で、メモをまったく使わずに、どうやってソ連の動向を分析する数時間もの講演ができたのか訊いたことがある。そのとき彼は、こう答えた。「すべてタイプ打ちして、暗記し、リハーサルをしたんだ」。なるほど、相当な努力家だ。

だ」[57]

元側近のデイヴィッド・ガーゲンは、ニクソンを勤勉で、愛国的で、クエーカー教徒の伝統に育った人だと表現する。「ニクソンは心から、模範的な大統領になりたいと願っていた。ホワイトハウスでつけていた自分用の日記に、彼はこう書いている。『わたしの主たる役割は、道義的なリーダーシップを発揮することだと決めてきた』」。しかしガーゲンは、こう続けている。「ニクソンは道義的な観点から話すことはできたが……道義的な枠組みを政治に持ち込むことはなかった。彼は自らの役割が、人々に〝憲法の精神〟を教えることや、〝徳を高めようとする性質や有徳な行ない〟を奨励することだとは思っていなかったのだ。彼はむき出しの権力を行使することに魅了されるあまり、民主的制度を守る役目は他人にまかせていた」[58]

一九一三年、カリフォルニア州ヨーバ・リンダに生まれたニクソンは、ジョンソンよりも六歳下で、ケネディよりも四歳上だった。ジョンソンと共通しているが、ケネディと違うのは、彼の一家が慎ましい暮らしをしていた点だ。大学は実家の近くのウィッティア大学を出ている。三人とも、敬虔で厳しい道徳観を持つ母親と、それほど道徳的ではない父親との緊張関係のなかで育った。三人とも、第二次大戦で海軍軍人として戦い、戦後は議会に入った。三人とも若いときから政界入りし、ニクソンは四十歳にしてアイゼンハワーの副大統領に選ばれた。三人とも典型的な反共主義者だったが、基本的には厳格なイデオローグというより、プラグマティストだった。若いころの政治活動で、ニクソンは赤狩りにいそしむ反共主義者という評判を高めたが、後にアイゼンハワーを助けて、ジョセフ・マッカーシーの懐柔を試みた。ジョンソンと異なり、ケネディとニクソンは国内政策より外交政策を好んだが、ニクソンは国内的にも、多くの重要な成果を上げ、勤労所得税額控除制度を設けたり、環境保護局を設置したりしている。

ニクソンは歴史書を読むのが好きだった。彼が模範とした政治家は、国内的にはプラグマティックな保守主義者でイギリスの首相だったベンジャミン・ディズレイリで、外交政策においてはフランスのシャルル・ド・ゴール大統領だった。ニクソンはシャルル・ド・ゴールの超然としたたたずまいや、外交政策を行政大権として扱う姿勢に心酔した。ニクソンの政権運営スタイルは、ホワイトハウスに少数の側近団を置くもので、周囲にあまり人を寄せつけなかった。外交政策ではハーバード大学教授にして、ネルソン・ロックフェラーの外交政策顧問だったヘンリー・キッシンジャーを重用した。そして、ホワイトハウスでキッシンジャーに外交政策の中心を担わせ、ウィリアム・ロジャーズの国務省は蚊帳《かや》の外に置いた。ニクソンはキッシンジャーに、国務省を通すことなくソ連大使のアナトリー・ドブルイニンと非公式で対話をさせると同時に、キッシンジャーを秘密裡に中国へ訪問させた。しかし、キッシンジャーがニクソンを操っていたと思う人々は誤っている。たとえば中国については、ニクソンはキッシンジャーよりもずっと先んじて研究しており、一九六七年から中国の孤立が終わることを予見する記事を発表していた(59)。

ニクソンは三つの大きな外交成果を上げた。名高い中国との国交正常化、冷戦下の緊張緩和《デタント》とソ連との軍備管理交渉推進、そして（あまりに遅すぎたが）ベトナム戦争の終結だ。中国との国交正常化は、中ソ間の摩擦を利用し、周到に準備した勢力地図の逆転であり、ベトナムでのアメリカの敗北や、キューバやアフリカへのソ連の影響力拡大から注意を逸らす効果もあった。その功績に値するのはまぎれもなくニクソンだ。一九六七年からその可能性を予見し、国内外で手際よく政治的な準備を進めたのだから。この遺産が「ニクソンが中国に行なったような手並み」という外交用語を生み出したのも、驚くことではない[60]。

これら三つの成果はいずれも重要だが、ニクソンの外交政策の帳簿において、よく忘れられるマイナス面もある。長期的ビジョンの持ち主を自認していたにしては、ニクソンは国際経済政策に関しては、驚くほど無関心で近視眼的だった（その点はキッシンジャーも同じだ）。イタリアの通貨不安定を警告された際、ニクソンは有名な返答をしている。「リラのことなど知るか！[61]」かつて世界経済に異常なほどの割合を占めていたアメリカのGDPは、一九七一年までには第二次大戦前と同じ二五パーセントに戻り、圧倒的に優勢だったドルの強さの調整が必要になっていた。ニクソンは税を上げて国内の需要を抑制し、ドル高の圧力を減らすべきだったのだが、彼は一九七二年の選挙で不利になるような政策を打ちたくなかった。それどころか彼は、ジョン・コナリー財務長官にアメリカの国内的経済問題を〝輸出〟させ、一方的にブレトンウッズ体制を破棄させて、同盟国となんの協議もせずに関税を課した。コナリーが同盟国に、ドルはわれわれの通貨だが、あなたがたの問題だと言い放ったことも有名だ[62]。このことは言うまでもなく、外交政策の重大な変更を意味したが、キッシンジャーはおろか、ロジャーズ国務長官も、決定が下されたキャンプ・デイヴィッドに呼ばれもしなかった[63]。その結果は少なからぬ影響をもたらした。ニクソンの決定はインフレという大きな問題を招いて、アメリカ合衆国の国力を弱め、二人の後継者、ジェラルド・フォードとジミー・カーターに重くのしかかった。

もうひとつ批判されるのは、ニクソンが外国の人権に充分な配慮を怠った点だ。一九七三年、彼がチリのクーデターを暗黙のうちに支持し、その結果、民主的に選ばれたサルバドール・アジェンデが政権の座を追われて、抑圧的なアウグスト・ピノチェトの軍事政権に代わったことは、よく挙げられる例だ。もうひとつは一九七一年、彼がパキスタンの圧制的な軍事政権を支持し、現在のバングラデシュの分離独立運動を鎮圧しようとしたことだ。ニクソンとキッシンジャーは中国との国交正常化交渉に先立ち、ヤヒア・カーンのパキスタン政府に橋渡しを依頼していたのだが、二人の「動機は、冷静な現実的政策という点だけではなく」、〔当時ソ連寄りとみなされた〕インドの左派政権への敵愾心にも基づいていた。「ホワイトハウスの録音テープは、彼らの怒りに満ちた声を記録している」[64]。さらに、ソ連国内のユダヤ人救出を求める圧力よりも、デタントを優先させたことは、ヘンリー・ジャクソンのような上院議員からの非難を招き、新保守主義運動に刺激を与えた。新保守主義派の批判は、ニクソンがソ連と取引できるほどタフではないという訴えも含んでいた。たとえば、超大国間で初めての二国間軍備管理協定である、一九七二年の戦略的核兵器制限条約に対する批判だ。

ベトナムについては、ニクソンは困難な状況をジョンソンから引き継いだにもかかわらず、南ベトナムをけしかけて、ジョンソンがパリで始めた北ベトナムとの和平交渉を遅らせたとして非難されている。* ニクソンはそうした妨害行為を否定しているものの、歴史家のヘンリー・ファレルはニクソン

＊南ベトナム側にはほかの情報源があったので、この事件は大規模かつ長期にわたる因果的重要性を証明するというより、ニクソンが倫理に反する手段を選択したことを示すと思われる。

が嘘をついていると結論づけている。さらに一九六八年十月、ニクソンは側近のH・R・ホールデマンに、ジョンソンの和平構想を〝ぶち壊す〟よう命じた[65]。一九六九年、大統領に就任したニクソンは、拙速な撤退は東南アジア諸国をドミノ倒しに共産圏へなだれ込ませ、全世界へのアメリカの信用性も損なってしまうと考えた。彼はまた、戦争をどうにか終息させなければならないことも承知していたが、和平構想案をいったん取り消して、交渉スケジュールへの国内的圧力をかわそうとした。そして国際的には、「ニクソン・ドクトリン」を宣言して、地域勢力に自分たちの安全保障を担わせることを促し、戦争を「ベトナム化」しようと、すなわちベトナム人に肩代わりさせようとした。

一九六八年の時点で、アメリカ人の六一パーセントが、アメリカ合衆国がベトナムで劣勢に立っているか、あるいは膠着状態に陥っていると考えていた[66]。ニクソンはこの世論調査の結果を、国民はアメリカの勝利を求めているが、長期にわたる地上戦の犠牲は求めていないと解釈し、やがてアメリカ兵の死傷率を減少させた。就任当初、彼は「狂人理論」と自称する戦略をもてあそんだが、成功しなかった。すなわち、北ベトナム側に、核兵器使用を含むいかなる手段も辞さないと思わせることで、迅速に勝利を得ようとする試みだ[67]。軍備管理問題をベトナムにリンクさせ、ソ連からハノイに圧力をかけさせようという望みも、思惑どおりにいかなかった。こうした願望がむなしく潰《つい》えた後、ニクソンとキッシンジャーは徐々に戦争を「ベトナム化」させ、交渉による解決に時間をかけて、アメリカの撤退と、南ベトナムのグエン・バン・チュー政権の崩壊の間に「適当な間隔」を置こうとした。

こうした解決策を模索する間、ニクソンは一九七一年五月に戦争をカンボジアへと拡大し、同国に混乱をもたらしたうえ、アメリカ国内でも大学のキャンパスで暴動が頻発する原因を作った（ケント州立大学銃撃事件を含む)。その年の終わり、ニクソンの「クリスマス爆撃」作戦を挟んで、一九七二年一月初めに、ようやくパリ和平協定が調印されたが、その内容は前年の十月に北ベトナムと合意していたものとあまり変わらなかった――南ベトナム国内に、北ベトナム軍を置くことを認めたまま、停戦するというものだ。キッシンジャーは非公式な席で、南ベトナム政府がどれぐらい持ちこたえられると思うか質問され、こう答えた。「幸運に恵まれて、一年半というところだな」[68]。一九七二年八月、キッシンジャーはニクソンに言った。「あと一、二年はもたせる仕組みを見つけ出さないといけません」[69]。実際に南ベトナムが持ちこたえたのは、二十八カ月だった。

このように、ニクソンは確かにベトナム戦争を終結させたが、道義的に高い代償を支払った。現地のアメリカ軍の人数と犠牲者数は時間をかけて減らしたが、彼の任期中の三年間で二万千百九十四人のアメリカ人が死亡した。前任者と比較すると、ジョンソン政権では三万六千七百五十六人、ケネディ政権では百八人だ。ニクソン政権下での犠牲者の六割は一九六九年の死亡者数なので、彼らの死の責任のいくらかはジョンソンに帰せられなければならない[70]。国際関係において信用性は重要な資産だが、果たしてこれだけの人命を費やして「適当な間隔」を置く価値があったのだろうか(それに、数百万に及ぶベトナム人やカンボジア人の命については、どう説明するのか)?

このジレンマと格闘するのは、ニクソンだけではなかった。先にも触れたように、ジョンソン政権時代に、ハーバード大学法学教授で国防次官補を務めていたジョン・マクノートンによると、参戦した理由の七〇パーセントは敗北の屈辱を避け、アメリカの保証人としての地位を傷つけないためだった。第2章で見たように、「汚れた手」の問題は善悪のどちらを選ぶかというものではない。道義的選択とは、より少ない悪を選ぶものだ。信用性の問題はベトナムだけでなく、東南アジア、ひいてはベルリンにさえも関係していた。もしニクソン（あるいは前任者のジョンソン）が、フルブライトやエイケンのような上院議員の助言を聞き入れて、敗北の現実をもっと早く受け入れていれば、アメリカのグローバルパワーはどれほどの損失をこうむっただろうか？　現実に、一九七五年に敗れたアメリカ合衆国は、最終的にはその地位を回復している。ベトナムでこれほどの人命を犠牲にする以外に、信用性を確立する方法はなかったのだろうか？　一九七一年、中国との国交正常化に踏み切ったときに、ニクソンはある程度この問いに答えを出しはじめていた。戦争を終結させるのはつねに困難な仕事であり、ニクソンのベトナム化政策は、確かにアメリカ人の死傷者数を減らした。一九六九年の段階で敗北を受け入れ、撤退を宣言するのは、大胆かつ政治的に高くつく決断だっただろう。しかしニクソン自身、中国に対してはこうした思い切った動きをできることを示したのだ。しかるに、ベトナムにはそうした動きをしなかった。彼が実際に行なったのは、漸進的な政策と欺瞞であり、そうしたところで最終的な結果は変わらず、いたずらに人命と信用性を犠牲にしたにすぎなかったのだ。

敗戦を遅らせるためだけに「適当な間隔」を置いたことで支払った代償は、死傷者だけではない。ガーゲンが結論づけるように、「ジョンソン政権はすでに、国に対しておびただしい嘘をついていたが、だからといってニクソンが何年も働きつづけた欺瞞が正当化されるわけではない……こうして、ベトナムからウォーターゲートにまっすぐな線がつながるのだ。秘密主義と、情報漏洩を防ぎたいという強迫観念が、最初はジャーナリストや閣僚の盗聴という行動になり、それから〝配管工〟〔機密漏洩阻止の工作者〕チームの組織につながった」[71]。つまりニクソンが「適当な間隔」を作り出すために使った手段は、国内外でアメリカ合衆国そのものの信用をおとしめるという、きわめて高い代償をもたらしたということだ。

リチャード・ニクソンの外交政策における道義性は、どう総括されるべきだろう。ニクソンが公に表明した目標はよかった。キッシンジャーによると、ニクソンのリアリズムの底流には、ウィルソン主義的な、世界の道義的リーダーたるアメリカ合衆国という価値観があった[72]。国際関係において、ニクソンの状況を把握する知性は非常に高いレベルのものだったが、残念ながら、彼には個人的な復讐心や不安を抑える感情知性が欠けており、それが公の目標を腐敗させてしまった。彼が作っていた敵対的人物のリストには、ジャーナリストや政権関係者が含まれていた。そればかりではなく、外国で民主的に選ばれたアジェンデや、インディラ・ガンジーにも否定的に対応した。概していえば、彼には価値とリスクのバランスを取る慎重さがあったものの、パキスタンを支援してバングラデシュの独立運動を妨害したことや、カンボジアを爆撃したことは責められるべきだ。

道義的手段に関しては、ニクソンの軍事力の行使には、均衡や軍民の区別による、一定の限度が見られる部分もある。彼は陸軍の製造した生物兵器の使用を制限し、生物兵器禁止条約に署名した。「狂人理論」による脅しはしたものの、ベトナムでの核兵器使用や、ベトナムから中国への戦線拡大は回避した。カンボジアはそのかぎりではなかったが。しかし、ベトナムにおける彼の軍事力行使は、均衡や軍民の区別を意識したとはまったく言えない。それに、チリでクーデターを扇動し、インドのベンガル湾に空母を送って威圧したような振る舞いは、他国の諸権利や制度へのリベラル的配慮に反するものだ。

道義的結果という観点については、ニクソンはアメリカ人の信託に応えたといえる。中国との国交正常化や、冷戦下のソ連との軍拡競争を緩和した手腕は、中東外交も含めて評価される。しかし国際経済政策には無頓着で、ベトナム戦争を終結させた点でも、いたずらに長引かせたことや人命という犠牲を払ったことには論議の余地がある。他者の損害を最小限にとどめようとするコスモポリタン的努力は、ベトナムでもバングラデシュでもチリでも見られなかった。リアリストのなかにはニクソンを高く評価する者もいるが、それは彼らが中国での業績だけに集中し、それ以外の狼藉《ろうぜき》はすべて許そうという姿勢だからだ。彼らは、ニクソンがまいたインフレや人権侵害という負の遺産に無関心なのだ。しかしその他の批評家は、こうした負の側面を重く見て、二万一千人のアメリカ兵の命（そして無数の外国人の命）を犠牲にしたことを、許しがたいとしている。彼がそこまでして作り出そうとした、よく取りざたされる「適当な間隔」は、とどのつまり短期間しか続かなかったのだ。

ニクソンによる真実、信頼、道義的対話の機会を広めることへの啓蒙効果は、著しく低い。政府への信頼を損ねた責任はニクソン一人だけにあるわけではないが、ガーゲンの見解では、「二代にわたる政権が、ベトナムに関して嘘をつき、人々を欺き、挙げ句の果てにウォーターゲート事件まで起こしたことは、国民の政府に対する信頼を深刻なほど低下させ、その後の大統領の足かせとなった」[73]。一九六〇年代の初め、世論調査では、アメリカ合衆国の四分の三の回答者が、わが国の制度に高い信頼を置いていると答えた。十年後、その割合はわずか四分の一にまで減ってしまった。こうした変化の理由は複雑で、一九六〇年代のリーダーあるいはベトナム戦争だけが原因ではないだろうが、その少なからぬ責任は、リチャード・ニクソンに帰せられなければならない[74]。

表４．３　ニクソンの倫理的採点表

意図と動機	道徳観：魅力的な価値、よき動機づけ	評価が分かれる
	慎重さ：価値とリスクのバランス	評価が分かれる
手段	軍事力：均衡、軍民の区別、必要性	悪い
	リベラル的配慮：諸権利や制度の尊重	悪い
結果	受託者責任：アメリカの長期的国益に寄与したか	評価が分かれる
	コスモポリタン：他国民の損害を最小限にしたか	悪い
	啓蒙効果：真実を尊重し、道義的な対話の機会を広げたか	悪い

ベトナム戦争時代の三人の大統領には、創設者たちのような高い評価は下せない。国際情勢が厳しくなったので、いわば試験問題が難しくなったのだという反論もあるかもしれないが、それは説得力を欠く意見だ。ベトナム戦争時代の大統領たちは、思考の世界地図を読み違え、アメリカの力を過大評価する一方、ナショナリズムや各国の文化の力を過小評価していたのだ。彼らがドミノ理論の比喩に、人知れず懸念を覚えていたとしても、表向きにはそれを使いつづけたことで、自ら落とし穴にはまってしまった。試験にたとえて言えば、出題そのものを読み違えたうえ、カンニングをして解答したようなものだ。

三人の大統領は、世界規模で共産主義と戦うという目標を立て、道義的な観点からベトナムを見ていたが、彼らの個人的動機は、その意図の道義的な位置を複雑なものにしてしまった。全員が国内における政治的非難を恐れ、「ベトナムで敗れた」大統領という汚名を着せられたくなかったがために、大勢の人命を犠牲にし、自分自身の政治的コストを避けた。二極化した世界でアメリカの信用を守るため、誤っているが善意に基づいた比喩のために、人命と費用を使ってしまったのは、百歩譲ってやむを得ないとしよう。しかし、あれほど多くの人命を、国内での政治生命のため、あるいはジョンソンやニクソンの場合、タフな男という個人的イメージを守るために犠牲にしたというのは、まったく弁明の余地がない。アーカンソー州選出のウィリアム・フルブライトや、バーモント州選出のジョージ・エイケンのような上院議員が当時主張したように、いかに不愉快だったとしても、政治的な代替策はあり、より少ない悪はあったはずなのだ。二極化した冷戦も、国内政治も、ベトナムの紛糾が不可避だったという言い訳にはならない。悪い道義的選択もまた、悲劇を生む条件となった。

ひょっとしたら、ケネディが生きていたら戦争を「アメリカ化」するのは避けられたかもしれないが、本当のところは知るすべがない。実戦部隊の投入を拒み、軍事顧問団に限定していたことで、ケネディは膨大な死傷者が出るのを避けていたが、後継者の代でそのたがが外れてしまった。それでもケネディは、一九六三年十一月の時点で勝てる確率はわずか百分の一だと考えていたにもかかわらず、方策を探るつもりでいたようだ。マクジョージ・バンディによると、ケネディは二期目の政治的課題として、軍事顧問団を「押し出す」つもりだったが、どうやって撤退させるつもりかと訊かれて、側近にこう言ったという。「簡単だ。政権を交替させて、われわれに出ていってほしいと言わせるんだ」。彼はこのことを、バランス・オブ・パワーのうえで大きな試練だとは思わず、あくまでアメリカの政治世論への対策しか考えていなかった。(75)

批評家の一部は、ジョンソンとニクソンの大規模な軍事力行使が——爆撃、枯葉剤の使用、消耗作戦、戦略村〔ゲリラ対策として、住民を強制移転させて作った村〕、その他の作戦を含めて——東南アジアを共産化から守ったと讃えるが、それは事実ではない。最大のドミノ、すなわちインドネシアは、すでにスカルノ大統領を軍事クーデターで追放し、反共主義の方向へ向かっていた。ジョンソンが一九六五年にベトナム戦争を拡大させるより以前のことだ。一方で、三人の大統領に救いがあるとすれば、誰一人として核兵器の使用を真剣に考えず、戦線を拡大して中国やソ連との戦いにしようとしなかったことだろう。この点だけはよかったが、膨大な生命が失われ、国家的損失を招いた点で、ベトナム時代の大統領はみな、倫理的には失敗したと判断しなければならない。

第5章　ベトナム戦争以後の縮小期

一九七四年八月、リチャード・ニクソンが不名誉のうちに辞任したあと、後継者のジェラルド・フォードは国民に、「わが国の長きにわたる悪夢は終わった」と告げた。だが、ベトナム戦争およびウォーターゲート事件の影響を払拭するのは容易ではなかった。行政制度への信頼は失墜し、アメリカの外交政策姿勢は、信頼回復と縮小の時期に入った。(1)

一九七二年の大統領選をニクソンは地滑り的勝利で飾ったが、一九七四年の中間議会選挙では逆に与党の共和党が地滑り的大敗を喫し、「ウォーターゲート・ベイビーズ」と呼ばれる民主党の新人政治家が大量当選した。マスメディアへの情報漏洩や、政権関係者の犯罪への関与が明るみに出たのに続き、アイダホ州選出のフランク・チャーチ上院議員を議長とする委員会で、冷戦中のCIAによる数多くの秘密作戦が暴かれ、そのなかには暗殺工作も含まれていた。経済活動はインフレと低成長によって鈍化し、「スタグフレーション」と称された。フォードとカーターの両政権を苦しめた問題は、ジョンソン政権の「大砲もバターも」政策に由来する。つまり、ジョンソンがベトナム戦争と「偉大な社会」政策のどちらかを選べと迫られ、それを拒んだことによるものだ。さらにニクソンが、一九七一年に賃金および物価統制を課したことでこの問題は悪化し、それらが撤廃されたあと、反動でインフレが昂進することになった。

人種、性、ゲイの諸権利、妊娠中絶、環境問題に関する社会的・文化的規範は、一九六〇年代の終わりから一九七〇年代全般を通じて、激変しはじめた。リンドン・ジョンソンが公民権法および投票権法に署名したときに予言したとおり、人種問題は、南北戦争後から一貫して民主党支持で固まっていた「堅固な南部」が、堅固な共和党支持に変わる長い変化の始まりでもあった。文化的変化は、ニクソンが「静かなる多数派《サイレント・マジョリティ》」と呼んだ人々による保守化への反動も招いた。その潮流を受けたロナルド・レーガンは、一九七六年の大統領選挙でフォードに挑戦し、共和党の候補者指名で敗れたものの、その四年後にはカーターと戦い、勝利を収めた。批評家の一人が述べるように、一九七〇年代は「アメリカの政治情勢の転換期だった。穏健派の戦後期におけるコンセンサスは、大スタグフレーションによる景気低迷とベトナムでの軍事的敗北という複合的圧力で、解体していった」[2]のだ。

国際政治のシステムは二極構造のままだった。世界経済に占めるアメリカの割合は、一九四五年の異常に高い水準から、一九七〇年には世界の生産高の四分の一になり、戦前の水準まで戻った。アメリカ合衆国はそれでもなお、いかなる国の経済よりもはるかに規模が大きかったが、ソ連はより小さい経済規模にもかかわらず、多額の軍事予算を投じて核弾頭数でアメリカを逆転した。キューバ・ミサイル危機のあと、アメリカ合衆国は核弾頭の生産ペースを落としていたが、ソ連は逆に上げていたのだ。多くのアナリストが、「核兵器による過剰殺戮」は双方の超大国にとって無意味だと主張したが、「現在の危険に関する委員会」のような新たなグループは、いまやソ連が核兵器競争で優位に立っており、これはきわめて憂慮すべき事態だと主張した。さらにソ連は、アフリカの革命政権を積極的に支援するようになっていた。ベトナムでの敗北とともに、批評家はこうした出来事をやり玉に挙げてアメリカの衰退の証拠だとみなし、ソ連との軍備管理や緊張緩和《デタント》への取り組みを批判した。ジェラルド・フォードとジミー・カーターは、アメリカの信頼を回復し、外交政策を導くための努力のさなかで、荒海に直面した。

ジェラルド・フォード

ジェラルド・フォードはユニークな大統領だ。近現代では最短の在任期間記録（八百九十五日）を持ち、大統領としても副大統領としても選挙で選ばれなかった唯一の例だ。ミシガン州選出の穏健な共和党議員であるフォードを、ニクソンがスピロ・アグニューに代えて副大統領に選んだのは、アグニューが前職のメリーランド州知事時代にスキャンダルを起こしていたことが発覚し、辞任に追い込まれたからだ。フォードは一九七三年、憲法修正二十五条の規定により、上院で副大統領に指名された。

フォードはニクソンと同い年で、第二次大戦中は海軍で勤務し、戦後に連邦議会入りした点も共通している。ミシガン大学ではフットボールの名選手として活躍し、卒業後はイェール・ロースクールに進学した。下院議員として十二回にわたって再選され、下院院内総務に選ばれた。同僚の間で人望があり、「彼は高潔さ、良識、沈着といった美徳を明快に体現した存在と見られ、情緒的に複雑きわまるジョンソンやニクソンとは、見事なまでの対照ぶりだった」(3)

就任当初、フォードは七一パーセントという高い支持率で迎えられたが、事前の警告や政治的な準備なしで、就任一カ月後にニクソンへの全面的な恩赦を発表したことで、支持率は四九パーセントに急落した。多くの批評家が、汚職による取引ではないかと疑った。元側近だったデイヴィッド・ガーゲンの主張によると、フォードは過去を払拭して前進しようとしていたのだが、必要な予告や準備を怠ったということだ。彼の言葉では、「われわれの時代の大統領は一人ならず、まったくの嘘つきだった。一方、ジェリー・フォードは本当のことしか言わなかった」(4)のだ。フォードの望みは、偉大な大統領ではなく、善良な大統領になることだった。閣議室に掲げる肖像画を選ぶ際、ニクソンはアイゼンハワー、セオドア・ルーズベルト、ウッドロー・ウィルソンを選んだ。フォードはルーズベルトをリンカーンに、ウィルソンをトルーマンに掛け替えた(5)。

トルーマンと同様、フォードも偉大な発信者というよりは、実用主義的《プラグマティック》な立法者であり、彼が呼びかける言葉は、大衆的な広がりのあるビジョンを生み出さなかった。一方で、彼は優秀な感情知性の持ち主で、一流の人材を閣僚に登用し、ホワイトハウスの組織を巧みに機能させて、さまざまなアイディアの活発な討論を促した(6)。フォードは外交政策を安定させる必要性に意を用いた。ヘンリー・キッシンジャーには引きつづき、国務長官として中枢を担わせたが、一九七五年には国家安全保障問題担当補佐官との兼務を解き、優秀な副官のブレント・スコウクロフトを後任に据えた。フォードの短い在任期間に起こった大きな外交政策上の事件は、南ベトナムの崩壊、ソ連との関係改善への動き、マヤグエス号事件や板門店事件での軍事力行使である。経済的には国際相互依存の重要性が高まり、それに続いて、石油輸出国機構《OPEC》が一九七三年末に原油価格を四倍に引き上げたことが主な出来事に挙げられよう。

一九七五年初め、アメリカ合衆国はなおもサイゴン市内およびその周辺に六千名の兵士をとどめていたが、サイゴンを首都とする南ベトナム政府は共産主義者の攻勢の前に、落日を目前にしていた。フォードは連邦議会に、七億二千二百万ドルの軍事援助を拠出して、チュー政権を援護するよう要請した。一九七三年のパリ協定で、ニクソンが約束した線に沿った措置だ。しかし、野党が多数を占める連邦議会では、援助の拠出は否決された。四月二十一日にチュー政権は退陣し、続く四月三十日、ついにサイゴンが陥落した。アメリカが果たした役割は、アメリカ人と一部のベトナム人の救出搬送に限られ、ヘリコプターが建物の屋上を離陸して、沖合の艦艇へ避難民を運ぶ屈辱的な写真が世界に配信された。フォードにそれ以外のことができたかどうか、あるいはアメリカが約束どおりに援助したとしても南ベトナム政府を救えたかどうかは疑わしいが、結果的にアメリカは約束を破ったことになり、またそのようなイメージが流布した。しかし同時に、フォード政権は重要な人道的措置も行なっている。一九七五年難民支援法により、インドシナからの難民受け入れに四億五千五百万ドルが拠出され、一九七五年だけで十三万人の難民がアメリカ合衆国に入国した。その後も数年間にわたり、さらに数千人の難民が到着した。

フォードはソ連との関係については、もっとうまく処理した。ソ連にも中国にも、ニクソン政権からのデタント政策を踏襲し、両国を訪問した。しかしながら、ソ連との通商協定締結に向けた交渉は、議会によって妨げられ、一九七四年の戦略兵器制限交渉《SALTⅡ》は、ヘンリー・ジャクソン上院議員をはじめとするキッシンジャーのデタント政策への批判勢力によって、遅滞を余儀なくされた。一九七五年七月、フォードはソ連の指導者レオニード・ブレジネフとヘルシンキのヨーロッパ安全保障協力会議でふたたび会談し、ほぼすべてのヨーロッパ諸国がヨーロッパ域内での人権および国家主権の尊重に同意した。フォードはソ連の東欧支配を認めたとして非難されたが、長期的には、ヘルシンキで採択された人権の尊重は、ソ連の支配力を弱めることに貢献した。その後の出来事に照らせば皮肉なことに、この会議から長年経った後にある側近が明かしたところでは、ブレジネフはフォードに、一九七六年の再選挙での支援を申し出たという。フォードはその申し出を丁重に辞退した。[7] ブレジネフの申し出どおり、外国の支援を受けていたら、フォードの道徳観からして、「彼らしくない」ことだっただろう。

一九七五年から一九七六年にかけて、フォードはアジアで起きたふたつの事件において、軍事力を行使してアメリカの信用性を示した。最初の例は、サイゴン陥落から間もない一九七五年五月、カンボジアのクメール・ルージュがアメリカの商船〈マヤグエス〉号を国際水域で拿捕した事件で、フォードは乗組員を救出するため、海兵隊を向かわせた。その結果、四十一名の軍人が作戦行動中に死亡し、その数は救出された乗組員の人数を上まわったが、この行動には象徴的な意義があった。フォードは、商船の拿捕はクメール政権の未熟さによる行動で、忍耐が功を奏するだろうと側近に警告されていたが、それでも彼は、サイゴンでの屈辱的な避難民搬送のあとで、アメリカの信用性を守るために行動した。フォード自身の言葉によれば、人命の損失を痛恨の極みとしながらも、「決然とした行動こそが、われわれの同盟国を安心させ、敵対勢力には、アメリカがうすのろの巨人ではないことを直截に知らしめるに違いない」(8)と感じたのだ。彼はまさに、アメリカの信用性を守るために道義的な代償を払ったのである。

一九七六年八月、北朝鮮の部隊が、板門店の国境沿いの村で木々を剪定《せんてい》していたアメリカ兵二人を射殺したときは、フォードはさらに大勢の地上軍に木々を伐採させ、機動部隊をその護衛に送り込んだ。北朝鮮はそれ以上の動きを見せず、彼らを見守った。軍事力行使に関する三つ目の事例は、フォードが継続的に援助していたスハルト大統領——ベトナム戦争でアメリカを支援した——統治下のインドネシア軍が、一九七五年にポルトガルから新たに独立したばかりの東ティモールに侵攻したことである。インドネシア軍は人権侵害で非難されたが、フォード政権下で人権の優先順位は高くなかった。フォードは回顧録で、カーターの人権外交を「アマチュアリズム」と批判しており、キューバやベトナムとの国交正常化へ向けた努力もこき下ろしている(9)。しかし同時に、一九七五年にヨーロッパ三十五カ国が採択したヘルシンキ宣言に、フォードも署名したことは、東西ヨーロッパを結ぶ核心的な問題に初めて人権を取り上げ、それを明文化した意義がある。

フォードは国際制度の重要性も強く意識していた。日本とヨーロッパの高度成長とともに、経済的な相互依存が深まり、一九七三年にOPECは原油価格を四倍にして世界に衝撃を与え、景気後退を引き起こした。フォードは混乱を主導したイランとサウジアラビアの懐柔に乗り出すとともに、石油消費国の組織作りを提案し、それがパリの国際エネルギー機関となった。一九七五年、フランスのランブイエで経済サミットが開催されたとき、彼は先進七カ国で毎年会合を行なうこと（G7）を提案した。また、マルクス主義的主張により国連で採択された「新国際経済秩序」宣言〔開発途上国が先進国に交易条件の改善や特恵的取り扱いを要求したものだが、市場メカニズムを否定し所得再分配を求めるものと批判もされた〕に対応し、彼は世界食糧計画を支援してＩＭＦを強化、アフリカの発展途上国への援助を拡大した。(10)

フォードの全般的な倫理的採点表は良好な評価だが、在任期間が短かったため、外交政策の成果は控えめだ。しかし、困難な状況を引き継いだことを考えれば、よくやったと言えるだろう。彼の目標と道徳観は良質なもので、当時の状況にあっては妥当だ。前任者と異なり、優れた感情知性や善良な人柄のおかげで、彼は公に表明した目標や価値観を、個人的動機と混同するようなことはなかった。また、批評家からソ連に弱腰だと言われても、ソ連との交渉や軍備管理体制を維持し、冷戦の軍拡競争を先鋭化させないように努めた。慎重さを発揮して価値とリスクのバランスを取り、ベトナム戦争での敗北という苦い現実を受け入れた。

手段に関して言えば、〈マヤグエス〉号事件や板門店事件でのフォードの軍事力行使は、均衡を図り、軍民の区別に配慮したものだった。アメリカの信用性を回復するために軍事力を行使し、人命を失ったことに異論もありうるが、たとえばニクソンがベトナムで束の間の「適当な間隔」を置くために、あれだけ大勢の人命を犠牲にしたことと比べれば、はるかに穏当だった。フォードの諸権利や制度に対するリベラル的配慮は、党内の保守派からの異論にもかかわらず、ヘルシンキの会議に参加した姿勢によく表われている。政治顧問が選挙への影響を懸念するなか、フォードがヘルシンキ宣言を後押しし、署名したことは、道義的に正しいと考えたことを実行する彼の勇気を示した。

表5.1　フォードの倫理的採点表

意図と動機	道徳観：魅力的な価値、よき動機づけ	よい
	慎重さ：価値とリスクのバランス	よい
手段	軍事力：均衡、軍民の区別、必要性	よい／評価が分かれる
	リベラル的配慮：諸権利や制度の尊重	評価が分かれる
結果	受託者責任：アメリカの長期的国益に寄与したか	よい
	コスモポリタン：他国民の損害を最小限にしたか	よい／評価が分かれる
	啓蒙効果：真実を尊重し、道義的な対話の機会を広げたか	よい

結果という観点からは、フォードはアメリカの国益に寄与するよき受託者であり、他者の損害を最小限にしようとするコスモポリタン的配慮を示したのは、ベトナム難民を受け入れた姿勢に表われている。国際経済政策については、グローバルな通商システムを守り、発展させようとするフォードの姿勢は一貫しており、景気後退への対応を求める保護貿易論者からの圧力に直面しても、それは変わらなかった。当時の中心的な経済政策担当補佐官によると、これはひとつには、フォードが通商発展政策をインフレ対応のうえで賢明な方針だと考えていたからだが、もうひとつは、開放的な通商システムを、発展途上国の経済を拡大させ、利益をもたらす強力な武器だと考えていたからだ[11]。経済的な相互依存が深まるなかで、フォードは制度的対応の重要性を理解していた。おそらく、彼が残した最も有意義な成果は、真実の尊重を回復し、国内外で道義的対話の機会を広めた啓蒙的効果にあるだろう。

ジェイムズ・アール・カーター

一九二四年、ジョージア州の小村プレインズに生まれたジミー・カーターは、それまでの戦後期の歴代大統領より十歳若かった。一九四六年、アナポリスの海軍兵学校を、八百二十名の士官候補生中六十位で卒業、ハイマン・リッコーバー提督の統轄する海軍原子炉部門に配属された。厳しい水準をもって知られる部門だ。前任者と異なり、カーターには議会経験がなく、ワシントンではアウトサイダーだった。ジョージア州知事を一期務めて成功したが、一九七四年に大統領選で名乗りを上げたときには、全国的には無名に等しく、政治家としての登竜門もくぐっていなかった。国民の間に「ジミーって誰?」という流行語が生まれたほどだ。彼が民主党の党員集会に続き、一九七六年の総選挙でも勝てたのは、改革を約束したことが大きい。選挙運動でのスローガンは、「みなさんに決して嘘はつきません」だった。それから何年も経ち、専門家によって検証された結果、カーターはスローガンを守っていたことがわかった。彼が公に発言した内容は、残っている記録と完全に一致していたのだ。歴史家のダグラス・ブリンクリーの結論によれば、カーターは道義的な品位や高潔さを汚すことなく、ワシントンから故郷のプレインズに戻ることができた[12]。

カーターは社会的にはリベラルだが、財政的には保守主義で、さまざまな立場からなる党や連邦議会をまとめるのに苦労した。選挙運動では才能を発揮したものの、妥協したり合従連衡《がっしょうれんこう》したりする政治的才能には欠けていた。彼の振る舞いは道徳主義的、エンジニア的で、「木を見て森を見ず」という表現があてはまった。妥協を政治に不可欠な営為とみなすのではなく、カーターはそれを必要悪と見ていた[13]。中枢にいた側近の言葉では、カーターは、国民に効果的に呼びかけて連帯感を生み出すことができなかった。「折に触れて、彼は『政治的なことはわたしにまかせてくれ』と言いながら、実際には政治を軽蔑していた。彼の信念では、彼の目から見て『正しいこと』だけをしていれば、国民にはそれがおのずから伝わり、再選という形で報われるはずだったのだ。しかしながら、政治というものはふだん大統領執務室《オーバルオフィス》にとどまって、選挙のときだけ人目に触れるというものではありえない」(14)。政治リーダーとしては、カーターはリチャード・ニクソンを正直にしたようなタイプであり、やがて後継者となるビル・クリントンのような天性の政治家、社交的な若き南部人とは明らかに違っていた。

ある伝記作家の描写するカーターは、「人を惹きつける政治的ビジョンを表現するのに失敗した大統領として、あるいは党をまとめ上げることができなかった大統領として、つねに記憶に残る。彼の大統領時代にまつわるこうした記憶は、決して不正確なものではない。FDRやレーガンが合従連衡の方法を示したとしたら、カーターの遺産はその対極だ」(15)。別の伝記作家は、カーターは過小評価されており、偉大な大統領ではなかったとしても、善良で着実な成果を上げ、御しがたい問題に包括的な解決策をもって取り組んだ一方、政治的な帰結には関心を示さず、彼自身の原則や個人的な誠実さを曲げることを拒んだ。歴史家によるカーターの評価は、歴代大統領の中間クラスだ(16)。

こうした個性により、カーターは、外交政策における倫理を扱った本書のなかで、とりわけ興味深い存在である。カーターはウィルソン主義者であり、アメリカ合衆国を、諸国間における道義的な証人とみなした。彼は人権をきわめて重視していた(17)。カーター自身は、彼が生まれて以降の大統領では、ハリー・トルーマンを最も尊敬しており、ほかの誰よりもトルーマンの実績について研究したと言う。なぜなら、カーターによると、トルーマンは廉直で、誠実で、いくらか古風なところがあるからだ(18)。

カーターは福音派の南部バプテスト教会の信徒だったが、ジョンソンやニクソンが大きな集会で大衆伝道者のビリー・グラハムを呼んだような、宗教性のアピールを軽蔑していた。カーターはそうしたこれ見よがしの姿勢を、えせ宗教だと考えていたのだ。彼自身はそういうことをしないで、人生の指針として彼の宗教的原則に従っていた――大統領職にあるときでさえ、年数回、日曜学校のバイブルクラスで静かに教えていたほどだ。それにしても、これほど善良な人間が大統領になっても、果たして善良でありつづけることは可能なのだろうか？　カーター大統領のスピーチライターをしていたヘンドリック・ハーツバーグは、こう言っている。「レーガンは政治的イデオロギーに執着していたが、カーターは違った――少なくとも、そうしたものにはあまり囚われなかった。政治的イデオロギーは、とても手軽で便利だ。時間の節約になる。というのは、実際には知りもしないものを、どう思うべきなのか教えてくれるからね」。カーターは、政策を売り込んで実行しようとするセールスマンというより、政治問題に正しい答えを探そうとする道徳的エンジニアだった。歴史家のベティ・グラッドはカーターを、「昔ながらの『丘の上の町』の伝統を追求し、その美徳も、欠点も共有している」と表現する。しかし、彼のウィルソン主義的なモラリズムは、盲信的な独善的態度とは無縁だった(19)。

カーターは強い善悪の観念に通じる、道徳的イデオロギーの持ち主だった。ハーツバーグの言葉では、「政治的利益あるいは政治的不安といっただけの理由で、人々を殺すのは誤っている。リンドン・ジョンソンやリチャード・ニクソンは、その過ちを犯した。彼らはベトナム戦争を拡大させ、続行した……戦争に勝てる見込みがないとわかってからもずっと。しかも、彼らがそうしたのは、自分たちの行動がアメリカの安全保障やベトナムの自由を助けると真剣に信じていたからではなく、自分たちが弱いと見られることを恐れていたからなのだ。〈マヤグエス〉号事件では、温厚なフォードでさえ兵士たちを送り出し、そのために不必要な死を遂げた者もいた。ジミー・カーターは決してそういうことをしなかった」[20]。カーターは自らの任期中、一人のアメリカ兵も戦闘で死なせなかったことを誇りとしている。ただし、一九七九年のイラン人質事件で、アメリカ人外交官を救出するためにカーターが送り出した兵士たちは、航空機事故で墜落死し、救出作戦は失敗に終わった。

ほかの批評家は、カーターの道徳主義をもっと辛辣な目で見ている。たとえば、外交政策評論家のロバート・カプランは、「ニクソン、フォード、キッシンジャーのような政治家が厳しい決断を下していなかったら、アメリカ合衆国はカーターの発作的な道徳的姿勢による不手際から受けた損害に耐えられなかっただろう」[21]と主張する。カプランは、一九七七年にカーターがエチオピアの人権侵害を理由に、同国への武器援助を削減したことをあげつらう。彼の主張によれば、カーターがアフリカの角《つの》〔アフリカ北東部のソマリア、ジブチ、エチオピアを含む、戦略的重要地域〕と呼ばれる地帯で力による政治を断行しなかったことが、エチオピアでの大量殺戮を引き起こす原因になり、それはニクソンがカンボジアの辺境に侵攻したことと、その六年後にクメール・ルージュが引き起こした残虐行為との関連よりも明白だということだ。しかし、アフリカにおいてアメリカがいかに行動すべきだったのか、反実仮想〔事実と異なる仮定〕によって証明するのは容易ではない。ソ連とその意を受けたキューバは、アフリカであまたの革命に介入したが、アメリカがエチオピアの事件をどの程度制御できたのかは不明だ。あるいはニクソンやフォードだったら、アンゴラやモザンビークでの虐殺をいくらか防いだかもしれないが、逆に煽った可能性も否定できず、証明のしようがない。

概して、一九七〇年代はアメリカの外交政策にとって縮小期と見られている。軍事的敗北は国家の自己イメージと同様、信用性も損なってしまった。ソ連は核戦力を増強し、第三世界の左翼的革命を支援した。一九七三年のアラブ諸国による原油の禁輸措置は、エネルギー危機とガソリン価格の上昇をもたらした。一九四五年以来、高成長を続けてきた世界経済は減速を始める。ヨーロッパの赤い旅団や日本の連合赤軍によるテロ攻撃は、民主主義の安定性に対する懸念を呼び起こした。七〇年代の終わりに起きたイスラム革命は、イランの国王《シャー》を国外退去させた。続いて、ソビエト連邦がアフガニスタンへ侵攻した。

こうした問題が続いたなかでも、カーターはいくつもの外交政策で成功を収めた。すなわち、パナマ運河を平和裡に返還したことでラテンアメリカ諸国との関係を改善し、エジプトとイスラエルを調停してキャンプ・デイヴィッド合意を成立させ、ケネディが加速の懸念を示していた核兵器拡散のペースを鈍化させ、アメリカ外交に人権問題という政策を取り上げ、中国に外交上の承認を与え、ソ連との軍備管理交渉を進展させた。一九七九年の終わりにソ連がアフガニスタンを侵攻したあと、カーターはベトナム戦争以降続いてきた軍事費の削減方針を転換させ、新兵器システムを発展させた。そしてカーター・ドクトリンを発表し、ペルシャ湾地域に攻撃を加える勢力に対しては、軍事力を含むあらゆる手段を講じて撃退すると宣言した。

パナマ運河の返還は、カーター流のアプローチを示す好例だ。セオドア・ルーズベルトの時代から、この運河はアメリカの国力の象徴でありつづけ、保守的な政治においてデリケートな問題だった。カリフォルニア州選出の上院議員S・I・ハヤカワは「われわれはパナマ運河を正々堂々と盗んだのだ」という辛辣な言葉を残したことで有名だ。しかし、アメリカの独立委員会および諜報機関から、パナマでナショナリスト的な憤激が高まっており、このままではテロリズムやゲリラ戦に発展しかねないという警告が出され、フォードが問題解決を試みたものの、失敗していた。カーターの政治顧問は、二期目までパナマ問題を先送りするように提言したが、カーターは運河の返還が正しい措置だと決断し、最初の大統領検討覚書にこの問題を明記した。カーターはかなりの政治的資本を消費した結果、一九七八年四月、僅差で上院の批准を勝ち取り、彼の決断はパナマだけでなく、大半のラテンアメリカ諸国との関係改善をもたらした[22]。パナマ運河協定が締結されていなかったら、反米テロリストはラテンアメリカで、いまよりもはるかに肥沃な土壌を見つけていたに違いない。

一九七八年、中東での和平プロセスが障害に直面し、エジプトとイスラエルの交渉が行き詰まったとき、カーターはアンワル・サダトとメナケム・ベギンをキャンプ・デイヴィッドに招待し、両者の違いを調停しようと熱意をもって臨んだ。多くの批評家が、この協定はカーターの粘り強さと詳細な事項まで行き届いた配慮がなければ、達成できなかったと考えている。カーターは十三日間にわたって交渉の調停に集中し、交渉前に用意していた二十の草案は、いずれも受け入れられた。このときにも、政治顧問はカーターにリスクを警告したが、大統領はそれをはねつけた。同様に、カーターは中国の外交上の承認に際しても、フォード前政権で承認の試みを阻止した台湾支持派のロビーを押し切り、政治的コストを背負った。

カーターはまた、核兵器拡散のペースを遅らせる必要性も強く認識していた。一九六三年の部分的核実験禁止条約で、ジャック・ケネディは十年後に核保有国が二十五カ国に増えるだろうと懸念を表明していたのだ。OPECが原油の禁輸を断行し、一九七四年の原油価格が四倍に上昇したことで、プルトニウムと増殖炉がエネルギー安全保障の鍵になるという認識が広まったが、分離されたプルトニウムは核兵器に転用可能な物質として、国際的に取引される危険性があった。一九七四年五月、インドが自称する「平和的核装置」の爆発実験に成功したことで、七番目の核保有国になった。同時に、フランスとドイツは再処理および濃縮プラントを輸出しており、これはパキスタンとブラジルに大量破壊兵器の材料となる物質が供給可能になることを意味していた。ケネディの予言が現実味を帯びてきたのだ。海軍時代に原子炉のエンジニアだったカーターには、この状況の危険性がよくわかっていた。彼自身の言葉によれば、「高度なテクノロジーの供給者の反対に直面しても、わたしはこの技術が諸外国にこれ以上広がるのを防ぐために、あらゆる手段を尽くしたかった」(23)。カーターはアメリカ国内の再処理および濃縮プラントの設置を中止することで、エネルギー産業のコンセンサスを覆し、相当な外交コストをも厭わず、フランスとドイツに圧力をかけて輸出をやめさせるのに成功した。また、原子力供給国協定の締結にも成功し、供給国の同意を得て、核兵器に転用される惧れのある原子力設備の輸出に規制を設けた(24)*。

カーターがもたらしたもうひとつの変革は、アメリカ外交政策における人権の優先順位を上げたことだ。これは「ニクソン、フォード、キッシンジャーが共有していた勢力均衡《バランス・オブ・パワー》を世界秩序の基本

＊わたしは当時、この政策の責任者を務めていたので、客観的な意見ではないかもしれないが、こうした危険な原子力設備の輸出は、カーター政権下で間違いなく減少した。

原理とする思想」の変更を意味した。一九七五年、フォード政権は人権の尊重を含むヘルシンキ宣言に合意していたが、キッシンジャーにとっては、ソ連との緊張緩和《デタント》を進めるほうが優先だった。一九七三年、彼はニクソンに、ソ連に国内のユダヤ人の処遇改善や移民認可を要求することは、「われわれの問題ではない」と言い、ニクソンはこれに、「われわれはそのために世界を吹き飛ばすわけにはいかない」[25]と応じている。しかし、こうした固有の緊張関係を承知しながらも、カーターはデタントと人権を同時に追求することを決めた。

カーターの人権政策は、首尾一貫して実行できるほど容易な政策ではなかった。カーターも冷戦期の独裁主義的な同盟国にいくつか例外的な対応をしたが、南アフリカのアパルトヘイト政権、アルゼンチンやチリなどの軍事政権には踏み込んだ対応をし、ソ連国内でも人権が尊重されていないとして、あからさまに批判した。批評家はカーターを、イランのシャーやニカラグアのアナスタシオ・ソモサなどの味方を切り捨てたとして非難したが、長期的には、カーターが掲げた人権というソフトパワーは、アメリカ合衆国に大きく貢献した。

人権政策はカーターの外交政策に、ひとつの中心的な問題を投げかけた――ソ連との関係をどう舵取りするかだ。アメリカの諜報機関が見積もっていたよりも、ソ連の経済は腐食が進行していたが、それでも核兵器をはじめとした軍事費に過大な投資をすることで、彼らは興隆する大国という見せかけの印象を作り出していた。ソ連はアフリカの左派革命も支援し、たびたびキューバにその実行役をまかせていた。このころのカーターは、サイラス・ヴァンス国務長官が提唱するデタント志向の政策と、ズビグネフ・ブレジンスキー国家安全保障問題担当補佐官による強硬路線の政策の間をよく揺れ動いていたように思える。カーターは、対極に位置する二人の助言者に耳を傾けることが有益だと主張していたが、二人の立場を折衷することはきわめて困難だった。「彼はあまりに多くの物事を、自分自身で決めようとしていた……ヴァンスとブレジンスキーの意見の相違がカーターを煩わせなかったのは、決断を下すのは彼、カーターだったからだ。中心的な問題だった米ソ関係をめぐる外交政策の決断は、その都度、場当たり的に下されていた」[26]が、二人の助言者の相違は、世論の目には混乱と映り、実際にもそのとおりだった。

一九七七年にカーターは、フォードが締結したほぼ完璧なウラジオストク協定を踏襲するのではなく、さらに大胆な核兵器削減を主張し、ソ連の人権状況についても批判したため、ＳＡＬＴⅡの合意は遅れることになった。批評家の主張によると、カーターが最善の結果にこだわったがために、良好な結果の達成が妨げられてしまったのだった。最終的にカーターがＳＡＬＴⅡの合意に署名したのは一九七九年六月だったが、それはあまりにも遅すぎた。というのは、同年の十二月にソ連がアフガニスタンに侵攻したことで、デタントに向かっていた政治的環境はぶち壊されてしまったからだ。批評家の一部は、カーターの人権政策が軍備管理に向けた努力を阻害したと考えているが、ほかの者は「カーターの人権政策は、アメリカ合衆国の道義的信用性を世界に発信した一方――ベトナムでの敗北のあとだけに、ささやかならぬ功績だ――ソ連はともかくも追い込まれた」と主張する[27]。

アフガニスタン侵攻のあと、カーターはソ連に経済制裁を行ない、モスクワオリンピックをボイコットし、カーター・ドクトリンを発表して、石油の豊富なペルシャ湾を攻撃しないようソ連に警告した。批評家はふたたび、ソ連のアフガン侵攻はカーターの甘さを証明したと酷評したが、アフガニスタン侵攻の前年から、カーターが国防予算を三パーセント増額していたことに気づいた者はほとんどいなかった。それに、有能な国防長官のハロルド・ブラウンが、ステルス兵器や精密誘導兵器のような新世代のテクノロジーに投資したことで、アメリカ合衆国はこのあと、通常戦力で決定的な優位に立ち、湾岸戦争でそれが実証された。一部には、カーターが次第に強硬路線に傾いていったのは、ポーランド生まれの国家安全保障問題担当補佐官の影響だとする者もいるが、側近のロバート・パスターは「冷戦に逆戻りしたのは、ソ連が攻勢に出てきたからで、ブレジンスキーの戦術とは関係ない[28]」と述べている。

こうした成功にもかかわらず、カーターの外交政策はしばしば弱腰と評される。しかしブレジンスキーは回顧録で、カーターは「タフで冷静で毅然としていた……が、軍事力に頼るのは、彼の本能ではなかった。そのことは、政策にもはっきり表われていた。カーターが軍事力の行使をためらう感覚は、一般大衆の目には、弱さの表われと映ってしまった[29]」としている。二〇一〇年、ウォルター・ミードは、トマス・ジェファソンの伝統に傾きすぎ、外国への関与を最小限にして、平和活動を支援し、国内では民主主義、国外には穏健さの模範例になろうとする思潮を「カーター症候群」と表現した[30]。しかし後に、フランスの外交官ジュスタン・ヴァイスが、こうした評価に異論を呈した。彼の主張では、カーターは非常な成功を収めたが、それは彼独自のリーダーシップのスタイルと、「政権の決断と成果を説明し、発信しようとする能力の欠如」によって、かすんでしまったのだ[31]。

このように、外交政策では四つの大きな成果を上げたものの、ソ連の問題への対応が一貫しなかったうえ、カーター大統領は最後に、イランにおけるホメイニ師のイスラム革命によって、とどめを刺される。ブレジンスキーの見方では、カーターの「唯一の致命的な対応の誤りは、イランにまつわるものだ」ということだ。シャーの廃位はカーターにとって政治的な災難であるばかりでなく、イランのイスラム革命は、中東におけるアメリカの政策に今日まで影響を及ぼしている。ブレジンスキーはカーターに、イランの軍事クーデターを支持するよう迫ったが、カーター（とサイラス・ヴァンス国務長官）は、クーデターを「歴史的にも道義的にも誤った行為」だと考えた。ブレジンスキーの見方では、「わたしの考えでは、大統領派に対する最も説得的な主張は、道義的な意見だ。彼らの見解では、アメリカ合衆国は――とりわけ大統領自身は――外国を血みどろの残酷な対決に投げ込む責任を引き受けるべきではないのだ」[32]

批評家はカーターの人権政策を、シャーの立場を弱めたとして非難するが、カーターがイラン革命の主な原因だったかどうかは疑わしい。ヴァンスの言葉では、「難しい問題は、一九七八年十一月、十二月から一九七九年一月にかけてのイラン革命の方向性に、アメリカ合衆国が何か影響を及ぼすようなことをできたかどうかだ。わたしの答えでは、たぶんできただろうが……それでもなお、手遅れだっただろう。というのは、革命を解き放った力は、イラン国内に深く食い込んでおり、長い時間をかけて醸成されてきたからだ」[33]。半ば徴兵による陸軍が、革命を遅らせることができたかどうかは不確かであり、シャーはすでに末期癌で、肉体的にも精神的にも衰弱していた。

皮肉なことに、シャーが国外退去して放浪に出たことで、カーターはもうひとつの道義的な決断を下して状況を悪化させた。ブレジンスキーは彼に「われわれは単純に、かつて味方だった者の側に立つべきだ」と告げ、カーターは「アメリカ合衆国にシャーを受け入れないことに道義的なやましさ」

を感じていた。ヴァンスの反対意見や、テヘランでデモが起きるかもしれないと懸念する諜報機関の警告にもかかわらず、カーターは（ヘンリー・キッシンジャーやほかの共和党議員に後押しされた）ブレジンスキーに同意し、治療のためとしてシャーをアメリカに受け入れた。[34] それに続いて、テヘランで過激な学生たちがアメリカ大使館を襲撃して館員を人質に取り、さらに不運なことに、カーターが人質を救出しようとして送り込んだ航空機が接触事故を起こし、砂漠に墜落してしまった。

カーターは人質に執着した。彼は「人質がどれほど重要な意味を持つか、言葉に言い表わすのは不可能だった」と述べている。エンジニアらしく、カーターは問題解決のプランを何通りも建てることに熱中し、国内で人質危機によるイメージ悪化を食い止めるという政治的な仕事をなおざりにした。[35] こうした事件に加え、ポール・ボルカーを連邦準備制度理事会の議長に登用し、景気後退の代償を払っても年間ふた桁ものインフレを抑えるべく対処させたことで、カーターは左派のエドワード・ケネディ上院議員、右派のロナルド・レーガンから挑戦を受け、一九八〇年の大統領選挙で決定的な敗北を喫した。

カーターの外交政策の倫理を総括するのは、フォードより複雑だ。意図や道徳観という観点では、カーターが人権を高く掲げたことは、大きな魅力となり、ベトナム戦争で損なわれたアメリカのソフトパワーを回復した。「カーターは大統領職に、高い価値基準のウィルソン主義的とも言うべき世界観を持ち込み、人権を保障し、平和を達成するための諸国間の協力に結びつけた。彼はまた、長く未解決だったパナマ運河や中東の紛争という問題を、なんとしても解決するという確固たる決意をもって臨んだ」。[36] こうした姿勢に政治的イデオロギーを加味し、道義的イデオロギーにマキアヴェッリ的な技巧も使いこなせたら、カーターはより効果的なビジョンを編み出していただろう。カーターが公に表明した価値観は魅力的で、私的な動機も高邁だったが、彼は「汚れた手」を避けることを気にしすぎたのかもしれない。マックス・ウェーバーの政治に関する忠告にもっと耳を傾けていれば、より多くの目標を達成できたかもしれないのだ。それでもカーターは、慎重さの価値を理解し、ウィルソン主義を振りかざして十字軍的な振る舞いをすることはなかった。価値とリスクのバランスを取り、中東や東南アジアに対しては人権政策を緩め、ソ連の行動への対応でも大規模なリスクは取らなかった。同時に、パナマやキャンプ・デイヴィッドのような案件では高い個人的政治リスクを厭わず、他の政治家だったら尻込みしたような課題で重要な成果を上げた。

手段という点では、カーターは明らかに、軍事力よりも外交を好んでいた。彼自身、アメリカ軍の部隊を戦闘行為に投入しなかったことを誇りとしている。ただ同時に、カーターが国防予算を増額し、新兵器システムの開発に取り組んだことを考慮すると、彼を平和主義者と見るのは誇張と言えよう。カーターは韓国から駐留部隊を撤退させようとしたことがあったが、側近からの諫言《かんげん》を受け、朝鮮半島の状況の複雑さを説明されると考えを変えた。批評家は、カーターが軍事力行使を渋ったことを道義的に重大な不作為だと指弾するが、エチオピア、アンゴラ、イラン、ニカラグアの独裁的政権を軍事援助したとしても、よりよい結果に結びついたかどうかは論議が分かれるところだ。外国の諸権利や制度に対するリベラル的配慮については、カーターはきわめて高く評価される。

結果について言えば、カーターがアメリカの国益に裨益《ひえき》したかどうかは、多くの議論がある。彼が成果を上げたことは間違いなく、純粋なブレジンスキー流のアプローチか、純粋なヴァンス流のアプ

表5.2　カーターの倫理的採点表

意図と動機	道徳観：魅力的な価値、よき動機づけ	よい
	慎重さ：価値とリスクのバランス	よい／評価が分かれる
手段	軍事力：均衡、軍民の区別、必要性	よい／評価が分かれる
	リベラル的配慮：諸権利や制度の尊重	よい
結果	受託者責任：アメリカの長期的国益に寄与したか	評価が分かれる
	コスモポリタン：他国民の損害を最小限にしたか	よい
	啓蒙効果：真実を尊重し、道義的な対話の機会を広げたか	よい

ローチを取っていたとしても、ブレジネフのソ連に対していかほどの違いがあったのかは議論の余地がある。ソ連は経済情勢の悪化により、崩壊が近づいていた。カーターの人権政策というソフトパワーは、徐々に変化を促し、やがて一九八九年のベルリンの壁の崩壊となって結実することになる。他者の利益に対する不必要な損害を避けるというコスモポリタン的配慮についても、カーターの評価は高い。しかし、おそらく最も称賛すべきなのは、真実を尊重し、人権への配慮によって道義的対話の機会を広めた啓蒙効果だろう。党派的な政治の戦いのなかで、カーターの外交政策をおとしめるのが流行になってしまったが、しばしば批判されるよりも、彼が実質的な成果を上げたことは、時間が証明している。

皮肉なことに、フォード、カーターともに優れた人格の持ち主であり、外交政策の倫理は非常に高く評価されるものの、大半の人々は一九七〇年代を、外交政策上は弱い時期だったと判断している。しかし、そうした判断は時代の状況に照らして、「何と比較するか」で下さなければならない。ベトナム戦争やウォーターゲート事件のあとを受け、経済的にはスタグフレーション、文化的には革命の十年間に直面した直後で、問題になったのは、指導者たちよりもむしろ状況のほうだったのではないか。大統領の欺瞞が公的な信頼を損なった、一九六〇年代の十年間が終わったあと、フォードとカーターがともに真実を告げることで、評判を高めたのは興味深い。その結果、国内では信頼が回復し、外国へのソフトパワーが増したことは、過小評価すべきではないだろう。

　次の十年間で、これから見るとおり、レーガンはもっとよくやったと主張する者もいるだろうが、そのレーガンにしても滑り出しは不安定であり、一九八五年にソ連の新指導者がゴルバチョフになったことは非常な幸運だった。イギリスの哲学者バーナード・ウィリアムズがかつて言ったように、「道徳における運」〔運や偶然に左右される倫理性〕というものがある。[37] もしも頭の固くなったブレジネフの世代が十年早く退場していたら、ソ連経済の弱点はもっと早く露呈していただろうし、そうすれば一九七〇年代は、単なるベトナム戦争からの回復期としてではなく、冷戦が終わった時代として回顧されたかもしれない。歴史家のロバート・ストロングが述べるように、「カーターとゴルバチョフという組み合わせが実現していたら、どれほどのことをなしえただろう？　二人の〝アウトサイダー〟が、米ソ関係と世界を再構築する機会に恵まれていたら、何をしていただろう？[38]」という視点もありうるのだ。

第6章　冷戦の終わり

一九八〇年代が始まったとき、アメリカは陰鬱なムードに包まれていた。一九七九年、ジミー・カーターは国民にアメリカの「社会的、経済的な基本構造」を脅かす「信頼の危機」について語りかけた。評論家はアメリカの衰退を取り上げ、大手の雑誌は頬を涙が伝う自由の女神を表紙にした。人質危機による政治的ダメージに加え、イラン革命はエネルギー価格を高騰させた。経済のスタグフレーションはしつこく続いた。高名なワシントンの法律家ロイド・カトラーは、アメリカ合衆国は大統領制よりも議院内閣制にすることを考えるべきだと提案した。ソ連の勢力は拡大を続けているように思われ、その核開発もアフリカや中米での左翼革命への支援も活発に見えた。

しかし八〇年代の終わりには、そのどれも事実ではなかったことが明らかになり、アメリカは冷戦の終焉を目の当たりにし、一極時代に入りつつあった。その功績の一部は、一九八〇年代に大統領を務めたロナルド・レーガンとジョージ・H・W・ブッシュに帰せられる。しかしその一面で言えるのは、八〇年代初めにアメリカはソ連の力を見誤っていたということだ。実際には、ソビエト連邦は深刻な経済難にあえぐ国だったのだ。

一九五〇年代のスターリンの中央計画経済システムは、重工業の再建に集中したもので、ソ連の成長率はアメリカより高かった。一九五九年にアメリカを訪れたフルシチョフが、楽観的な数字を挙げてソ連が逆転するだろうと言ったことは有名だ。しかし、ソ連の中央計画経済は、グローバルな情報経済の変化に適応できなかった。計画経済は動きが鈍く、柔軟性がなかった――五本とも親指でできた手のようなものだ。経済学者のジョセフ・シュンペーターが主張したように、資本主義は創造的破壊を受け入れ、テクノロジーの変化の大きな波に応じる順応性がある。二十世紀の終わりに、「第三次産業革命」と呼ばれる大きなテクノロジーの変化が起こり、経済成長を勢いづけるエンジンとして、情報の役割が重要になってきた。

ソ連の中央計画経済システムは、第二次産業革命の重工業のゆっくりしたペースに合わせて設計されていた。二年おきに半導体の集積回路の搭載素子数が二倍になるというムーアの法則からすれば、中央計画に基づいて建てられた工場は、落成する前に時代遅れになってしまう。ソ連の社会構造は情報の処理には不向きだった。その秘密主義の政治システムは、情報の流通が遅鈍になってしまうことを意味していた。エドゥアルド・シェワルナゼ外相は側近たちに、「きみたちとわたしが代表している偉大なる国は、この十五年間に、先進的な工業国という地位をどんどん失ってきたのだ」[1]と告げている。さらに、ソ連経済にはもはや、軍事力を支えつづける余力はなかった。国防予算はＧＤＰの二四パーセントにも達していたのだ（同じ十年間、アメリカの軍事費はＧＤＰの五・九パーセントだった）。イギリスの卓越した歴史家ポール・ケネディは、アメリカ合衆国が「帝国の過剰拡大」に苦しんでいると書いたが、蓋を開けてみれば、帝国の過剰拡大を経験していたのはアメリカ合衆国ではなく、ソビエト連邦だった。(2) レーガンとブッシュはよき指導者だったが、追い風に助けられたこともまた確かだ。

ロナルド・レーガン

レーガンは一九一一年、イリノイ州の小さな町タンピコに生まれ、ジョンソンを別にすれば、一九六〇年代のどの大統領よりも高齢だった。家族の暮らしは慎ましかった。父親はアルコール依存の問題を抱えており、母親は厳格な宗教心の持ち主だった。彼が通ったユーリカ大学は、教養科目《リベラルアーツ》を主体とするプロテスタント系の小規模な大学で、レーガンは平凡な学生だった。カーターと同様、州知事（カリフォルニア）を経て大統領になり、連邦議会での議員経験はなかった。第二次大戦では軍務に就いたが、海外の前線には行かず、軍の映画制作部門にいた。政治の道に入るまではハリウッドで、一九三七年から一九六四年までの間に五十三本もの映画に出演している。政治活動に入ったころはFDRを崇拝する活動的な民主党員だったが、映画俳優組合の長として、団体交渉で強いリーダーシップを発揮した。一九六二年に共和党に転じ、さまざまな産業グループの前で演説しているうちに、保守的なイデオロギーを研ぎ澄ませていった。

レーガンはそのイデオロギーにより問題を単純化させたが、場合によっては対立政党と協力することも厭わず、交渉や取引の際には現実《プラグマティック》的に妥協をした。レーガンの信念では「われわれが直面する問題で、大半の答えは単純だ——単純だが、そこへ行き着く道は険しい。複雑な答えが安易なのは、困難な倫理的問題に直面するのを避けるからだ」[3]ということだった。一九八三年、レーガンはソ連を「悪の帝国」と呼んだが、一九八五年にゴルバチョフとジュネーブで会談したときには、プラグマティックに交渉する準備をして臨んだ。一九八八年、モスクワで最後に会談したとき、かつての時期を振り返って「あのときわたしは、いまとまったく異なる、別の時代の話をしていたのだ」と語った。

レーガンは人前で見せているほど単純な人間ではなかった。人気が高かったが、実際には一人でいるのを好んだ。地方出身者の代表のような顔をしていたが、実際には都会人だった。家族の価値を重んじる象徴的存在だったが、彼自身は離婚歴があり、子どもたちとは疎遠だった。彼は「真実の信奉者だが、そうした種類の人々がたいがい持ち合わせている欠陥はなかった——普遍的価値を謳いながら、実際には党派の利益を第一に考えていたのだ」[4]。FDRと同様、レーガンに一流の知性は欠けていたが、優秀な感情知性によってそれを補った。彼は楽観主義者で、ユーモアに富み、寓話的な物語の名手だったが、それらは真実を突いていることもあれば、錯覚に基づいていることもあった。

レーガンはアメリカ人を勇気づけたが、ある側近が書いたように、夢見がちなところがあり、細かい点には無頓着だったため、ときおり劇的な間違いが起こるのを許してしまうことがあった。それでもなお、デイヴィッド・ガーゲンは彼をFDR以来で最良のリーダーだと考えている[5]。批評家のなかにはレーガンを「ただの役者」と一蹴する者もいるが、一度レーガンは鋭い洞察力で、役者でなければこの仕事をこれほどうまくできるだろうかと言ったことがある。きっとFDRはその心情に同意するだろうが、カーターは同意しないに違いない。

支配階層《エスタブリッシュメント》の大物のなかから、このままアメリカの統治が続けられるのかどうか疑問の声が上がりはじめたときに、レーガンの統治スタイルはアメリカ人の自信を取り戻した。彼のリーダーシップの手腕で最も偉大なのは、アメリカ人の支持者に魅力的なビジョンを表明する能力だった。すなわち、善悪二元論による「道義的明確さ」を訴えたのだ。レーガンがスピーチライターのペギー・ヌーナンに言ったように、「わたしが理想主義者であることに疑いの余地はない。それは、わたしがアメリカ人であることの別の言い方だ」[6]。レーガンは「丘の上の町」の比喩を多用し、アメリカ人が選ばれた人々であるとしたが、ガーゲンが言うように、レーガンは一部の前任者と異なり、アメリカの思想や文化を諸外国に広げようという救世主的な衝動に動かされることはなかった。しかしその一方、レーガンはアメリカが模範となり、諸国に先駆けて民主主義と自由を育むべきだと信じていた[7]。レーガンが国民に発信する能力は、フランクリン・ルーズベルト以来どの大統領よりも高かった。その反面で認識力は弱く、業績を振り返る特集を組んだ《エコノミスト》誌は、二十世紀で最も重要な大統領の一人としながらも、「彼は単純化の名手だったが、彼自身、物事の意味を理解するのが驚くほど難しかった」[8]と書いた。

認識力の知的基盤に加え、レーガンの弱点はその組織力だった。側近に操られることこそなかったものの、閣僚や補佐官に多くを頼り、権限をまかせたあとは無責任なほど不注意だった。君主的なスタイルはアイゼンハワーに似ていたが、レーガンにはアイゼンハワーのような、首相的な隠れた手で制御する手腕が欠けていた。うすのろではなく、いっしょに仕事をした人々の報告によれば、彼は興味のある話題には注意を向けたが、「その話題に興味がないときには――大半には興味がなかった――

―右から左へ受け流した……詳細な内容に注意を払わず、人任せにする姿勢は、リーダーシップにとって危険な場合もあった」[9]。彼の有能で現実的なジェイムズ・ベーカー首席補佐官は、一九八五年にドナルド・リーガン財務長官と役職を交換したことがあったが、レーガンは、それがホワイトハウスの政権運営に及ぼす影響の意味を完全には理解していなかった。そしてこのことがスキャンダルの要因となって、彼は大統領の地位を失う寸前まで行った。国家安全保障問題担当補佐官は、八年間で六人変わったが、レーガンはジョージ・シュルツ国務長官とキャスパー・ワインバーガー国防長官の縄張り争いを制御できたためしがなかった。

たとえばＣＩＡ長官のウィリアム・ケーシーや、国家安全保障問題担当補佐官のジョン・ポインデクスター、特別補佐官のオリバー・ノースのような、きわめて危険な側近を監督できなかったことが、イラン・コントラ事件のスキャンダルで大統領職を脅かされる事態につながった。これはイランへ人質と引き替えに武器を輸出し、その収益を、ニカラグアの革命政権と戦う反乱組織コントラへ違法に横流しして、秘密作戦の資金源に使ったものだ。レーガンは、彼の価値観から単純化した観点で全体像を捉えていたが、詳細な内容までは理解できなかった[10]。一九八七年にイラン・コントラ事件の事後処理に携わったデイヴィッド・アブシャー大使によると、レーガンが最初に示した態度は、スキャンダルを否定し、隠そうとするものだったが、結局は全面公開に同意した。アブシャーはこのように総括する。「おそらくアメリカ合衆国で、ロナルド・レーガンほど変革に大きな才能を持ちながら、実務上のリーダーシップにほとんど関心を示さなかった大統領はほかにいないだろう」[11]

レーガンはしばしば、冷戦を終結させた功労者とされるが、実際の話はもう少し込み入っている。

彼のそもそもの目的は、ニクソン以降の封じ込め政策を特徴づけていた緊張緩和《デタント》を逆転させ、ソ連への強硬路線へ舵を切ることだったが、当初の目的に巻き返しや政権転覆はなかった(12)。レーガンは冷戦の現状維持を好まず、攻撃的な言辞を弄しながら軍備拡大を行なったのは、ソ連に圧力をかけるためだった。しかし、直観と知識のギャップは、ミサイル防衛システムや戦略防衛構想《SDI》によく示されている。レーガンは一九八三年の演説で、国家安全保障会議のスタッフに計画の推進を命じたが、国務長官でさえ、「われわれにはそこまで言えるだけのテクノロジーはありません」と警告し、統合参謀本部議長は「必要な政策の土台がまだ敷かれていなかった」と言った。しかし、アメリカの政策担当者の間でこうした軋轢があったにもかかわらず、財政難に直面していたソ連では、軍拡競争に勝てないのではないかという懸念が広がっていた(13)。結局SDIは、軍事兵器としてよりも、外交手段として有効だったことがわかった。

レーガンが言明した目標のひとつに、世界的な核兵器廃絶があり、彼はそれを道義的に必須とみなした。顧問団が交渉は慎重にすべきだと促すと、彼は道徳的な見地からこう答えた。「聖書に出てくる最後の審判《アルマゲドン》の記述は、〔核兵器による〕大都市の破壊のことを言っていると思う。そうした事態は、なんとしても回避しなければならない。そのためには、いままでになかったようなことをやらねばならないのだ(14)」。一九八六年のレイキャビク・サミットで、レーガンは核問題への取り組みを前進させたが、SDIのテストを研究所内に制限してほしいというゴルバチョフの要請を断わったことで、核問題の交渉も失敗してしまった。皮肉にも、レーガンが失敗したひとつの理由は、認識上の誤解があったことだ。政権内の大多数がSDIを取引材料とみなしていたのに、レーガンはそれが触れ込みどおりの性能を発揮するものと信じており、制限を設けたところで大した影響はなかったのに、その要請を断わってしまったのだ。そして、核兵器拡散を遅らせる議題に入ったとき、レーガン政権は、カーターがパキスタンに課していた圧力を緩めてしまった。アフガニスタンでのソ連の影響力に対抗するために、パキスタンの支援を取りつけることを優先させたためだ。

冷戦を終わらせたのは本当にレーガンだったのだろうか。彼の行動が結果に結びついたのは、ひとつには彼のレトリックと軍備拡大がソ連のシステムに圧力をかけたからだが、レーガンの本当の力量は、厳しいレトリックから現実的な交渉へ柔軟に転換したことだ。彼は閣僚や補佐官の誰よりも早く、ゴルバチョフが交渉に応じる姿勢であることを直観していた。だからこそ、良好な実務的関係を築くことができたのだ。

しかしながら、冷戦を終結させるうえで決定的に重要だったのは、レーガンの行動よりもゴルバチョフの行動だった。ゴルバチョフの行動の効果は真に変革的だったが、当初の目標を達成することはできなかった。ゴルバチョフの目標はあくまで改革であり、ソビエト連邦を破壊することではなかったのだ。彼がいなければ、ソ連は破綻寸前の状態でも、あと十年以上は崩壊しなかったかもしれない。とはいえ究極的には、ソ連崩壊の最も深い原因は、構造的なものだった。すなわち共産主義のイデオロギーの衰退と、ソ連経済の失敗である。ゴルバチョフやレーガンがいなかったとしても、いずれはそうした事態に立ち至っただろう。レーガンは直観と政治的技倆で、ゴルバチョフは交渉に値する相手だと見抜き、そのことは冷戦終結の大きな因果関係には結びつかなくても、タイミングを早めるきっかけにはなった。もし強硬路線を取っていたユーリ・アンドロポフが腎臓疾患で死ななかったら、あるいはもしゴルバチョフの書記長就任が五年早く、ジミー・カーターがまだ大統領の地位にいたら、レーガンの取った戦略や因果関係に及ぼした役割は、これほど重要なものにはならなかっただろう。レーガンは道徳における運を享受した。トランプのゲームに喩えれば、彼のところにゴルバチョフという強い手札が配られ、レーガンはその手札をうまく活用したのだ。冷戦終結の根本要因は、ソ連の崩壊が構造的だったことだが、二次的要因としては、ゴルバチョフが改革《ペレストロイカ》、情報公開《グラスノスチ》、新思考外交政策を採用したことが挙げられる。歴史の表舞台に立ったとき、彼はまるで、セーターのほつれた糸に気づいた男のようだった。そしてほつれを直そうとセーターを引っ張りつづけた結果、いつのまにかセーターそのものがなくなってしまったのだ。ゴルバチョフにソ連を崩壊させる意図はなかったのだが、結果的にはそうなってしまった。

ロナルド・レーガンはしばしば、とりわけ優れた道義的な外交政策のリーダーのように語られる。保守的な風潮のなかで、レーガンについて思い出されるのは、道義的明確さを強く呼びかけた一連の演説だ――一九八二年にウエストミンスターで、彼は自由主義の広がりが「マルクス・レーニン主義を歴史の灰の山に放り出すだろう」と予言し、一九八七年のベルリンでは、「ミスター・ゴルバチョフ、この壁を崩してくれ」と迫った。彼の呼びかけは、次のような知恵に基づいていた。「理性は重要だが、瞬間的決断に達するうえでは半分を占めるにすぎない。そのためには、確固とした直観、感情といった、心のほかの部分の働きが必要だ。『わたしは直観的に確信している』。レーガンは次に何を言い、どう行動すべきか考えあぐねているときに、何度もそう言った」。人々が「レーガン流の外交政策」に言及するとき、彼らはたいがい、道義的明確さを意味しており、それはレーガンの複雑な問題を単純化する能力と、価値を提示する効果的なレトリックによるものだ。しかしこれは、ひとつの次元だけに基づく評価であり、レーガンの手段の重要さを見逃している――政策を追求する際の、交渉と妥協の能力だ。歴史家のメルヴィン・レフラーは、「レーガンの感情知性は、彼の軍備拡張より重要だった。国内での政治的信頼性は、外国に打ち出した攻撃的なイデオロギーよりも重要だった。彼のもたらす共感、愛想のよさ、猜疑心よりも重要なことを学ぶ姿勢……彼はゴルバチョフの引き立て役だったが、欠かせないパートナーであり、どちらの男もすぐには期待しなかった劇的な変化が起きる枠組みを整えたのだ」[15]と述べる。

それでも、価値やビジョンを表現するうえで、レーガンの明断で明確に述べられた目標は、人々を啓蒙し、鼓舞した。鍵となる問題は、レーガンがその目的や目標に掲げた野望と、リスクとのバランスを取れるほど慎重だったかどうかだ。一部の人々は、彼の一期目のレトリックは米ソ関係に危険な緊張と不信を生み出し、ひとつの誤算や事故が戦争につながる危険を増したと主張する。ほかの評論家は、一九八〇年代初期に何度かあった核戦争の危機は、当時認識されていたよりもきわどいものだったと考えているが、レーガンが彼自身で作り出しているリスクを完全に認識していたかどうかは明確ではない[16]。検証されていないリスクを押しつけたという意味では、レーガンは道義的に欠陥があったのかもしれないが、彼の強硬路線の政策が交渉の動機を作り出したのは確かであり、レーガン政権の二期目でゴルバチョフが権力の座に就いたとき、その機会を活用することができた。しかし、レーガンに二期目がなかったとしたらどうだっただろう？

コスモポリタン的ビジョンと偏狭さの対立については、レーガンは世界共通の価値を呼びかけながら、ときおり偽善を批判された。たとえば彼は、ソ連の人権侵害を声高に非難しておきながら、アメリカと同盟関係にある国々の人権侵害を見逃していた。カリブの島国グレナダに軍事介入し、南アフリカのアパルトヘイト政権は容認していた。暗殺部隊を使って、中米の何カ国もの独裁政権を支援した。フィリピンのマルコス政権には、最初の抗議運動が起きてから二年も経って、ようやく支援を削減した。彼は人権の価値を信じていたものの、大半は冷戦下の武器としてそれを振りまわしていた。

手段に関して言えば、レーガンの実績には評価が分かれる。イラン・コントラ事件で法的手段の裏をかいたことは、国内的にも国際的にも、規範や制度上の悪い前例を作った。それに、秘密活動によって中米の左派政権と戦ったレーガン・ドクトリンは、連邦議会に法的問題を提起しただけでなく、公式にはアメリカ合衆国と平和な関係にあるはずのニカラグアの港湾に、機雷を敷設するという行為まで展開した。国際司法裁判所がアメリカの行為を国際法違反と裁決したとき、レーガンはそれを無視した。このように他国の自治権や制度を侵犯することが、リアリスト的視点から必要なものとして正当化されるのかどうかは、議論の余地があるが、損害が出たことは間違いなく事実だ。

結果の観点からは、レーガンは疑いなくアメリカ合衆国の国益に貢献したが、これまで見てきたように、冷戦およびソビエト連邦を終結させた功績の大半は、ゴルバチョフに帰せられる。ともあれ、レーガンは機会を十全に活用して、その結果をアメリカだけの偏狭な利益にとどめなかった。しかし、たとえばレバノンに海兵隊を送り込み、襲撃されたら撤退させた事件や、人質の返還と引き替えに武器を輸出した事件などについては、テロリズムへの対処のうえで悪い先例を作り、長期的に不幸な結果を招いたと主張する評論家もいる。

表６．１　レーガンの倫理的採点表

意図と動機	道徳観：魅力的な価値、よき動機づけ	よい
	慎重さ：価値とリスクのバランス	評価が分かれる
手段	軍事力：均衡、軍民の区別、必要性	評価が分かれる
	リベラル的配慮：諸権利や制度の尊重	評価が分かれる
結果	受託者責任：アメリカの長期的国益に寄与したか	よい
	コスモポリタン：他国民の損害を最小限にしたか	評価が分かれる
	啓蒙効果：真実を尊重し、道義的な対話の機会を広げたか	よい

レーガンの寓話やたとえ話は、しばしば真実を誇張しており、彼が意図的に真実をねじ曲げたのか、それとも自らが信じたい方向に真実の価値をおとしめたのかは、論議の対象になる。全体としては、彼のレトリックは国内で道義的対話の機会を広めたが、啓蒙効果は、たとえば自由の価値を高らかに訴えながら、南アフリカのアパルトヘイト政権を支援した事実などにより損なわれた。レーガンは自由や人権を謳う一方で、中米やアフリカの暴虐な独裁政権を支持していた。カーターもときには、イランのようなケースで人権政策の妥協を余儀なくされたこともあるが、レーガンが人権を左派政権への武器として使いながら、反共主義の独裁政権を大目に見ていたことは、外国人にはしばしば偽善に映った。その態度はレーガンが彼自身や自国に宣言していた価値と、矛盾していたからだ。それでも、概して言えば、目標や動機といった意図から見て、レーガンは倫理的な外交政策を行ない、より大きな数多くの結果に貢献した。批判の余地がありうるのは、使った手段だ。こうした判断から、採点表は上の表のようになる。

ジョージ・H・W・ブッシュ

一九九一年十二月に起きたソ連の解体は、ジョージ・Ｈ・Ｗ・ブッシュ大統領の下で起こり、そのときからアメリカ合衆国は世界で唯一の超大国となった。ブッシュは冷戦終結にともなう混乱のさなか、東西ドイツを統一させてＮＡＴＯにとどまらせ、東西陣営間で一度も戦闘を起こさなかった。このことだけで、ブッシュの遺産は歴史上、キューバ・ミサイル危機を無血で切り抜けたＪＦＫと同様に高く評価される。

コネチカット州選出の共和党上院議員の息子に生まれたブッシュは、名門の家系を持つ幸せな家族に恵まれ、アイビーリーグでの教育を受けて、最古の寄宿制学校アンドーヴァーからイェール大学に進み、学生時代は野球部の名選手として鳴らした。まさしく、銀の匙をくわえて生まれてきたと言えるだろうが、彼はその境遇をうまく活用した。第二次大戦時は太平洋で勇敢に戦い、操縦する飛行機が撃墜されても生還した。母親からはヤンキーの堅実さとワスプ（ＷＡＳＰ）の価値観、高い身分にともなう義務《ノブレス・オブリージュ》をしつけられて育った。戦後は東海岸を離れ、テキサスで石油ビジネスの道に入った。その後、下院議員を二期務め、国連大使、中国特命全権公使、ＣＩＡ長官を経験した。一九八〇年の大統領選挙でレーガンと対決したが、予備選挙で敗れたあと、レーガンは穏健派の票の獲得を狙い、彼を副大統領に指名した。その後ブッシュは、レーガン大統領に対する態度を、「副大統領として最善を尽くし、損害は最小限にしたい」[17]と要約した。

レーガンとブッシュは対照的な性格の持ち主だった。レーガンはビジョンを示すことに優れているが、詳細な事項は見落としが多かったのに対し、ブッシュは実務に秀でていたが、ビジョンを示すのは不得意だった。ブッシュが「ビジョンとかいうやつ」と言って、あざけっていたのは有名だ。ブッシュは発信者としては優れておらず、演技力にも長《た》けていなかったため、大半の問題できわめて実務的な姿勢を取った。ブッシュは傑出した戦績の在郷軍人だったが、レーガンの軍隊生活はフィルムのなかでの架空のものだった。ブッシュはテキサス州で選ばれた下院議員で、ワシントンには馴染みがあり、家族は穏健な東部エスタブリッシュメントの共和党員だったのに対し、レーガンはカリフォルニア州でキャリアを築き、党内で新保守派の先駆けとなった。それでも、ブッシュはレーガンに忠実だった。

アイゼンハワーと同様、ブッシュは歴代大統領のなかでも、国際関係には最も経験豊富な一人で、そのため状況を把握する知性は抜きんでて優れていた。もうひとつアイゼンハワーと共通していたのは、有能な部下を選ぶという重要な能力で、安全保障政策を策定する過程も効果的に組織化した。こうした力量に加え、豊かな感情知性もまた、冷戦の終結に際して適切な措置を講じるのに寄与し、一九九一年の湾岸戦争では、国連の集団安全保障体制を（一九五〇年以来で初めて）機能させ、多国籍軍を組織するのにも役立った。ブッシュはその感情知性により、冷戦の勝利者としての、倨傲《きょごう》や満悦に浸る姿勢への誘惑を退けた。そうした姿勢を取れば国内受けはよかったかもしれないが、ゴルバチョフと冷戦の後始末に取り組むうえでは逆効果だっただろう。しかしその一方、まさしく同じ性格のせいで、大統領という地位を使って国民を啓蒙するブッシュの能力は限定された。ＪＦＫやレーガンと異なり、彼は聴衆を鼓舞するスタイルを取らなかった。「新世界秩序」と民主主義による平和を語ったが、そうした概念を、世論にアピールするビジョンとしてわかりやすく表現したためしはなかった。

ブッシュ政権が発足した当初、彼らはゴルバチョフに心酔するレーガンに懐疑的で、ブッシュ自身も最初のうちは、ホワイトハウスを去ったレーガンの路線を踏襲することには慎重だった。とりわけ、ブッシュはレーガンの核兵器廃絶の方針には賛同していなかった。しかし、一九八九年のマルタ・サミットのあと、ブッシュはゴルバチョフとなら力を合わせられると確信した。ジェイムズ・ベーカー国務長官やブレント・スコウクロフト国家安全保障問題担当補佐官といった有能な側近を得て、ブッシュは類い稀な手腕で、東西ドイツの統一とNATO残留を（多くの顧問や同盟国首脳の忠告に反して）成功させ、一九九一年にはソ連の解体を無血で成し遂げるべく尽力した。後にロシア側から、ブッシュはNATO不拡大の確約をしたのに反故《ほご》にされたと批判を受けたが、これは一九九〇年の交渉の初期段階で、あいまいな言いまわしが誤解を招いたものだ。しかし、公式に書面でそうした協定が結ばれたわけではなかった(18)。

一九八九年の時点で、あと一年以内にふたつのドイツが統一されると予見できた人はほとんどいなかったし、統一後もドイツがNATOに残留すると予見した人はさらに少なかった。しかし、一九八九年から一九九〇年は、いくつもの国々で起きた大変動によって、国際政治もめったにないほどの激動に見舞われた。ゴルバチョフと西ドイツのヘルムート・コール首相は、目的は違えども改革を志向するリーダーであり、この激動を利用して世界を変えようとした。ブッシュは友人のコールを後押しするという大きな賭けに出る一方、ゴルバチョフとの関係も巧みに処理した。その意味で、ブッシュはこの変革に大変な貢献をした。

一部の歴史家は、ブッシュがより大きな賭けに出ていれば、その後のロシアの離反を防げたのではないかと指弾する。ある歴史家の言葉によると、「ブッシュはアメリカの有権者に、わたしは大きなビジョンに夢中になってはおらず、自分の言葉を忠実に守ると言った。彼による外交政策のリーダーシップの結果は、決して不幸なものではなかったが、理想的でもなかった。彼はアメリカ合衆国の利益を守ったが……〔民主主義という〕プレハブ構造の建築を拡大する決断は、東欧までで止まってしまい、ロシアまでは及ばず、むしろそれ以前の時代へ逆戻りしてしまったように思えた」[19]

ジミー・カーターの下で補佐官を務めたズビグネフ・ブレジンスキーは、後にブッシュの巧みな手腕を称賛したが、外交政策でより変革的な目標を掲げなかったことは批判している。ブッシュはレーガンの野心的な目標や大言壮語を踏襲することには後ろ向きだった。ブッシュが描いた新世界秩序は、より控えめで現実的だった。一九九〇年から一九九一年にかけて、クウェートを占領したイラクを追い返すために多国籍軍を組織したとき、ブッシュは国連の集団安全保障体制を機能させるという、リベラルでウィルソン主義的な言いまわしを使ったが、新たな目的や大きなビジョンを掲げることはなかった。ブレジンスキーはブッシュを、ロシアの民主主義を促すようなビジョンを掲げようとせず、可能性を追求せず、中東やイスラム世界を混乱させるイスラエルとパレスチナの紛争解決に本腰を入れず、北朝鮮や南アジアへの核拡散防止に強い姿勢を取らなかったとして、批判する。[20]

ブッシュの擁護者は、そのような問題を誰が解決できただろうかと反論する。彼らの述べるところでは、ブッシュは一九九二年マドリードで開催された中東和平会議で、イスラエルとパレスチナの問題で主導権を握り、二期目の大統領選で勝てていたらさらなる成果を上げたに違いないという。一方で、こうしためったにない激動期に慎重に振る舞いすぎるのは、道義的な不作為だとなじる者もいる。冷戦期には凍りついていた事柄が、このときには動く可能性があったのだ、と。しかし、このときのブッシュは同時にいくつものボールを投げ上げているような状態で、どれも落とさないように神経を使わねばならなかった――ベルリンの壁の崩壊、核問題、イラクのクウェート占領、中国の天安門事件での抑圧、旧ユーゴスラビアでの内戦などだ。

ブッシュの目的は、慎重さに基づいていた。ユーゴスラビアの崩壊は、ソ連の衰退とヨーロッパの勃興が原因だったので、アメリカが内戦に関わるべきではないという結論に至ったのだ。この立場は、状況を把握する知性が欠如していたせいではなかった。政権中枢には、ユーゴスラビア情勢に通じた人材が何人もいたのだ。ブレント・スコウクロフトもローレンス・イーグルバーガー国務次官も、現地に駐在した経験があった。諜報機関は内戦が迫っていることを正確に予測していたが、ブッシュの優先順位は、どのボールも落とすことなく不測の事態に対処し、外国を好ましい方向に変化するよう促すことだった。ブッシュはヨーロッパに旧ユーゴスラビアへの対処を主導させることを決め、深入りしないことにした。一方で、アメリカがより積極的に関与していた場合、その後の人道的危機やボスニアでの虐殺行為を防げたかどうかは定かではない。とはいえ、クリントン政権は最終的に、大虐殺を一定の規模に抑えることに成功したが。

側近によると、ブッシュのリーダーシップのスタイルは「不断に活動しているが控えめで、くつろいだ雰囲気でいて一定の節度を守っていた……外国の指導者と会うときには、遠回しに近い話し方をしたが、最終的に要点はきちんと伝えていた。政権運営スタイルも、同様に規律を重んじていた。問題となっている案件を個別に、中枢の閣僚たちと協議し、尊重すべき原則を明確な形で伝えた。だが、次官級の協議に表立って介入することはなく、閣僚級の政策協議にさえ、関与を慎むことがあった」。ブッシュは自らの周囲を「大仰なレトリックを好まず、細部をゆるがせにしない性格の人々で固めた……協調性があり、自己顕示欲を抑えることができて」、つねに進捗状況を報告してくれる人たちだ。[21]ブッシュの政策形成に携わる力量は傑出しており、国家安全保障問題担当補佐官のブレント・スコウクロフトはフォード政権でも同じ役職を経験し、ロバート・ゲーツ副補佐官もまた、公正にして慎重な政策立案で名高い存在だった。

ブッシュは変革的な目標は掲げなかったが、二極から一極へ移り変わる世界の構造変化を無事に成し遂げた。デリケートな問題のどれかひとつでも台無しにしていたら、世界にとって破滅的な結果になっていただろう。ブッシュの批判派は、彼は激動期を平和裡に乗り切ったが、その後の世界像を充分に構築しなかったとするが、擁護派は、道義的に不作為の罪があったかもしれない慎重なリーダーと、並外れたビジョンを持ち大きなリスクを厭わない変革的なリーダーのどちらがよかったかと問いかける。高邁なビジョンを持ちながらも、細かい点に無頓着で、外交政策形成もちぐはぐだったレーガンなら、もっとうまくやれただろうか？

歴史家によるブッシュの評価は中ぐらいだが、外交政策において、彼はきわめて優れていた。元外交官のニコラス・バーンズは次のように主張する。「ブッシュは冷戦終結、ドイツ統一、湾岸戦争での多国籍軍編成とサダム・フセインへの勝利、マドリードでイスラエル・パレスチナ間の交渉を開始させるという業績を達成した。彼はまず間違いなく、この五十年間で最も外交政策を成功させた大統領だろう」[22]。ブッシュとスコウクロフトは一九九八年の共著で出版した回顧録で、こう述べている。「ハリー・トルーマンの封じ込め政策に始まり、それに続く歴代政権が営々として積み上げてきた努力の結実を、最後にわれわれが受け取れた。政権発足当初、われわれはこの成果を予期していただろうか？　いや、まったくしていなかったし、そのための計画を練ることもできなかった……ブッシュ政権の外交政策の長期的枠組みは、きわめて慎重なものだった。変化を促し、導き、制御しつつ、反動や弾圧が起こらないようにするというものだ。短期的に、この実務的な努力は、経験に基づく計画立案や外交政策にも裏打ちされていた……われわれはベルサイユ体制の失敗を繰り返したくなかったのだ」[23]

しかしドイツ統一に際して、ブッシュは間違いなく大きなリスクを取った。当時、大半の専門家や外交政策のリーダーは、統一を野心的すぎると考えていたのだ。なぜなら、東西に分裂したドイツが、戦後ヨーロッパを安定させる要因だったからである。百年以上前にビスマルクが、無数に分かれていたドイツの領邦を統一して以来、ヨーロッパにとっての大きな問題は、中央ヨーロッパでドイツがいくつあれば、安定した勢力均衡《バランス・オブ・パワー》を確保できるかだった。ビスマルクの答えはふたつ（彼はオーストリアを独立させた）、ヒトラーの答えはひとつだったが、それは破滅的な結果を招来した。一九四五年以降の答えは、東西ドイツとオーストリアの三つで、その状況は冷戦によって固定化された。

しかしながらブッシュは、マーガレット・サッチャー、フランソワ・ミッテラン、スコウクロフトといった錚々《そうそう》たる人々の忠告に抗って、東西ドイツの統一を支持した。どうやらそれは、公正さの感覚と、友人のヘルムート・コールへの共鳴によるものだったようだ。一九八三年、副大統領時代にコールのもとを訪問したブッシュは、「ドイツには確固とした民主主義が根づき、過去の罪を悔悛していることから、『いずれかの時点で統一させるべきだ』」という結論に至った。[24] 一九八九年十月、ベルリンの壁が崩壊する前から、ブッシュはコールからの呼びかけに応え、「一部のヨーロッパ諸国には統一ドイツへの懸念が見られるが、わたしはそうした懸念を共有しない」と公式声明を出している。同時に、ブッシュは慎重に振る舞い、コールをはじめとした政治家に主導権を握らせた。一九八九年十一月、ベルリンの壁が崩壊したとき（東ドイツ側の誤算によるものでもあった）、ブッシュは反応が控えめだったことを批判されたが、それもまた、ソ連に屈辱感を与えないための抑制された行動だった。「わたしは胸を叩き、壁の上で踊るようなことはしない」というのが彼の反応だ。感情知性による自己抑制の、模範的な例と言えよう。一カ月後のマルタ・サミットで、ゴルバチョフとの会談が成功したことには、こうした理由もあった。[25]

　ブッシュは劇的に変貌する世界で、災厄を回避することに腐心していた。ブッシュと政権チームは、ほとんど彼らの手に負えない力への対処を迫られたので、彼は慎重な方法で機会と現実のバランスを取り、目的や目標を定めたのだ。たとえば、一九九〇年にウクライナをはじめとしたソ連の共和国が独立を宣言したとき、ブッシュが彼らへの道義的な支持を宣言しなかったことや、湾岸戦争でサダム・フセインをバグダードまで追撃して失脚させなかったこと、あるいは一九八九年に天安門事件で、中国が学生を虐殺した直後に、スコウクロフトを北京へ送って関係の維持を図らなかったことを咎《とが》める批評家もいるが、どのケースにおいても、ブッシュは短期的な目的を限定し、長期的な安定という目標を優先させたのだ。

ブッシュ政権最後の年に、チェイニーの国防総省《ペンタゴン》は「長期国防プランガイダンス」を公表し、変化の時代にあっても、アメリカの支配権を維持することを目標とした[26]。これを傲慢とする世論の批判に応えて、ホワイトハウスはこのガイダンスの存在感をトーンダウンさせたが、アメリカの支配権維持が依然として目標でありつづけたのは、ブッシュの言う「新世界秩序」がそれに代わる方針を打ち出せなかったからだ。それでもブッシュは、新たなビジョンよりも安定性の問題に主軸を置いた。倫理的な観点からは、ブッシュは強い道徳観を表明しなかったものの、リベラルなリアリストに、慎重さをかなぐり捨ててもっとリスクを取るべきだと論証するのは困難だ。ブッシュの慎重なリアリズムにおけるただひとつの例外は、内戦で引き裂かれたソマリアで飢餓に苦しむ人々に、食糧援助がきちんと届くよう、アメリカ軍を送り込んだことだった。彼はそれを「『何千もの無辜の市民』を救うためにアメリカの国力を使える機会」[27]と見ていた。皮肉なことに、この彼らしからぬコスモポリタン的な介入が、後にビル・クリントン政権最初の大きな危機の引き金となってしまう。

手段に関して言えば、ブッシュは国内外で制度や規範を尊重し、湾岸戦争では連邦議会の承認を求め、国連憲章の第七章に基づく決議を得た。二〇〇三年に、彼の息子がなしえなかった業績だ。ブッシュはリアリストを自認していたが、その戦術はウィルソン的だった。軍事力の行使においては、均衡や軍民の区別も意識していた。ブッシュがイラクでの地上戦をわずか四日で終了させたのは、ひとつには虐殺されたイラク軍部隊への人道的反応によるものだったが、もうひとつは、イラクをあまりに弱体化させたら、隣国のイランの脅威を牽制できる勢力がなくなってしまうという懸念のゆえだった。ブッシュはまた、バグダードに進軍したら中東の泥沼にはまり、彼が組織した多国籍軍も解体してしまうのではないかと憂慮していた。新保守派の批評家は、彼がリスクを負ってフセインを権力の座から追放すべきだと考えていたが。

ブッシュはパナマに介入し、マヌエル・ノリエガを捕らえた（後に裁判にかけた）。この軍事力行使は、パナマの主権を侵害するものだったが、ノリエガの麻薬取引や人権侵害といった悪名高い行状に鑑みれば、事実上の合法的措置と言えた。さらに、湾岸戦争を遂行するためにブッシュが多国籍軍を組織したとき、彼は国連と連携しただけではなく、多くのアラブ諸国も参加させた。軍事目的上はここまでする必要はなかったのだが、彼らを多国籍軍に加えることで、正当性というソフトパワーを高めたのだ。彼は制度や組織に、そこまで注意を働かせていた。ハードパワーとソフトパワーを入念に組み合わせることで、ブッシュは国内外で道義的基準を高め、将来にわたって持続可能な政策を確立した。

結果という観点から言えば、ブッシュはアメリカの国益を増進させたよき受託者であり、しかも外国の国益への損害を最小限にとどめた。ゴルバチョフを辱めないように気を配り、ロシア連邦のエリツィンへの権力移行が円滑に行なえるように腐心した。しかし同時に、すべての外国人が充分に守られたわけではない。たとえば、トルコで迫害を受けたクルド人や、イラクのシーア派、中国の反体制派、旧ユーゴスラビアで内戦の巻き添えにされたボスニア人などだ。しかし、こうした道義上の不作為は、彼が行なった道義的行為を超えるものではない。グローバルな公共財という問題について言えば、彼はレーガン政権の環境政策を転換させ、国連気候変動枠組条約に署名した。これは後に、二〇一五年パリ協定となった。

表6.2　ブッシュ（第41代）の倫理的採点表

意図と動機	道徳観：魅力的な価値、よき動機づけ	よい／評価が分かれる
	慎重さ：価値とリスクのバランス	よい
手段	軍事力：均衡、軍民の区別、必要性	よい
	リベラル的配慮：諸権利や制度の尊重	よい
結果	受託者責任：アメリカの長期的国益に寄与したか	よい
	コスモポリタン：他国民の損害を最小限にしたか	よい
	啓蒙効果：真実を尊重し、道義的な対話の機会を広げたか	評価が分かれる

ブッシュにこれ以上の成果が上げられただろうか？　彼は意図やビジョンにおいて、重要な不作為という罪を負うのだろうか？その可能性もあるが、二期目があれば、より多くの成果を達成できたかもしれない。この機会を失ってしまったことは、単に道徳における不運と言うべきだろう。そして、国民に呼びかける発信力がもっと優れていたら、ブッシュは冷戦後の変わりゆく世界について、アメリカの一般大衆により多くのことを啓蒙できたに違いない。しかし、歴史の不確実性からして、当時のような冷戦後の激動期においては、慎重さが外交政策上で最も重要な徳目だったのではないか。野心的な目標は、災厄をもたらしていたのかもしれないのだ。総じて言えば、ブッシュの外交政策には、ほぼ満点に近い評価を下すことができる。

大規模な流血を見ることなく、冷戦を終結させられたのは、アメリカの外交政策が上げた大きな成果だ。一九四五年以来、アメリカ合衆国は二極構造の世界にあり、四十年間にわたって、ソ連によるイデオロギーおよび核兵器の脅威とどう向き合うかが、アメリカの外交政策における中心的な問題だった。一九八〇年代の初め、「現在の危機委員会」のような外交政策に関する著名なグループは、増大するソ連の脅威を警告していた。しかし一九九一年の終わりまでに、ソ連も冷戦も終焉を迎えた。蓋を開けてみれば、アメリカはソ連の国力の強さを見誤っていたのだ。

あれだけの大帝国が、なぜ一戦も交えずに幕を下ろしたのだろう。それは、幸運に加えて巧みな手腕があったからだ。強硬派でKGB議長だったユーリ・アンドロポフが腎臓疾患で死なず、ゴルバチョフが一九八五年に最高権力者の座に就いていなかったら、ソ連の脅威はあと十年以上続いていただろう。本人の意図ではなかったものの、ゴルバチョフが推し進めたペレストロイカとグラスノスチは、ソ連の衰退を加速させた。

一部の人々はレーガンの強気なレトリックと、ブッシュの慎重な交渉手腕があいまって冷戦終結に結実したとするが、こうした評価は単純にすぎよう。レーガンが就任初期に弄したレトリックは、ソ連の指導者を不安にさせたかもしれないが、同時に核戦争のリスクを増大させ、いまから振り返ってみると、危機を回避できたのは幸運の賜だったことがわかる。ゴルバチョフが権力の座に就いてからは、決定的役割を果たしたのはレーガンの個人的な交渉手腕であって、そのレトリックではなかった。そしてレーガンはその道徳観に導かれて、冷戦を終結させ、核兵器の脅威を取り除こうとしたのだ。それと同様に、ブッシュ政権の発足当初は、レーガンの路線を踏襲すべきかどうか懸念があったが、ブッシュの状況把握力、慎重さ、ゴルバチョフを辱めないことの重要性への理解が、決定的役割を果たした。一部の人々は、実人生においては、巧みな手腕よりも幸運のほうが重要だと言う。幸運なことに、レーガンもブッシュもその両方を兼ね備えていた。

第7章　アメリカ一極時代

一九九一年十二月、ソビエト連邦が解体し、アメリカ合衆国は世界で唯一の超大国となった。四十六年もの長きにわたり、世界政治の構造は二極であり、ソ連の軍事力はアメリカの対抗勢力となって、その動きを制約していた。一九五二年の共和党大会では共産主義への「巻き返し」戦略が提唱されたものの、一九五六年にハンガリーで反共主義の動乱をソ連軍が鎮圧したとき、アイゼンハワーは傍観していた。一九六二年にはケネディが、トルコからNATOの核ミサイルを撤退させて核戦争のリスクを避けた。一九六八年、プラハの春をソ連軍が鎮圧したときにも、ジョンソンは動かなかった。ニクソンはアメリカの対中政策を大胆に変更し、当時勢力を増しているように思われたソ連の牽制を図った。

一九九〇年代、こうしたアメリカへの制約は緩和されはじめた。ジョージ・H・W・ブッシュが、クウェートを占領したイラクを撃退するために国連安全保障理事会の決議を求めたとき、ゴルバチョフはソ連の拒否権を発動しなかったため、国連の集団安全保障体制が、一九五〇年の朝鮮戦争以来、初めて機能した。ベルリンでは軍事的緊張が続いていたにもかかわらず、一九八九年に壁が崩壊し、ドイツはNATOに残留したまま統一を果たした。ロシアは強力な核兵器を保持しつづけたが、その経済と通常戦力は縮小し、ワルシャワ協定は解体して、旧ソ連はその人口と経済の半分を失った。ビル・クリントンとジョージ・W・ブッシュには、外交政策を選択するうえで、軍事介入も含めた選択の幅が広がった。四十年間、ソ連の封じ込めはアメリカのリーダーが外交政策の舵取りをするうえでの指導原理でありつづけてきた。アメリカ・カナダ学研究所所長のゲオルギ・アルバトフは辛辣な言葉で、冷戦の終結により、アメリカ合衆国もまた、努力を集中すべき敵を失って苦しんでいるだろうと言った。保守的なコラムニストのチャールズ・クラウトハマーは喜びを露わに、この時代をアメリカの外交政策にとっての「一極時代」と表現した(1)。

リアリストの批評家たちは、アルバトフの言葉が正鵠《せいこく》を射ていると主張した。バランス・オブ・パワーが失われ、アメリカが傲慢な振る舞いに出てもそれを止められる勢力はなきに等しくなった。こうした風潮は、一九八九年にフランシス・フクヤマが発表した有名な論文『歴史の終わり?』によく表われている。その主張によると、リベラリズムが二十世紀前半にファシズムを、後半に共産主義を打ち負かした結果、リベラルな民主主義に変わる重要なイデオロギーはなくなってしまった。一部の批評家は「クリントン、ブッシュ、オバマ政権は、それぞれ八年ずつアメリカ外交政策の舵取りを行ない、『自由主義の覇権《ヘゲモニー》』の追求に専念してきた」と考えている(2)。

しかし当初、ヘゲモニーへの誘惑は、この構図が与える印象よりも控えめなものだった。世論調査では、外交政策にいままでより積極的に関与すべきと答えた国民の割合に大きな変動はなく、その傾向を劇的に変えたのは、二〇〇一年九月十一日の同時テロ攻撃だった。クリントンはボスニアの人道危機に介入するのを二年もためらい、ジョージ・W・ブッシュは二〇〇〇年の選挙戦で、控えめな外交政策の重要さを訴えていた。外交政策に注目していたエリートたちの間には、さまざまな意見があった。リアリストは国際問題への関与の縮小と平和の配当を求め、リベラル派は多角主義の強化を、新保守派はいままでより介入への制約を減らし、民主主義の価値を世界に広めることを求めた。ビル・クリントンは、こうした状況下で外交政策を模索していた。

ウィリアム・ジェファソン・クリントン

ビル・クリントンは大きな世代交代の象徴だった。一九九二年の大統領選で彼が破ったジョージ・H・W・ブッシュは、クリントンがまだ生まれていなかったころの第二次大戦を戦っていた。その後、クリントンはベトナム戦争で兵役を忌避した。彼はまた、冷戦が完全に終結した後に就任した最初の大統領でもあった。

クリントンは一九四六年、アーカンソー州のホープという小さな町に生まれた。母親は看護師で、継父は車のセールスマンだった。ロナルド・レーガンと同様、彼もまた、アルコール依存症の親を持つ子どもたちの特徴をいくつも備えている。クリントン自身の言葉によると、「わたしは子どものころから、平均的な人間より、周囲の人々の顔色に大きな注意を寄せて育ってきた。トラブルを避けたいと思わせるような環境に育ったら、なんとしても平穏を維持しようとするものだ」(3)ということだ。

家庭環境で否応なく必要に迫られたことで、クリントンはきわめて優れた政治的技倆や、他人を魅了する能力を身につけたのだ。大統領を専門に研究しているフレッド・グリーンスタインの要約では、「骨の髄まで政治家であることに加え、クリントンはその知性、エネルギー、秀逸な表現力で有名だった。同時に彼は、自制心にきわめて乏しかったことで、困難な状況に直面したが、プレッシャーにさらされても冷静でいられ、回復力を発揮したことで、多くの苦境から逃れることができた」(4)という。

歴代政権で顧問を務めてきたデイヴィッド・ガーゲンの言葉では、「敵にも味方にも、ビル・クリントンは矛盾の塊だった。これまで大統領に選ばれたなかでも、彼は最も機知に富んだ男だったが、同時に最も愚かな行為に及んでしまった……彼は歴史上で最も倫理的な政権にすることを宣誓し、心底からそうしたいと願っていたのに、選挙で当選した大統領としては、史上初めて弾劾を受けることになってしまった」(5)。クリントンは結局、上院で放免されたが、ホワイトハウスでインターンをしていたモニカ・ルインスキーとの関係を偽っていたことは、一年にわたって大統領にのしかかり、不信の空気を生み出してしまった。彼の性的な放埒《ほうらつ》さはジョン・F・ケネディを偲ばせるが、報道機関の彼を見る目の変化に対応できなかったのは、政治判断上の大きな失策だった。後に彼は、親友のティラー・ブランチに「魔が差したんだ。わたしはただ、魔が差したんだ」(6)と説明している。閣僚や側近には、ルインスキーとの関係について嘘をついていたものの、そのことが外交政策に直接的な影響を及ぼしたという証拠はない*。しかしながら、そうしたスキャンダルが彼の時間を浪費し、大統領職への信頼を落としたことは確かだ。

カーターと同様、クリントンも南部で知事を経験後、大統領に就任した。彼は自身を「新しい民主党員」と表現したが、ジミー・カーターほど、ワシントンのアウトサイダーというわけではなかった。クリントンはワシントン郊外のジョージタウン大学に通っている。その後、ローズ奨学生としてオックスフォード大学院に進み、イェール・ロースクールを卒業した。彼はアーカンソー州選出の上院議員ウィリアム・フルブライトの外交委員会スタッフを務めたあと、三十二歳でアーカンソー州知事に初当選した。こうした表面上の類似にもかかわらず、クリントンとカーターはまったく対照的な人物だ。二人とも、従来の意味での知能指数は非常に高いが、気質や感情知性が大きく違っている。カーターが峻厳な道徳主義者だった一方、クリントンは現実主義者《プラグマティスト》だった。クリントンには傑出した政治的技倆と、人心に訴えかける魅力があり、そのゆえに、民主党でトルーマン以来となる二期目の当選を果たした。カーターにはこうした技倆が欠けていた。一部には、カーターは世論に反抗し、クリントンは世論に従っただけだと言い切る者もいるが、それはクリントンの能力を見誤っている。彼は世論の反対を押し切り、北米自由貿易協定《NAFTA》を支持し、ボスニアにも介入に踏み切ったのだ。

クリントンは就任当初、「主体的多国間主義者」を標榜し、国連の平和維持活動を強化しようとしていた。最初の国家安全保障問題担当補佐官アンソニー・レイクは、「プラグマティックな新ウィルソン主義者」を自認していた。しかし彼らのビジョンは、ソマリアの苛酷な現実の前に、すぐに屈服を余儀なくされる。そもそも、前任者のブッシュが飢餓に苦しむ難民に食糧を援助するために始めた作戦は、なし崩しの変更を強いられ、配給された食糧を搾取しようとする軍閥同士の戦闘をやめさせることに目的が変わってしまった。一九九三年十月、モガディシオでの作戦失敗により、十八名のアメリカ兵が殺され、そのうち一人の遺体が通りを引きずりまわされた結果、アメリカ合衆国の世論は撤退に強く傾き、クリントンもそれに従って、半年間のスケジュールで実行した。彼はまた、政権内部で今後の国連平和維持活動の再検討を命じ、支援規模を縮小させたうえで、目的や終了日時の明確化、紛争当事者による停戦合意といった基準を課した。最初の一年で、クリントンの多国間主義は後退した。

しかし、新たに策定された国連平和維持活動への参加基準は、リベラルな干渉政策のジレンマを解決したわけではなかった。数カ月後の一九九四年四月、アフリカで新たな危機が発生する。ルワンダで始まった戦闘が、最終的には八十万人もの犠牲者を出し、その多くは少数民族のツチ族だった。アメリカを含めた国連安保理は多数決で、キガリにいた二千五百名からなる小規模な平和維持軍を撤退させることを決定した。アメリカ国務省は、「虐殺」という表現を慎重に避けた。そう呼ぶことで、コスモポリタン的な介入への要求を引き起こしかねなかったからだ。連邦議会がアメリカ軍の派遣に同意する可能性はなきに等しかったが、国連平和維持軍を支持する迅速な行動を起こしていれば、犠牲者のすべてを救うことはできなかったにしても、その一部を救うことはできたかもしれない。しかし、そうした抑制的な選択肢さえも試されることはなかった。ルワンダへの不介入方針は、その前のソマリアでの人道的介入の失敗がもたらしたのだ。後にクリントンは、虐殺を目の前にしてなんの行

＊クリントンは、公の席で話題を切り替える名人だった。わたしはかつて、クリントンとイギリス首相トニー・ブレアとの会談に出席したことがあるが、それはルインスキーとのスキャンダルが報道機関を騒がせた直後だった。コーヒー休憩のあいだ、クリントンは室内の片隅で政治顧問と肩を寄せ合い、何やら話していた。しかし会談のテーブルに戻ると、何事もなかったかのように、当を得た会話を再開した。非常に印象的な行動だった。

動も起こさなかったことは、彼の任期中で最悪の過ちだったと述懐している。[7] 一般通念とは異なり、彼の道義的な過ちは、一極時代に生まれた傲《おご》りによるものではなく、不作為の罪によるものだった。

より厄介なことに、クリントンは同時にふたつの介入をめぐる問題と向き合わねばならなかった。一九九三年十月、ジャン＝ベルトラン・アリスティド大統領が軍事クーデターにより放逐されたことで、アメリカに大勢のハイチ難民が押し寄せ、活動家のグループがアメリカに、ハイチへ介入して軍事政権を追放し、民主的に選ばれた大統領を元の地位に戻すよう要求した。クリントンはエンジニアや民政の専門家を乗せた船を送り出したが、ポルトープランスの港湾で軍事政権に組織された抗議デモに遭い、退去させられるという屈辱を味わった。一年後、国内世論の大勢に逆らって、クリントンは強硬路線で臨み、交渉と空挺部隊による占領の脅し（実際に空挺部隊を乗せた飛行機まで飛ばした）を組み合わせて、軍事政権のトップにいた三人を国外退去させた。アリスティドは権力の座に返り咲いたが、アメリカによる占領は（一九一五年の介入と同じく）結局失敗に終わり、ハイチの長期間にわたる問題は解決できなかった。

ボスニアでも、クリントンは難しい状況を引き継いでいた。ブッシュはヨーロッパの同盟国にボスニア内戦の解決を委ねたものの、成功しなかった。政治的グループはアメリカの介入を求めたが、広汎な世論は懐疑的だった。政権当初の二年間、クリントンは人道危機の状況に苦悩しながらも、慎重に振る舞っていた。彼はウォーレン・クリストファー国務長官をヨーロッパに送ったが、クリストファーがブッシュ政権と変わらず、いかなるリーダーシップも発揮しようとしなかったので、ヨーロッパの同盟国は失望した。アメリカ合衆国は同盟国に、国連による制裁措置を解除して、包囲されているイスラム教徒の少数派に武器を輸送できるようにし、サラエボ市民に砲撃を加えているセルビア軍に対し、ＮＡＴＯ軍による空爆を許可するよう迫った。しかしヨーロッパ諸国は、セルビア人が国連平和維持軍に攻撃を加え、彼らを人質にするのではないかと恐れていた。アメリカの世論は分裂し、一九九五年七月になって、セルビア人がスレブレニツァで国連の保護下にある八千人のイスラム教徒の男性や少年たちを処刑したあとで、ようやくクリントンは、ＮＡＴＯ軍によるセルビア軍への空爆を認めた。軍事力の行使がきっかけとなってデイトン合意が結ばれ、ボスニアの危うい停戦合意を維持すべく、ＮＡＴＯの部隊が駐留することになった。

四年後、今度はコソボ人が反乱を起こしてセルビアからの独立を要求し、抑圧と民族浄化の脅威にさらされた。マデレーン・オルブライトによる外交努力もむなしく、ロシアは国連安保理で拒否権を発動し、国連憲章第七章に基づく軍事力の行使を認めなかった（一九九〇年の湾岸戦争で国連を後押ししたときとは対照的だ）。そこでクリントンは、地上軍の投入は拒否したものの、ＮＡＴＯ軍によるセルビア空爆を承認した。彼は、たとえ国際法的には疑問の余地があるとしても、人道的介入には道義的正当性があると主張した。三カ月間、コソボ紛争は膠着状態に陥ったように思われ、米ソ関係を緊張させたが、ようやくボリス・エリツィンが譲歩し、同盟国セルビアのスロボダン・ミロシェビッチに圧力をかけて停戦を受け入れさせた。

レーガンおよびブッシュ政権で要職を歴任してきたコリン・パウエルは、クリントン政権下で統合参謀本部議長の任期を終え、「パウエル・ドクトリン」を公表して、軍事力の行使には慎重であるよう呼びかけていた。しかしクリントン政権の初期に、国連大使だったマデレーン・オルブライトが、世界一の軍事力を持ちながら、それを使わなければ、いったいいかなる意味があるのかと反論して、パウエルに挑戦した。(8) レーガンはカリブ諸島のグレナダのような小国に軍事介入し、ブッシュもパナマに軍事力を行使したが、当初きわめて慎重だったクリントンは、結局、前任者の二人を合わせたよりも大規模な軍事力で人道的介入に踏み切ることにした。この問題の是非は、国内外で論争を引き起こした。クリントンの行なった介入のなかで、ハイチとボスニアは、抑制されたリスクとコストにより、状況を改善できた成功例と考えられている。コソボは人道的観点では成功だったが、リアリストの論者は、それがロシアとの関係で軋轢を招いたと批判している。ソマリアは失敗だったが、前政権から引き継がれた問題であり、ルワンダは作為よりも不作為による失敗だった。

クリントンは冷戦後の世界を明快なビジョンで表現したことはなかったが、彼は「最終的に、ブッシュ政権時代に立てられたものにきわめて似通った戦略を採用する」に至った。一九九三年九月、トニー・レイク国家安全保障問題担当補佐官は、「この時代のはっきりした特徴は、われわれが支配的な勢力であること」で、アメリカは「攻撃的な独裁者が冷戦後の秩序を脅かすのを防ぎ、自由市場や民主主義を積極的に促進しなければならない」と宣言した。(9) クリントンは彼の政権の旗印を、「連携と拡大」と表現した。(10) すなわち、かつての敵国と連携しつつ、自由市場による民主主義の領域を拡大するのだ。ある評論家はクリントンの大戦略を、「この政権は民主主義の拡大を支援したいと願ったが、その手段としては軍事力ではなく、市場の力を使うことを模索していた」と評した。クリントンは「われわれは警察のように世界の秩序を保つことはできない」と釘を刺した。(11)

クリントンは経済の構造変化に大きく頼った。彼の慎重な財政政策と国内の景気刺激策は、グローバル化する経済のなかでアメリカ合衆国の繁栄を準備し、彼は世論に抗《あらが》って（民主党の多くの顧問による反対も押し切って）、ブッシュ政権以来の懸案だった北米自由貿易協定《NAFTA》を通過させ、関税を引き下げる多国間貿易交渉のウルグアイ・ラウンドを最終合意させて、世界貿易機関《WTO》を発足させた。彼の下で財務省は、国際資本市場の自由化も支持したが、批評家のなかには、彼が規制緩和の推進にもっと慎重であるべきだったと考える者もいる。

クリントン政権は、国際通貨基金《IMF》とも緊密に連携し、一九九七年のアジア通貨危機に対処した。対アジア政策には中国との連携も含まれ、貿易や投資、中国のＷＴＯ加入が促された。冷戦時代の政策を踏襲して、勃興する中国の封じ込めを図るよりも（他の国々の態度を鑑みれば、成功する見通しは低かった）、クリントンは中国をリベラルな国際秩序に統合することを望んでいた。しかしクリントンは、その甘さを批評家から指摘されることになった。貿易と成長が中国の政治姿勢を自由化の方向へ変えるというのは、楽観的すぎるという意見だ。確かに批評家の指摘は的を射ていたのだが、クリントンの政策は見かけほど単純ではなかった。彼の対アジア政策は、リアリスト的なバランス・オブ・パワーに基づく要素から始まっていた。すなわち、日米安全保障条約をいわば中国への保険として見直し、さらに強固なものにしてから、中国のＷＴＯ加盟を促したのだ。一九九六年のクリントンと橋本首相による東京での共同宣言は、日本との安全保障は一部の見方と異なり、冷戦時代の遺物ではなく、アジア太平洋地域に安定をもたらす礎《いしずえ》だとするもので、この投資は良好な結果をもたらした。クリントンのアジア政策は、ふたつの政策の組み合わせから成り立っていた。すなわち、リベラルな開放姿勢で中国と連携する政策と、日本とのリアリスト的な同盟関係によって、中国がこの地域で専横な振る舞いに出ることを防ぐ政策だ。[12] クリントンの国防長官ウィリアム・ペリーは、このアプローチを、長期的に上昇しつづける中国の力を牽制するための「環境形成」と表現した。

クリントンはまた、平和交渉にも熱意をもって取り組んだ。一九九三年には、イスラエルのイツハク・ラビン首相とパレスチナの指導者ヤセル・アラファトをホワイトハウスに招き、その後自らもヨルダンを訪問して、ヨルダンとイスラエルとの条約締結を促した。一九九五年十一月にラビンが暗殺されなかったら、イスラエルとシリアの間にも条約が結ばれていたはずだ。クリントン政権の最後の努力として数えられる、キャンプ・デイヴィッド交渉では、ヤセル・アラファトとイスラエルのエフード・バラク首相との調停は不調に終わった。クリントンは合意に近づいていると感じていたが、最後になってアラファトが、イスラエルと妥協したら間違いなく、パレスチナの過激分子に殺されると告げたのだ。クリントンによる和平のための外交努力は、北アイルランドでは実を結び、紛争を終結させた。一九九九年のカルギル国境事件を受け、パキスタンのナワズ・シャリフに、国境地帯からの民兵の撤退を求めたことも、インド・パキスタン紛争の回避に寄与したかもしれない。北朝鮮が一九九四年に核不拡散条約に違反したときには、クリントンは脅しと交渉を組み合わせて、彼らのプルトニウム製造を凍結させることに成功した。

クリントンの外交政策で、いまだに論議の対象になっているのは、ロシアへの対応だ。後にブレジンスキーは、大統領がロシア経済をより強力に支援して、民主主義制度を根づかせる努力をしなかったと批判しているが、ロシアはクリントンにとって最優先課題であり、彼はこの問題への対応に多大な個人的時間を費やしていた。エリツィンとの関係構築、経済援助や投資の促進、先進七カ国首脳会議にロシアも参加させてG8にするなど、さまざまな努力を重ねた。[13] しかし、七十年にわたって共産主義が続いた結果、ロシアにはマーシャルプランのような援助プログラムを吸収できる経済的・政治的制度がなく、腐敗は進行し、エリツィンはこの十年間で肉体的にも政治的にも衰え、民主主義の礎を打ち立てるには衰弱しすぎてしまった。二〇〇〇年ごろには、ロシアを含む地域が政治的動乱に見舞われ、チェチェンでは反乱とその凄惨な弾圧も起こり、エリツィンは（元KGB要員の）プーチンを後継者に指名して、身の安全を守ってもらい、秩序の回復を委ねた。

クリントンが始めた、NATOを旧ワルシャワ協定の加盟国に広げようとした試みにも、別の角度からの批判がある。国防総省《ペンタゴン》は当初、控えめな「平和のためのパートナーシップ」というプログラムを策定し、かつて敵対陣営だった国々が、非公式の資格でNATOと協調できるようにした。しかしながら、一九九五年にクリントンはさらに踏み込んで、ポーランド、ハンガリー、チェコスロバキアがNATOの正式な加盟国になることを認めた。元NATO大使のロバート・ハンターのような人々は、この決定を「国家の大目的を達成するうえで、大統領のリーダーシップを国内外に示した模範的な例だ」と主張する。[14]

クリントンの擁護者は、この行動は中欧の民主主義への移行を安定させる枠組みを作ったもので、大統領の決定がなければ、この地域は不安定で動乱が絶えず起きていただろうと考える。彼らが指摘するのは、ロシアは孤立していたわけではなく、ブリュッセルのNATO本部に軍関係者や外交官を派遣して共同作業をしないかと、アメリカから招待を受けていた事実だ。一方で、「封じ込め政策」の父ジョージ・ケナンのような論客は、NATOの拡大はロシアの反感を買い、帝国を喪失したばかりの大国の強迫観念を刺激したと見る。プーチン以下のロシア人は、後に、NATOの拡大を西側による背信行為の証拠だと指弾した。しかし、あるホワイトハウス関係者はこう述懐している。「われわれはあの時期に訪れた機会を、違う目で見ていた――ヨーロッパを統一し、東側にも西側と同様の民主主義を導入するのを促すチャンスだと思ったのだ。NATOとEUの拡大を通じ、われわれは一億人以上もの東ヨーロッパ人を解放し、保護することができたかもしれなかったのだ」(15)

難しいことは承知のうえで、ひとつの反実仮想をしてみよう――もしNATOの拡大が中欧を安定させていなかったら、今日の世界はどのような様相になっていただろうか。冷戦の終わりに、ジョン・ミアシャイマーのようなリアリストは、中欧が「逆行した未来」を歩み、ふたたびかつてのような力の空白地帯となって、歴史的な競争相手であるロシアとドイツによる地域紛争に巻き込まれると予言していた(16)。しかし、そうした事態は起きなかった。もしそうなっていたら、国内政治と経済問題を抱えたロシアは、現在の地位を維持できていただろうか？　確かなことは誰にもわからない。元ロシア大使のウィリアム・バーンズは、崩壊したロシア経済は「一世代では修復できず、ましてや数年で立ちなおることはありえない。外部の人間には、こうした問題は何ひとつ修復できない」が、「当時のNATOの拡大は、どう見ても時期尚早」で、「平和のためのパートナーシップ」のような長期的な取り組みのほうが理にかなっていたと主張する(17)。

もうひとつ、クリントンの外交政策でしばしば失敗と批判されるのは、テロリズムへの対応だ。アルカイダの脅威は、一九九三年のニューヨーク世界貿易センターへの最初の攻撃から始まっており、その後の十年間で、ケニアやタンザニアのアメリカ大使館襲撃、イエメンでのアメリカ海軍艦艇への攻撃と高まっていった。一九九八年八月、クリントンはアフガニスタンとスーダンのアルカイダの標的にミサイル攻撃を行ない、インド洋には二隻の原潜を常時配置して、命令から数時間以内にアフガニスタンの目標へ対地巡航ミサイルを発射できる態勢にした（無人機による奇襲が可能なテクノロジーは、当時はまだ信頼性が低かった）。したがって、クリントンがこの問題をなおざりにしていたという主張は事実ではなく、彼はアルカイダの脅威についても、最も警戒を要する対象として後継者のブッシュに警告していた。それにもかかわらず、批評家はクリントンの対応が不充分にすぎたと非難する。ある伝記作家の言葉では、「リーダーの使命は、同時代の特徴を認識し、それを鮮やかな言葉で表現して、時代の要求に対応するべく人々の力を結集することだ。ツインタワーが燃え尽きたという事実に即して考えれば……この面でのクリントンのリーダーシップは、失敗と断じるほかない」[18]ということだ。しかし同時に言えるのは、一九九八年当時、報道機関はクリントンによる巡航ミサイル攻撃に懐疑的で、彼の後継者もまた、9・11の同時多発テロ事件まで、アルカイダの脅威を低く見ていた事実である。

クリントンの外交政策を、われわれはどのように総括すべきだろうか。まず、意図や道徳観という観点から見てみると、クリントンは冷戦時代の封じ込め政策を改め、「連携と拡大」に要約される姿勢で、市場経済の拡大と民主主義の発展を促す方針に切り替えた。彼の個人的動機について言えば、クリントンが冷戦後の傲りに囚われてしまったという見方は正確ではないものの、彼の政権内にアメリカの力を過大評価する者がいたことは事実だ。クリントンは軍事力行使には慎重で、経済の構造変化や制度による問題解決に重きを置いていた。軍事介入に踏み切るときには、慎重に吟味して人道的目的に限定したが、その政策目標には民主主義の促進も含まれていた。彼は平和維持活動と和平調停を、主要な外交政策に掲げて追求した。

手段という観点から見れば、クリントンの軍事力行使は概して、均衡と軍民の区別を意識したものだった。ただしルワンダについては、一般市民を救出するためにもっとできることがあったのではないかと批判されることが多い。実際、大規模な軍事作戦に踏み切らなくても、数多くの選択肢があったはずだ。また、アルカイダや北朝鮮に対して、もっと果断な措置を取るべきだったとする批評家もいるが、そうした場合、成功の見通しがどれほどあったのかはかなり不透明だ。リベラル的配慮という観点では、クリントンは諸制度や人権を尊重していた。ソマリアの失敗以降、「主体的多国間主義」はすぐに影をひそめたが、コソボでの軍事行動に正当性を与えるための、国連憲章第七章に基づく決議が得られなかったあとも、彼は国連を支持しつづけた。またＮＡＦＴＡやＷＴＯの発展を通じ、リベラルな国際秩序の制度を強化した。ＮＡＴＯを拡大し、旧ワルシャワ協定の傘下にあった三カ国を加盟させたときにも、彼はロシアとの新たな制度的関係を構築しようと模索しており、現にサミットにロシアを加えてＧ８にしている。日本との同盟関係の強化に成功したことをはじめ、多方面に外交活動を展開していたことから、北アイルランド、インド・パキスタン、中東の紛争調停に一定の成功を収めた。

結果については、クリントンはアメリカの国益を増進した、よき受託者だったと言えよう。彼が任期を終えたとき、アメリカはもとより、世界規模で経済は強固になり、ヨーロッパおよび日本との同盟関係は強化され、ロシアや中国のような主要国との関係も良好で、国際機関や制度もその機能を高

表７．１　クリントンの倫理的採点表

意図と動機	道徳観：魅力的な価値、よき動機づけ	よい
	慎重さ：価値とリスクのバランス	よい
手段	軍事力：均衡、軍民の区別、必要性	よい
	リベラル的配慮：諸権利や制度の尊重	よい
結果	受託者責任：アメリカの長期的国益に寄与したか	よい
	コスモポリタン：他国民の損害を最小限にしたか	評価が分かれる
	啓蒙効果：真実を尊重し、道義的な対話の機会を広げたか	評価が分かれる

めていた。気候変動や核ミサイル拡散に対応する努力も開始された。ただひとつ、アルカイダの脅威に迅速に対処したかどうかだけは、疑問が残る。

クリントンには他者への損害を抑えようとする配慮を含む、コスモポリタン的な姿勢があったため、ハイチやボスニアへの限定的介入は成功を収めたが、ルワンダの虐殺には慎重になりすぎた。たとえアメリカ合衆国が実戦部隊を投入したとしても、問題を解決することはできなかったに違いないが、一九九四年に国連平和維持軍を撤退させるよりは、支援していたほうが、より多くの成果が上がっていただろう。結果という次元の啓蒙効果については、クリントンの評価は低い。ブレジンスキーが非難するように、冷戦後の世界像を明快に表現することができなかったのみならず、女性問題で真実をねじ曲げたのは、大統領への信頼を失墜させ、道義的な対話の機会を広げることにもつながらなかった。それでもなお、クリントンの採点表は、全体としてはきわめて良好だ。

ジョージ・ウォーカー・ブッシュ

クリントンと同じく、ジョージ・W・ブッシュも一九四六年生まれで、南部の州知事を経て大統領に就任した。クリントン同様、ベトナム戦争では兵役を忌避している。クリントンと異なるのは、ブッシュが富裕な家庭の出身で、アンドーヴァー校、イェール大学、ハーバード・ビジネススクールを卒業したところだ。一九七八年に下院議員に立候補したときには落選し、一九八八年には父の大統領選挙を応援した。テキサス人らしい庶民的なたたずまいや立居振る舞いのイメージが強いが、ワシントンのアウトサイダーではなかった。それにもちろん、近年まで大統領だった人物の息子という、きわめて珍しい立場にあった。彼の父は冗談めかして、息子のことを「クインシー」と呼んだが、これはアメリカ草創期のアダムズ政治一家の前例を引き合いに出したものだ〔第六代大統領のジョン・クインシー・アダムズは、第二代大統領ジョン・アダムズの息子だった〕。

気質は父親に近かったが、息子のブッシュは父や東海岸に起源を持つ裕福な家族と、自らとの違いを打ち出すのに熱心だった。大統領に就任して間もなく、共和党の多数派院内総務に、「わたしは父よりもロナルド・レーガンに近い」と言っている(19)。この違いは、彼がコネチカット州ではなく、テキサス州ミッドランドで育ったことにもよるのだろう。わたしは一度、ブレント・スコウクロフトに、なぜジョージ・W・ブッシュは父のアドバイスをもっとひんぱんに受けなかったのかと尋ねたことがある。スコウクロフトはそのとき、フロイトやシェイクスピアを読めば答えがわかるだろうと言った。息子は父を敬愛していたが、自分のほうが優れた政治家だと思っていたのだ。彼は父より大胆にリスクを取り、〝小技〟には頼らないつもりだった。父ブッシュの伝記作家ジョン・ミーチャムは、「この二人の物語もまた、大半の父と息子のように、感情的な複雑さによって形作られたと考えないわけにはいかない……ともあれ第四十三代大統領は、いかにささいなことであれ、父に相談することを嫌がっていた」[20]と言っている。

勤勉な学生だったクリントンやオバマと異なり、ジョージ・W・ブッシュは青年時代、怠惰に過ごしていた。フレッド・グリーンスタインの言葉では、「大学を卒業してから二十年ほど、彼は大成功を収めた父親の典型的などら息子だった。酒浸りで無頼な生活を送り、いつも酒に関係する傷や痣をどこかにこしらえていた」[21]らしい。ところが一九八六年、四十歳になったとき、ブッシュはきっぱりと酒を断ち、生まれ変わったように敬虔なクリスチャンになった。妻の言葉では、「ジョージは何事にも衝動的で、いささかやり過ぎることがあります。お酒はやり過ぎるとよくありません……二人の子どもが生まれると、お酒を飲みつづけて生活するわけにはいかなくなったのです」[22]ということだ。向こう見ずなところはあるものの、個人的に重要な道義的選択に直面すると、ブッシュは驚くほどの克己心をもって生活を立て直せることを証明した。

ジョージ・W・ブッシュはしばしば、知性に欠け、自制心に乏しい大統領として諷刺されたが、それは政治的性格を帯びた神話である。一般通念とは異なり、ブッシュ43に知性がなかったわけではないが、自らの慣れ親しんだ領域を超えようとはめったにしなかった。イギリスのトニー・ブレア首相の回顧では、「ジョージ・ブッシュは直截な表現を好む人物だった。そして非常に頭の回転がよく……優れた直観を持っていた。ただ、彼の直観は……政治よりも、彼が考える善悪の観念に多く働いていた。彼はそのことを、分析的あるいは知的に表現できるわけではない。しかしわたしにははっきりと、そうであることがわかった」[23]と言う。ブッシュの知的好奇心には限界があったが、戦闘の犠牲者数や戦争での作戦命令といったことには関心を向け、深く追求した。大統領在任中、彼はリンカーンの伝記を十四冊も読んでいた[24]。ブッシュは黒か白かという世界観の持ち主で、自らの核心にある道徳的本能に基づき、高いリスクを頑固に取りつづけた。側近のピーター・フィーバーは、「問題を熟考して、自らが正しいと思ったら、人々がなんと言おうと、彼は間違いなくやり遂げるだろう」と言っている。こうした性格は、顧問団や連邦議会の共通認識に大胆に反抗し、二〇〇六年の対イラク政策を一気に進める要因になった[25]。ブッシュは「決断の人」だったのだ。

ブッシュがリーダーとして失敗したのは、政権内で情報の流れを組織化することだった。ハーバード・ビジネススクールでMBAを取得していたにもかかわらず、ブッシュは組織運営で大きな失敗を犯し、それが深刻な道義的結果につながった。組織理論家のジェイムズ・マーチは、組織運営システムを構築することは、劇作家がト書きで舞台進行を説明し、役者に入退場のタイミングを知らせるようなものだと述べている。リーダーはこうしたシステムを作り出し、維持しなければならないのだ。それがなければ、イラク占領時に起きたような混乱を招くことになる。軍事的占領は容易だが、占領政策は困難を極め、その運営がずさんだったので、深刻な結果に陥ってしまった。しかし噂とは反対に、副大統領のディック・チェイニーはブッシュを操っていたわけではなく、時として制御不能に陥ったように思えたのは、むしろチェイニーだった。ジョージ・H・W・ブッシュは、「大きな過ちは、チェイニーに彼自身の国務省を作らせてしまったことだ。あれはやり過ぎだったと思う。しかしそれはチェイニーの責任ではなく、大統領の責任だ[26]」と述べている。

テキサスでは、ブッシュ43は野球チームのテキサス・レンジャーズのオーナーとして利益を上げ、名声を博した。一九九四年、州知事選に立候補して当選、知事としては概して成功を収めたとみなされている。とりわけ少人数の場面では、社会的、政治的な技倆を発揮した。対立政党に協力を働きかける手腕でも評判を上げた。大観衆の前で演説するのは得意ではなかったが、少人数の会合や友人たちの前では朗らかで、親しみやすかった。二〇〇〇年に、ブッシュは「思いやりのある保守主義」を標榜して大統領選に出馬した。選挙戦では世界規模に拡大する外交政策に異を唱え、クリントンの国家建設のための軍事力行使を批判した。ブッシュは積極主義と傲《おご》りに警告を発し、「われわれが慎ましい国であれば……外国の人々から歓迎されるだろう」という有名な言葉を残した。ブッシュは一般投票ではゴア副大統領に一パーセント及ばなかったが、二〇〇〇年十二月、フロリダ州の選挙結果をめぐる最高裁判所の判決の結果、選挙人の得票数でからくも勝利を収めた。

ブッシュが大統領に就任して最初の八カ月は、概して選挙戦で訴えたとおり、抑制された外交姿勢で、傲りの兆候は見られなかった。ブッシュはリアリストとして政権をスタートさせ、リチャード・チェイニー副大統領、ドナルド・ラムズフェルド国防長官、コリン・パウエル国務長官という、経験豊かな布陣の外交政策チームに頼るところが大きかった。彼らはフォードやブッシュ41など、歴代の共和党政権でともに仕事をしてきた（あるいは衝突した）顔ぶれで、コンドリーザ・ライスは国家安全保障問題担当補佐官として、彼らを取りまとめる困難な役目を担うことになった。彼女は後年、この政権の政策決定プロセスを「不信と機能不全の悪循環」と描写している。(27) チェイニーは大勢のスタッフを引き連れて、しばしば取り次ぎなしで大統領に面会し、ラムズフェルドもまたチェイニーと特別なパイプを持っていた。ニクソン政権時代にチェイニーは、ラムズフェルドの側近だったのだ。政権発足後の八カ月間、ブッシュはアルカイダの脅威を低く見ていた。クリントンからその問題について警告を受け、クリントンのテロ対策責任者だったリチャード・クラークを引きつづき抱えていたのに、耳を貸そうとはしなかったのだ。この期間、一方的な外交活動は数多く展開していたが、イラクとの戦争は取りざたされていなかった。

二〇〇一年九月十一日に起こったテロ攻撃が、ブッシュとアメリカの外交政策を一変させた。歴史家のメルヴィン・レフラーが要約したように、「ブッシュ政権の外交政策に関して何を書くにせよ、この政権が地球規模でテロとの戦いを熱心に進めた精神状態や心理状態に、恐怖や不安、やましさや責任感が及ぼした度合いの大きさを、決して過小評価してはならない」(28)のである。アメリカ全体が、いつなんどき第二波が来るかと身構えていた。いろいろな噂が蔓延した。炭疽菌を封入した手紙による攻撃が被害者を出し、一般市民も政権関係者も生物兵器への恐怖を募らせた。*最初の衝撃がさめやらぬなか、ブッシュは九月十四日に演説を行なって民心を摑み、こうした危機にあってアメリカ人が示す典型的な現象だが、ギャラップ世論調査での支持率は五一パーセントから九〇パーセントに跳ね上がった。(29)ブッシュは「テロとの地球規模での戦い」を宣言、アフガニスタンに実戦部隊を送り込んでタリバン政権を打倒し、人気を高めた。外交努力が成功し、国連やＮＡＴＯの支持を得られたことも、その行動に正当性を与えた。

二〇〇二年一月の一般教書演説でブッシュは、最も危険な政権の国々が最も破壊的な兵器を入手するのを座視しているつもりはないと言い、イラク、イラン、北朝鮮を名指しして「悪の枢軸」と呼んだが、これらの国々の間にはいかなる同盟関係もなかった。同じ年、彼は国家安全保障戦略で先制攻撃を正当化した。これらの諸国とアルカイダのテロ攻撃とを結びつける証拠は乏しかったが、イラクが大量破壊兵器を所有しているとする誤った情報が、当時は広く信じられていた。国務省とペンタゴンの間には大きな見解の相違があったものの、イラク占領の計画は二〇〇一年末ごろから立てられていた。ただし、決定は翌年まで下されなかった。

国連での外交が失敗し、軍事力行使を認可する国連安保理の決議をふたたび得ることはできなかったが、アメリカ合衆国とイギリスはそれでも構わず、二〇〇三年三月二十日にイラクへの侵攻を開始した。国連での外交努力を放棄するにあたり、チェイニー副大統領は「われわれにとって本当に必要な正当性は、M1A1戦車によって得られる」(30)と息巻いた。軍事作戦は成功し、ブッシュは五月一日に、主要な戦闘の終了を宣言したが、それから任期満了の日まで、ブッシュ政権はイラクの泥沼に足を取られることになる。アメリカの外交政策で、傲《おご》りは決して目新しい要素ではなかった。ベトナムがその恰好の例だ。だが、二極時代が終わるとともにその危険は増し、9・11以降の恐怖や怒りが自制心を解き放ってしまった。政権内に大勢いた新保守主義の支持者は、イラクの制圧など「朝めし前」だと言い放った。戦争に踏み切れば、長期にわたる、莫大な出費と出血が避けられないのではないかと訊かれたとき、チェイニーはその見通しを否定し、「われわれは解放者として歓迎されるだろう」と大見得を切った(31)。また、ブッシュも二〇〇二年に、「軍事作戦や軍事力の行使に、全員の賛成

＊この攻撃は後に、政府に不満を持ったアメリカ人科学者によるものであることが判明したが、当時は不明だった。

を取りつけることはできない。しかし、われわれには行動あるのみだ——断固たる行動で良好な結果を得られたら、そのときには余波が起こり、後ろ向きな国々や指導者もついてきてくれるだろう」[32]と説明していた。サダム・フセインの軍を打ち破るのは比較的容易だったが、その事後処理の計画はきわめていいかげんだった。こうした軽率な見通しと準備の甘さは、怠慢として非難に値する。

　国連決議の正当性なきイラク占領と、ずさんな準備の占領政策は、ベトナム戦争と並んで、パクス・アメリカーナの時代における外交政策の最悪の失敗だ。二〇一六年、イギリスが同盟国として果たした役割について検証したチルコット委員会は、二〇〇三年のイラク侵攻は「正しいことではなく、必要な行動でもなかった」と結論づけ、「その後の事態への準備不足を考え合わせると、それがいかに恐ろしい行為だったか、言葉に尽くしがたいほどだ」[33]とした。約四千五百名のアメリカ兵が死亡、約三万二千名が負傷し、イラク人の犠牲者や負傷者はそれよりはるかに多い。長期的に健康を損なった人々や、その他の被害も含めれば、イラク（およびアフガニスタン）での戦争に要した費用は総額で五兆ドルを超え、その大半は国債でまかなわれた[34]。フセインは権力の座を追われたが、その後に生じた無秩序状態に付け入る形で、アルカイダやイスラム国《IS》が勢力を拡大し、収容所での拷問の画像が世界を駆けめぐったことで、アメリカの名声は測り知れないほど失墜した。さらにイラク問題は、ブッシュ政権の注意を、アフガニスタンや北朝鮮の悪化する状況から逸らした。二〇〇六年、北朝鮮は初めての核実験を行なっている。

　歴史家のメルヴィン・レフラーの結論は、「全能感が、アメリカの政策担当者を行動に衝き動かした……アメリカの力は圧倒的に思われた。世界中にあった、アメリカの力量に対する疑いは、アフガニスタンでアメリカが展開した作戦の迅速な成功によって、払拭されていた」というものだ。傲りこそが問題だったが、それは本来、ウィルソン的な自由主義のせいではない。「いかに誤った方向であろうと、イラク占領の意図は、アメリカの安全保障を高め、世界から挑戦的で不吉な敵を取り除こうというもので、民主主義を促進して中東を作り替えようという目標は副次的なものだった……政策担当者はイラクの大量破壊兵器《ＷＭＤ》にまつわる証拠をねじ曲げ、誇張していたが、彼らは心底から、サダムがそうした兵器を所有していると信じていた」。民主主義や国造りといった目的を誇張するレトリックは、ＷＭＤが発見されず、占領政策が行き詰まってから始まったものだ[35]。

占領政策を始めるに際して、政権内では複数のグループによる思惑が交錯していた。リアリストは、フセインが核兵器の開発や使用に乗り出すことを恐れる一方、中東でのアメリカの覇権を確立したいと願い、新保守派はフセインの人権侵害を懸念しつつ、中東地域を民主化すればテロの原因を根絶できるという信念を抱いていた。戦争への一般市民や同盟国の支持が低下するにつれ、ブッシュはウィルソン的な道義的主張を持ち出し、因果関係をこじつけて占領を正当化しようとした。

二〇〇五年一月、ブッシュは二期目の就任演説で、自由をアメリカ外交政策の主要な目標に掲げ、そのことは世界各国で起こった「色の革命」を後押ししたかもしれない。二〇〇六年五月の陸軍士官学校《ウエストポイント》卒業式での演説では、「自由の約束があらゆる国の人々にあまねく達するまで、アメリカ合衆国は休まないだろう」[36]と力強く述べた。こうした野心的な目標をめぐって、アメリカの世論は分裂し、共和党は二〇〇六年秋の議会選挙で敗れたのに続き、二〇〇八年の大統領選挙でも敗北した。こうした逆風のさなかでも、ブッシュは個人的な勇気を発揮して、二〇〇七年には、戦争を終結させることはできなくても、軍事情勢を安定させるために追加の兵力をイラクに派遣した。そうすることで、議会やメディアの優勢な意見に抗って、ブッシュはさらなる破滅的な失敗をどうにか先延ばしにした。政権を去ったとき、ブッシュの支持率はきわめて低かったが、彼自身は、歴史がやがてハリー・トルーマンのように自らを再評価するだろうと確信していた（二〇一七年に政治専門ケーブルテレビC－スパンが行なった歴史家の投票で、ブッシュは歴代大統領中三三位だった）。世代が変わるにつれて、歴史による見直しがなされ、多くの大統領への評価が上がる傾向にあることから、ブッシュの位置づけも歳月の経過とともに上がる可能性はあるだろう。しかし、イラクでの破滅的な大失敗に鑑みて、彼が上位十人以内に入ってトルーマンに近づくとは考えにくいところだ。

ブッシュの外交政策の道義性を判断すると、魅力的な価値を表現したという点では高く評価されるが、彼の個人的動機は、そのこらえ性のなさと、父との複雑な関係によってこみ入ってしまう。政権発足時には、彼には明確なビジョンがなかったが、ブッシュ・ドクトリンと呼ばれるようになった二〇〇二年の国家安全保障戦略では、アメリカ合衆国が「世界のどこにいようとテロリストの居場所を突き止め、彼らを支持している政権もろとも殲滅する」と宣言した。アメリカは攻撃されるのを座視するつもりはないということだ。二期目では、ブッシュは彼の〝ドクトリン〟を修正し、「自由という目標」を戦略に付け加えた(37)。テロリスト問題を根源から解決するには、たとえアメリカの力が及ぶ範囲でなくても、全世界に民主主義を広げるべきだという主張だ。

ブッシュのビジョンで問題だったのは、その価値観ではなく、価値とリスクのバランスを取ることに失敗している点だ。ブッシュがイラクに侵攻した表向きの目的は、政権を交替させ、フセインが大量破壊兵器を使用する能力を取り除くことにあった。ブッシュが諜報機関の報告に疑問を呈することなく、その報告に至った過程を適切に把握できなかったのは事実だが、フセインがこうした兵器を所有しているという諜報機関の誤認を見抜けなかったからといって、彼を責めることはできない。というのは、そのような認識は多くの諸国で共有されていたからだ。大量破壊兵器が見つからなくても、アメリカ軍はフセイン政権をさっさと追放した。だが、フセインを追放しても作戦が完遂されたわけではなく、貧弱な状況把握力と計画や運営のいいかげんさが、ブッシュの目標を損なった。

ジョージ・W・ブッシュは、改革的な大統領という概念に取り憑かれていたと表現できるだろう。ビル・クリントンのような、現状維持を主眼とする政治家とは明らかに異なったタイプだ。ブッシュは感情知性に問題があったため、状況を把握する知性も不充分だった。二〇〇三年にブレント・スコウクロフトは、外交政策で最も大きな違いを生み出すのは、リベラルか保守主義者かではなく、伝統主義者か変革主義者かだと述べた(38)。親子であるにもかかわらず、ジョージ・W・ブッシュの外交政策は、父親のそれとは似ても似つかぬものだ。彼自身が考えていたように、ブッシュ43はブッシュ41よりもはるかに、ウッドロー・ウィルソンに似ている。

ウィルソンもジョージ・W・ブッシュも非常に敬虔かつ道徳的な人間で、一般投票では多数を獲得できなかったが大統領に選出され、最初は国内問題に集中して、外交政策にはいかなるビジョンも持たなかった。両者とも、世界を灰色の陰ではなく、白か黒かで見ようとした。二人とも自信を打ち出し、大胆なビジョンを提示することで危機に応えようとし、それに固執した。国務長官のコリン・パウエルは、ブッシュを「何をしたいか」がわかっており、「彼が聞きたいのは、どうすればそれができるかだ」[39]と描写している。

ブッシュのこらえ性のなさは、彼自身の学習能力と、一般大衆に啓蒙する能力の双方を妨げた。いっしょに長い時間を過ごしたあるジャーナリストの言葉によると、「ブッシュには変革的な気質があった。彼は物事を大胆に再編成することを好んだ。それがイラク侵攻へ突き進む大きな要因になった」[40]ということだ。こうした忍耐力に乏しい気質は、ブッシュが構築した組織の機能不全にも通じていた。それでもブッシュには、大統領という職務について学習する能力があり、二期目の政権運営は一期目よりはるかによかった。「ブッシュが外交官や政治家として成熟するにつれ、一期目のイラクや北朝鮮問題で見せた、頭に血が上ったり、道徳を振りかざしたりするような場面は影をひそめ、伝統的なアメリカの同盟国との信頼を築きなおし、絆を確かなものにする必要性に注意を向けるようになった。大統領としての経験や、初期の失敗から学び、政権内でも規律や説明責任を重視するようになった」[41]

ブッシュの外交政策で取られた手段に目を向けると、アフガニスタンでは武力行使に、均衡や軍民の区別を一定程度は意識していたが、イラクではどちらの基準もなし崩しにされ、民間人の犠牲者数が激増した。外国の制度や諸権利への配慮も見られなかった。アフガニスタンへの武力行使の際に、国連を使って正当性を確保しようとしたのは、この基準に適合するが、イラクについては不合格だ。[42]実際に両国では選挙が行なわれたが、いずれも民主主義が機能するための条件が欠けていたので、投票が実践され、住民投票による民主主義が試みられたからといって、正当性をもって自由が普及したとは言いがたい。

テロの第二波が襲ってくるのではないかという不安のさなか、テロリストの被疑者への水責め、拷問、正式な起訴や裁判所の許可なしの引き渡しが行なわれたことは、第２章で論じた、「汚れた手」のジレンマにまつわる議論によってある程度理解される。しかしブッシュが非難されるのは、ＣＩＡが認可を与えていた方法に果たして効果があるのか、充分に検証しようとしなかったことだ。「『強化された尋問プログラム』を削減したのは、二期目に入ってからだったが、そうすることで、一期目の間に行きすぎがあったのを、少なくとも暗黙の形で、ブッシュ自身が批評家に対して認めていたに等しい」[43]。ブッシュも政権関係者も、諜報機関による情勢の見通しを充分に再検討しようとせず、かえってその情報を誇張して、世論の感情を戦争に向けて煽ろうとした[44]。彼らは国民に、「銃口から立ちのぼる煙をキノコ雲にしてはならない」と訴えた。ブッシュの政敵は、大統領が戦争に関して嘘をついたと指弾したが、そうした非難は不正確であり、的を射ていない。ブッシュは、フセインが大量破壊兵器を持っているという諜報機関の報告を読み、それを鵜呑みにしただけだ。彼の道義的欠陥は、状況を把握する知性や、侵攻を阻止する個人的動機が不充分だったせいで、その情報を押し戻すのではなく、誇張してしまったことにある。彼の欠陥は、虚偽というより、非難すべき怠慢にあったのだ*。

＊わたしは一度、経験豊富なＣＩＡのアナリストをしている友人に、なぜ彼らが誤ってしまったのか訊いたことがある。彼の答えは、それは注意力の問題で、意図的な嘘ではないというものだった。目の前に諜報機関の報告の山がふたつあるとしよう。大きな山は、フセインがＷＭＤを持っているという報告で、小さな山は、持っていないという報告だ。上からの圧力はすべて、大きな山を調べろというものだった。しかし結果が物語っているのは、われわれが小さな山をきちんと調べなかったということだ。友人はそう言った。

結果という次元で判断すると、イラクが投げかける影はあまりに大きく、ブッシュの外交政策における他の成果も曇らせてしまう。イラクのケースでは、ブッシュはよき受託者としてアメリカの国益に寄与したとはとても言えない。戦争によって生じた人命の損失、財政的負担、アメリカの名声やソフトパワーの破壊といったコストは、得られた利益をはるかに上まわるものだ。アフガニスタンに対するブッシュのすばやい反撃は、アメリカ合衆国への第二の大きなテロ攻撃を食い止めるのに役立ったかもしれないが、イラクはテロリズムを引きつける温床となってしまった。アブグレイブ収容所での拷問の画像が、アメリカのソフトパワーをどれほど損なったことだろうか。二〇〇六年、アメリカの諜報コミュニティは、「イラク戦争は、イスラム世界における反米感情に火をつけ、新たな世代を戦闘員に加わらせたことで、テロリズム問題全体を悪化させてしまった」と評価を下している[45]。

しかし、イラクだけがブッシュの外交政策の側面ではない。ほかの大国との関係を、彼がどのように舵取りしたのかも見なければならない。中国については、ロバート・ゼーリック国務次官が「責任ある利害共有者」と呼びかけたように、クリントンの連携政策の方向性をおおむね踏襲している。同時に、日本との同盟関係も促進させ、インドとの関係も大きく改善させたことは、アジアで中国の対抗勢力を確保しようとしたものだ。イラク問題で、ヨーロッパとの関係は悪化したものの、NATOは存続し、ブッシュ政権の二期目では関係を改善させた。ロシアとの関わりでは、ブッシュの外交はそれほど成功しなかった。9・11直後、プーチンとの関係はまずまず良好だったが、イラクが緊張を招き、ブッシュの「色の革命」への支持や、ウクライナやジョージア〔旧グルジア〕をNATOに加盟させようとする動きは、関係を悪化させた。二〇〇七年のミュンヘン安全保障会議での演説で、プー

表7.2　ブッシュ（第43代）の倫理的採点表

意図と動機	道徳観：魅力的な価値、よき動機づけ	評価が分かれる
	慎重さ：価値とリスクのバランス	悪い
手段	軍事力：均衡、軍民の区別、必要性	評価が分かれる
	リベラル的配慮：諸権利や制度の尊重	悪い
結果	受託者責任：アメリカの長期的国益に寄与したか	悪い／評価が分かれる
	コスモポリタン：他国民の損害を最小限にしたか	評価が分かれる
	啓蒙効果：真実を尊重し、道義的な対話の機会を広げたか	評価が分かれる

チンは強硬路線を鮮明にし、二〇〇八年にロシアがジョージアに侵攻して以降、ブッシュは守勢に回って有効な反撃ができなかった。

コスモポリタン的価値という次元では、イラクでの人命損失が重くのしかかるが、ほかの地域、たとえばアフリカでは、エイズやマラリアに対するブッシュの公衆衛生政策は、人道的目的において重要なばかりか、アフリカ大陸へのアメリカのソフトパワーを高めた。彼はまた、リベリアの無政府状態による混乱を抑制しようと努め、スーダンの内戦の調停を試みた。アメリカ大統領エイズ救済緊急計画《PEPFAR》では百五十億ドルを拠出し、七百万人に手を差し伸べて、アフリカで多くの命を救った。より広く見れば、ブッシュは対外援助を増やし、ミレニアム挑戦公社を新たに設立して、援助の質を改善した。こうした功績は確かなものだ。

ブッシュはまた、道義的評価に値する行動もした。9・11のショックからわずか六日後に、アメリカ人に、罪のないムスリムに怒りを向けてはならないと呼びかけ、そうした行為に及ぶ者は「人間が持つ最悪の面を露呈する」ことになると警告したのだ[46]。啓蒙効果について言えば、ブッシュのホワイトハウスでの生活ぶりは、国民への模範となるものだったが、イラクに関して欺瞞を働いたように受け取られたことや、アメリカの力で達成できることを誇大に表現した事実により、彼は一般市民の信用を落としてしまった。

一極時代に入ったことで、アメリカの外交政策に対する制約は緩んだ。クリントンとブッシュの両政権に関わった外交政策担当者は、「一極時代の間、われわれが圧倒的な力を持つという考えが、時として傲慢さを招いたと思う。われわれの選択肢を制約する対抗勢力はなきに等しかった。われわれの力を制御するガードレールも、外部によるチェック機能も存在しなかった。そうした環境により、われわれは慢心し、自分たちの立てる仮説、戦略、戦術に疑問を呈することがなくなってしまった」[47]と言っている。あるいは、ランド研究所による空軍力の調査報告では、アメリカ合衆国は一九四五年以降、圧倒的な制空権を維持してきたが、「一九八九年以降はとりわけ、間違いなく世界で最も熱烈な修正主義者でありつづけている。この傾向は、領土よりもむしろ、規範や価値観という領域について言えることだ……多くの国々が実例を通じてアメリカ合衆国を見る目は、リベラルな価値の擁護者ではあるが、ときには強制力も辞さず、国際システムを破壊する最大の勢力というものである」[48]。こうした見方は、ロシアや中国のような権威主義的な国々にも、明らかにあてはまるだろう。

一極時代は傲慢さという危険を解き放ったが、リアリストの一部が不満を唱えるのは、ウィルソン的な民主主義によるリベラルな傲慢さだけではない。傲慢さは目新しいものではない――結局のところ、一極時代よりはるかに以前のベトナム戦争期、ソ連の軍事力が拡大していたさなかでさえ存在した。冷戦後の時代は、対抗勢力がなくなってしまったことで、傲慢さへの誘惑が問題を引き起こした。

ジョージ・H・W・ブッシュ政権は、一極時代の戦略的枠組みを構築しようとした。それは、テクノロジーによる軍事的優位を維持して、新たな地域覇権国の出現を抑えるというものだった。この優越戦略が一九九二年の国防戦略ガイドラインで明らかにされたとき、クリントンをはじめとする人々が「傲慢な」レトリックと批判したのを受けて、ブッシュ41やスコウクロフトはこの戦略を後退させた。それでもなお、この戦略は残り、「クリントン政権は、ブッシュ政権によって形作られた枠組みのなかで、彼らの政策の範囲にぴったり合うところを引き継いだ」[49]のである。ブッシュ41とクリントンは、慎重さが許す程度にこの戦略を実施してきたのだが、ブッシュ43は9・11の同時テロ攻撃による安全保障上の不安のなかで、その慎重さをかなぐり捨ててしまった。ポール・ウォルフォウィッツ国防次官のような新保守主義者にとって、安全保障面でのこうした状況は、民主主義を広めるという聖戦を実行する機会を意味したが、チェイニーやラムズフェルドにリベラル的視点はほとんどなく、ジョージ・H・W・ブッシュ政権でチェイニーが国防長官に就任したころから、彼らのなかにはライバルの台頭を防ぐという戦略があった。

クリントンの介入は（コソボを除く）、大半が不承不承に始められた（ルワンダに至っては、まったく何もしなかった）。彼の提携と拡大の戦略は、経済的なグローバリゼーションや制度の発展に重きを置いたものだ。言い換えれば、二極構造の変化だけでは、冷戦終結後に下された決断の理由を充分に読み解くことはできない。アルカイダのような非国家主体には、唯一の超大国を破壊する能力はないが、彼らの大胆な攻撃は世界規模での政治的対応を迫り、超大国を逆効果の行動へ駆り立てた。さらに、時の大統領の気質や技倆が、その行動をエスカレートさせた。反撃に出たときのブッシュは道義的に勇敢で、アフリカ政策にはコスモポリタン的配慮が見られ、インドとの関係では未来を見据えたリアリストとしての面目を施したが、そうした業績もすべて、イラクでの大失敗でかすんでしまった。感情知性や状況を把握する知性の弱さが彼の目標を損ない、後に自らの行為を正当化するためにウィルソン主義的なレトリックを持ち出したことは、国民の間に、ほぼ百年前にウィルソン自身が引き起こしたのと類似した反応を招いた。ブッシュの後始末にあたったのが、オバマやトランプである。

第8章　二十一世紀の力の移動《パワーシフト》

二十一世紀が始まったとき、アメリカの国力は圧倒的に思われた。フランスのユベール・ヴェドリーヌ外相は、アメリカを「超大国を超えた国家《ハイパーパワー》」と呼び、ジョージ・W・ブッシュの外交政策は一極時代の傲《おご》りを反映していた。だが、国際政治の表面下では、世界的にふたつの大きな力の移動がすでに始まっていた。ひとつは国家間での力の「水平」移動で、もうひとつはテクノロジーの進展とともに国家から非国家主体に起こる、力の「垂直」移動だ[1]。ひとつの支配的な国家から、別の国家への力の移動は歴史的によく見られる現象で、アメリカの外交政策にも影響している。二十一世紀の三人の大統領、ブッシュ、オバマ、トランプはいずれも、中国やインドのようなアジアの大国の興隆に反応しつつ、アメリカの衰退というイメージに抗ってきた。同時に、三人の大統領はともに、衰退しているが自己主張を強めるロシアとの関係維持に努めてきた。

新たな世紀の始まりとともに、もうひとつの重要な力の移動が起きていた。力の分散である。これは比較的新しい性質のものであり、より対応が難しい。世界規模で情報テクノロジーが進展するにつれ、最も強力な国々でさえ制御しきれないような出来事が増えていた。銀行家からサイバー犯罪者やテロリストに至る非国家主体が力を得て、多くのネットワークや問題が国境を越えて、政府の力が及ばなくなってきた。二〇〇一年九月十一日のアルカイダのテロ攻撃による直接的な影響は、アメリカの経済力や軍事力を大きく損なったわけではないが、最終章で見るように、非国家主体による攻撃は、アメリカの外交政策に深刻な心理的影響や間接的影響を及ぼした。

　ブッシュ政権は非国家主体による攻撃を、既存の国家間の枠組みで把握しようとしたが、結局それは成功しなかった。テロリストは、組織化された国民国家を打倒することはできなくても、力では劣る柔術《ジュウジュツ》の選手のように、相手の力を利用して大きな打撃を与えることができるのだ。統計上は、実際にテロリストによって殺された人々の数はわずかなものだが、テロリストによる惨殺が人々にもたらす恐怖は、現実をはるかに上まわる。テロは心理的ドラマであり、非国家主体が暴力によって人々の注意を引き、政策の優先順位を変更させ、より強い主体にショックを与えて逆効果を招く行動に駆り立てるのが目的だ。アルカイダはこの三つを、見事に成功させた。

　イラクでの四週間にわたる戦争は、アメリカの圧倒的な軍事力を見せつけ、独裁者を追放したが、だからといってテロリズムに対するアメリカの脆弱さが解決されたわけではなく、かえってほぼ五千名に及ぶアメリカ人の人命と、数兆ドルという犠牲を払う結果になった[2]。それはまた、ソフトパワーという観点からも高くついた。多くの国々の世論調査で、アメリカの魅力度は急低下した。二〇〇七年、ブッシュがイラクへの兵力を増派したことで、暴動による壊滅的敗北は免れたものの、イスラム国の台頭を防ぐことはできなかった。アメリカ合衆国のみならず、多くの国々での世論調査の結果、ブッシュのイラク戦争は深刻な外交政策の失敗とみなされ、オバマやトランプもその点は同意見だ。オバマは大統領を辞任したあと、「ワシントンのコンセンサスをどう呼ぼうと、それはあまりに快適すぎた。とりわけ冷戦後の期間は、アメリカとアメリカのエリートはひどい独善に陥り、われわれはあらゆる問題を解決できると思い込んでいた」[3]と言った。方法はそれぞれ違っても、オバマとトランプはブッシュを反面教師として、彼がもたらしたアメリカ外交政策の縮小期に対応してきた。だが、縮小というのは結果ではなく、あくまで手段の話だ。オバマの最側近が言ったように、「われわれはアメリカの衰退に手をこまねいているつもりはない。アメリカがあと五十年、世界のリーダーでありつづけるために、われわれは最善を尽くしている」[4]のだ。そしてドナルド・J・トランプもまた、選挙戦で有名な約束をしている。「アメリカをふたたび偉大にしよう！」と。

バラク・フセイン・オバマ

アフリカ系アメリカ人で初の大統領となったバラク・オバマは、一九六一年ハワイに生まれ、就任したときには四十八歳の若さだった。ケニア出身の大学院生だった父親がアフリカの故郷へ戻ると、バラクは人類学者の母親に育てられ、インドネシアでも幼少期を過ごした。ハワイの私立学校プナホウ・スクールに通い、カリフォルニアのオクシデンタル大学、ニューヨークのコロンビア大学に進学、マサチューセッツ州のハーバード・ロースクールでは《ロー・レビュー》誌の編集長に選ばれた。地域組織化事業に尽力したあと、シカゴで法律学の講師を経て、イリノイ州選出の上院議員になった一期目、大統領選に出馬する。彼にはアメリカのさまざまな地域に住んだ経験があったが、ワシントンの政界になじみはなく、政治家としての登竜門をくぐってから日が浅かった。イラク戦争への厭戦ムードが、選挙活動の大きな追い風になった。

オバマが就任して間もなく、アメリカと世界経済は大恐慌以来で最悪の金融危機に見舞われた。経済担当顧問は、緊急措置を取らなければ、全産業での恐慌に発展する惧れが大きいとアドバイスした。オバマはまた、アフガニスタンとイラクで進行中の戦争、イランと北朝鮮の核拡散の脅威、アルカイダによるテロリズムといった懸案を引き継いだが、就任して数カ月は、経済危機への対応に忙殺された。彼が国際金融システムを救ったことは、世界規模でのパニックや景気後退を食い止めるうえで決定的に重要だったが、失業者が増えるなかで銀行を救済したことは、ポピュリストの憤激を招いた。

オバマは選挙運動で改革的なビジョンを打ち出していたが、危機への対応ぶりは現実主義者《プラグマティスト》のものだった。彼は強いプレッシャーのさなかにあっても、冷静さを保つ気質の持ち主で、ときおり「ドラマなきオバマ」と呼ばれるほどだった。たとえば、二〇一一年にパキスタンでビン・ラディンを殺害した、きわめてリスクの高いヘリコプターによる襲撃が成功した際（一歩間違えば、カーターのように政権の命取りになりかねなかった）には、「極限まで自己抑制しており、『あいつをやっつけた』としか言わなかった」(5)という。オバマ政権で国防長官を務めたベテランの共和党員ロバート・ゲーツは、オバマのことを、これまでいっしょに仕事をしてきた歴代大統領のなかで最も熟慮型の大統領だと表現している。(6)オバマはほとんどいつでも感情を抑制し、（ブッシュと同様）ホワイトハウスでの家庭生活は地に足がついていた。

オバマが二〇〇八年の大統領選挙や、任期当初の数カ月で使ったレトリックは、ジョン・F・ケネディを彷彿させるような、人々を鼓舞するスタイルのもので、国民の期待を大いに高めた。専門家によると、選挙期間中は「新たな国内政策、新たな国際政治、世界の改革といったイメージは、彼が候補者として成功するうえで決定的な役割を果たした」(7)。大統領に就任した年のオバマは、昂揚させる表現を使った演説を続けた。就任演説、核廃絶を目標と表明したプラハでの演説、イスラム世界への新たなアプローチを約束したカイロでの演説、ガンジーやマーティン・ルーサー・キングの非暴力主義を引用した、オスロでのノーベル平和賞授賞式での演説だ。しかし彼は、こう付け加えるのも忘れなかった。「国家の元首として、国を守る責務を果たすため、彼らの先例だけに倣《なら》うわけにはいかない」と。

オバマはまた、高名なアメリカの神学者ラインホルド・ニーバーにも倣っている。ニーバーは、アメリカの道義的な独善や卓越主義〔宗教上、道徳上、社会上の完全性は達成可能とする主張〕への誘惑の危険性を警告していた(8)。一部の批評家は、オバマの人権へのアプローチが、自由の促進よりも国際法や同盟関係のほうを優先していたとなじるが、オバマの言葉では、「圧制的な政権と連携するよりも、彼らに憤激するだけで関わらずにいたほうが、純粋さを保って満足していられるだろう。それはわかっているが、いかなる圧制的な政権へも、対話の扉を開いておかなければ、新たな道に踏み出すことはできない」(9)ということだ。

オバマは以下のような目標を掲げていた——アメリカの対外的なイメージを、とりわけイスラム世界に対して刷新すること。ふたつの戦争への関与を終わらせること。敵対する国々に和解の手を差し伸べること。世界から核兵器を廃絶するため、ロシアとの関係を更新すること。中国と有意義な関係を発展させ、地域ならびにグローバルな問題で連携を深めること。そして中東に平和をもたらすことだ。[10] 彼がこうした目標をどれほど達成できたかは、評価が分かれるが、元政権関係者は「状況が困難さを増してきたことで、もともと新たなグローバルな秩序を構築しようとしていたオバマは、関係を修復し、危機に対処することに重点を移していった——その典型的な例が、世界的な経済危機への対応だ」[11] と述べている。

オバマの外交政策については、一定のサイクルを循環していたと見る評論家もいる——選挙期間中はリベラリズム、就任後はリアリズム、二〇一一年の「アラブの春」と呼ばれる反乱後はコスモポリタン的な楽観主義に移り、二〇一三年のシリア内戦への介入を拒絶したときには、リアリズムに戻っていたという見方だ。ジェイムズ・マンの主張では、オバマの「演説は格調高く、理想主義に満ちていた」が、彼は道徳主義者《モラリスト》と思われたくなかったので、民主主義について多くを語りすぎるのは控えていた。イランについては、人権の懸念を持ち出して交渉を停滞させるようなことはしなかった。[12] 二〇一一年、オバマの顧問はエジプトの独裁者ホスニ・ムバラクを拙速に追い出さないように忠告した。民主主義が根づくという保証はなかったからだ。さらにリビアへの介入についても彼らは警告したが、オバマはほかの顧問のコスモポリタン的な意見を聞き入れたので、いずれの状況も悪化した。それに続いて、シリア介入を却下したとき、オバマは若い顧問の一人に「あんなふうに殺し合う人々を止めるすべはない」と言った。[13]

オバマの外交政策について、確定的な評価を下すのは時期尚早だ。コラムニストのデイヴィッド・

ブルックスは、彼のことを「柔軟で漸進的だ……外交政策というヤマアラシを追いかけるとき、オバマはキツネのように賢く効率的になる」[14]と評した。未達成の目標には、手に負えない案件や政権初期の甘さによるものもあり、それらは半分しか水が入っていないコップのように見えた。たとえばイスラエルや中国への初期のアプローチもそうだ。だがオバマは、過ちからすばやく立ちなおる、プラグマティックな面もあった。ジミー・カーターのスピーチライターをしていたジェイムズ・ファローズは、オバマの特性を、自らのレトリックに囚われることなく、新たな現実に適応していったと評価する[15]。政権末期に、《エコノミスト》誌はこのように総括した。「これほどの成果を上げ、知性、品性に恵まれてきたにもかかわらず、八年間のオバマ政権が物語るのは、世界最強の国のリーダー——類い稀な才能を持ち、国民の夢を体現したリーダー——でさえも、世界の困難な課題を解決するには無力に見えるということだ」[16]

気候変動や核兵器への対処といった問題については、オバマは改革的な目標を掲げる演説をやめなかった。しかし実際には、彼のプラグマティズムはアイゼンハワーや最初のブッシュのような、一歩ずつ進む漸進的なリーダーを彷彿させる。前任者の二人に比べて、オバマの国際問題についての経験は乏しかったが、それでも彼は、外交政策の複雑な課題に巧みな手腕で対処した。彼の感情知性や状況を把握する知性の優秀さは、経験豊かな顧問を指名したことにも、比較的秩序だったホワイトハウス中心の政策決定プロセスを構築したことにも示されている。彼の状況把握力の鋭さは、アフリカ系の父、人類学者の母、アジアで数年間過ごした幼少期に研ぎ澄まされたものだ[17]。慎重さが培われたのも当然だろう。

だからといって、オバマに改革的な実績がなかったと言いたいわけではない。彼は不人気だった外交政策の軌道を修正した。大量の兵力を投入するテロ対策作戦から、より低コストの軍事力（特殊部隊、ドローン、サイバー兵器など）に重点を移した。世界の多くの地域で、アメリカのソフトパワーを増大させた。中東からアジアへ、ゆっくりと外交上の焦点も移しはじめた。アジアこそ、世界経済で最も成長著しい地域なのだ。半世紀にわたって失敗してきた対キューバ政策も、大胆さと周到な準備によって転換に踏み切ったが、これはラテンアメリカでのアメリカの地位を大きく回復した。

ジャーナリストのデイヴィッド・サンガーは「オバマ・ドクトリン」を次のように表現する。原則的には軍事力への依存を下げ、アメリカの安全保障に直接的な影響がある場合は、一方的に軍事力を行使することも辞さないが、アメリカの安全保障を直接脅かすことのないグローバルな諸問題には、各国と連合して対処し、「中東の泥沼から抜け出して、最も確かな未来が約束されている大陸、アジアへ重点を移そうとする」ものだ[18]。しかし、ジェイムズ・ゴルトゲイエやジェレミ・スリのような研究者は、オバマの二〇一五年の国家安全保障戦略を、長く出費のかさむ軍事紛争を避けること以外に、なんの明確な目標もないと批判する[19]。過ちを避けようというオバマの目的は、たとえ「場合によっては、最良の大統領決定は、行動しないという決断である[20]」としても、ほとんど戦略の名に値しない。ヘンリー・キッシンジャーが述べるように、オバマは「短期的な結果を長期的な障害にしてしまうことのないよう、配慮していた。しかし見方を変えれば、政治家というものは、障害を避けるよりも、歴史を形作ることに多くの関心を向けるべきなのだ[21]」

二〇一一年、オバマがリビアに介入したとき、彼はアラブ連盟の承認と国連決議を得ることで、アメリカ合衆国がふたたびイスラムの国家を攻撃するというイメージが作り出されないよう配慮し、アメリカのソフトパワーが低下しないよう模索した。オバマはハードパワーによる空爆作戦のリーダーシップをＮＡＴＯの同盟国と分かち合ったが、その役割を充分に担えない国もあった。ホワイトハウスの中堅幹部が、リビア政策を「隠然と導く」と形容し、この不注意なコメントは政治的批判の標的になった。だがこれまで見てきたように、アイゼンハワーはこうした手法の名人で、とりわけ直接的な利害が関わっていない場合には、自らが先頭に立つことなく隠然と導くのが効果的なこともあるとわきまえていた。

側近の一人、ジェイク・サリバンによると、オバマはアメリカのリーダーシップがどのように見られるべきか、熱心に考えていたという。オバマの根本的な見方では、それは優先課題を提示し、触媒的な作用を果たすリーダーシップであり、上意下達的なものではない。この点で、オバマはアイゼンハワーに似ているところがあった。彼が理想とする世界では、アメリカは他の諸国（や非国家主体）と手を携え、現代の世界的な問題を解決するべく取り組み、誰にも何も指図する必要がないのだ。彼はこうしたスタイルのリーダーシップこそ持続可能で、力の水平移動にも垂直移動にも対応できると感じた。中東が彼を当惑させたのは、ひとつにはこのモデルに適合しなかったからだ。中東に根ざしていたのは、伝統的で因襲的な力による政治だった。[22] 実際、リビアでオバマが直面した問題は、結局彼が前面に出過ぎてしまったことだった。リビアでの本来の目的は、空軍力によって、カダフィ軍に脅かされていたベンガジの反体制派を守るものだったが、その後の経過により、オバマはその作戦を政権交代に変質させた。しかし、そのあとの現実的なプランは用意していなかった。

オバマがとりわけ中東で、革命的な変動期に際して慎重になりすぎたと批判する者もいる。オバマはアフガニスタンの情勢を安定させるため、兵力を拡大する賭けに出た（が、奏功しなかった）。さらに、パキスタンの主権を蹂躙してビン・ラディンを殺害し（これは成功した）、エジプトではムバラクの支援から手を引いた（が、状況は改善しなかった）。しかし、革命による地域の不安定性を考えると、オバマが行なった大半の戦略的選択は、慎重かつ失敗への備えを講じたものだった。そこには、トルーマン・ドクトリンやマーシャルプランやジョージ・W・ブッシュの「自由《フリーダム》への行動計画《アジェンダ》」との類似点はまったくない。こうしたオバマの方針は、新保守主義者からは批判を招いたが、リアリストからは喝采をもって迎えられた。ある論説委員は「オバマの姿勢は、彼が標榜する理想主義を反映したものであり、自由の普及よりも国際法や同盟関係に価値を置いたものだ[23]」と評している。その政策はウィルソンのリベラリズムの民主的・制度的な要素を反映している一方、制度的な側面をより重視したものだ。顧問を務めていたベン・ローズによると、オバマは行き過ぎを懸念していたが、「情勢を安定化させるための軍事力は許容されると考えていた。特定のテロリストのネットワークを破壊するための軍事行動は必要であり、グローバリゼーションによる利益は貧困から人々を解放し、アメリカ合衆国は国際秩序に不可欠な役割を果たしている、と。彼はアメリカの外交政策という遠洋定期船の航路を、沈没しないように修正したかったのだ[24]」

オバマ政権の一期目の国務長官ヒラリー・クリントンは、政権のアプローチを「スマートパワー」と表現し、その都度異なる状況にかなった方法で、ハードパワーとソフトパワーを組み合わせるとした。オバマが二〇〇九年の就任演説で言ったように、「われわれの軍事力は慎重に行使することで、強さを増す。われわれの安全は、正当な大義や、模範を示す力、謙遜や自制心といった気質によって保たれる」のだ。オバマはまた、ウエストポイントの士官候補生に向かって、アメリカ例外主義についても言及している。「アメリカ合衆国は、決して欠くことのできない国だ。そのことは、これまでの一世紀にわたって変わらなかったし、これから一世紀が経ってもそうありつづけるだろう」(25)と。しかしオバマは、行き過ぎを心配しており、顧問団に「われわれは中東の問題を解決できるという自己欺瞞に浸ってはならない」(26)と警告している。だがジェレミ・スリをはじめとした、オバマの国際的リベラリズムを批判する人々は、オバマの政策の問題は、行き過ぎどころか、目標に遠く及ばない点にあると見ている(27)。

アフガニスタンの駐留兵力を拡大したこと、リビアに飛行禁止区域を設けるために空軍力を行使したこと、特殊部隊を使ってパキスタンに潜伏していたウサマ・ビン・ラディンを殺害したこと、特殊部隊とドローンを使ってISを攻撃したこと、こうした軍事力の行使に際してオバマは、均衡や軍民の区別を意識しようとしていた。攻撃に際しての指針《ガイドライン》を設け、イエメン、パキスタン、ソマリアの攻撃を提案されたときにはガイドラインを逸脱するリスクがあるとして自ら作戦中止を命じた。側近によると、オバマはアウグスティヌスやトマス・アクィナスなど、正戦論の系譜に学び、「こうした軍事力の行使には道義的責任を負うべきだと考えている。そして、攻撃が悪い結果になれば、アメリカのイメージを損ない、外交を頓挫させることを承知していた」(28)という。異論を唱える向きもあろうが、オバマは行使する手段に関して、慎重さを守っていた。

皮肉なことに、中東の果てしない泥沼へのアメリカの関与を弱め、めざましく台頭するアジアへ関心の軸を移そうとする努力にもかかわらず、オバマは外交政策において、重要性よりも緊急性がしばしば優先することを知った。政権関係者によると、外交の重点をアジアに移すと表明してからもなお、ホワイトハウスの危機管理室《シチュエーション・ルーム》における外交政策上の重要な会合は、中東に関するものが大半だった[29]。オバマはイスラエルに、ヨルダン川西岸地区への入植を見合わせるよう説得することにも、パレスチナ人に和平プロセスに深く関わるよう説得することにも失敗した。二〇一一年にはアメリカ軍のイラク駐留を一部維持するのを断念し、選挙戦での公約に沿って完全撤退した。これはバグダードのマリキ政府の政策との整合性を取ったものだったが、かえってスンニ派の暴動とISの台頭を許してしまった。後にオバマは、ISの存在感が強まったことで、方針転換を余儀なくされた。

彼の外交政策で、議論が分かれるのがシリアだ。内戦初期にオバマは、アサド政権は退陣しなければならないと言い、二〇一二年八月には、不用意にも、化学兵器の使用が軍事力行使を考慮するうえでの「許容限界《レッドライン》」だと宣言した。しかしその一年後、アサド政権が化学兵器を使用したとき、オバマは同盟国からも連邦議会からも空爆への支持を得られず、ロシアと協調して、国際協力によりシリアの化学兵器を廃棄させたうえで、査察するという妥協策に至った。この決定はオバマの弱腰を象徴する事例としてしばしば引き合いに出され、彼は、自らの信用性を維持するためにシリアを空爆する必要があるという他者の意見に苛立ちを露わにした。彼自身の言葉では、「それは戦争を引き起こす最悪の理由だ」[30]ということだ。顧問団のなかには、空爆よりも外交的解決のほうが、より多くの化学兵器を廃棄できると主張する者もいたが、オバマの信用性に生じた影響は、シリア以降も尾を引いた。

オバマはアサド政権の穏健な反対派を武装させたが、シリアに安全地帯あるいは飛行禁止区域を設けるべきだという圧力には抵抗した。飛行禁止区域の設定によって、ＩＳが支援物資を横取りするなどの利益を得る懸念もあり、情勢は不透明だった。リアリストの一部はこの慎重さに喝采したが、ほかの批評家は、オバマの慎重さは恐ろしい結果をもたらすだろうと非難した。すなわちＩＳが台頭し、無数のシリア難民が犠牲になり、難民危機が同盟者のＥＵ諸国を弱体化させるということだ。果たしてオバマには、よりよい方法があったのだろうか？　政権の元関係者は、もしもオバマがアサド政権を退陣させるという目標を修正し、アメリカの軍事力を抑制的な形で行使していれば、オバマの不作為による長期的な道義的影響は防げたかもしれないと主張する。(31)ウィリアム・バーンズは「われわれが犯した過ちは、いつも最小限の手段で最大限の結果を達成しようとしていたことだ」という意見だ。(32)ビル・クリントンがルワンダで行なった選択のように、やるかやらないかという二者択一の思考様式が、目標の規模を縮小させたり、介入の度合いを調整したりすることによる道義的選択の余地をなくしてしまったのだ。任期の終わりに近づいたころのインタビューで、オバマは慎重になりすぎたのではないかという問いを否定したが、インタビュアーは、ジョン・ケリー国務長官が「シリアに端を発するヨーロッパの破滅的事態」を警告してもなお、「オバマはシリア内戦を安全保障上の最大の脅威とみなさなかった」ことに衝撃を受けた。(33)

中東ではこうした問題に直面したが、それでもなおオバマは、地球的問題で数々の外交政策上の成果を上げている。第一に挙げられるのは、「大不況《グレート・リセッション》」と呼ばれる世界的経済危機への対処に成功したことだ。このときに恐慌を回避できていなかったら、そのほかの業績もすべてかすんでしまっていただろう。そのためには、国内での景気刺激策のみならず、国際協力も不可欠であり、連邦準備銀行は金融システムの信用を回復する手段として、最後の貸し手というきわめて重要な公共財を提供した。オバマはまた、危機当初の対応でG20も効果的に活用した。環太平洋パートナーシップ協定《TPP》のような貿易協定の交渉や批准に向けた努力は、戦略的に健全なものだったが、国内のポピュリスト的な圧力の高まりに直面して、連邦議会の抵抗に遭った。オバマの世界的気候変動枠組条約の締結に向けた交渉努力は、二〇一五年十二月、パリ協定として結実した。

地球規模で、オバマはまた、核兵器問題対処の再構築も模索し、核なき世界を長期的目標に設定した（ただし、自分が生きている間には実現しないだろうと述べていたが）。戦略兵器削減条約の更新によってアメリカとロシアの戦略兵器をさらに削減すべく交渉を進め、核テロ対策についてのサミットを開催した。また、国連とG20の双方で核不拡散問題を提起し、核不拡散条約で定められた国際的義務を履行しなかったとして、多国間によるイランへの制裁を支援した。二〇一五年、忍耐強く苦労をともなう外交活動の末、彼は六カ国の連合によってイランの原子力プログラムを制限する協定を取りまとめたが、イスラエルや国内の反対派からは、イランの行動をさらに制限するための踏み込んだ措置を取らなかったと批判され、トランプ大統領の代になって協定は破棄されてしまった。さらに、北朝鮮の非核化へ向けた努力は成功しなかった。

地球的諸問題に密接に関連しているのは、オバマの対中関係の舵取りだ。中国の台頭は二十一世紀の外交政策における最も重要な課題である。オバマは外交政策の重点を中東からアジアに向けようとした。その政策は「軸足移動《ピボット》」または「再均衡《リバランス》」と呼ばれている。オバマは中国の最高指導者である胡錦濤および習近平と、合計二十四回にわたって会談を重ね、制御が困難になりつつある気候変動やサイバー空間の規範に関する見解の相違を調整した。同時に、オバマは日本、韓国、オーストラリアという緊密な同盟国との関係を維持し、ブッシュが改善したインドとの関係も強化して、中国の台頭に対応した軍事力の維持に努め、とりわけ、東シナ海および南シナ海の秩序を保つことを重視した。オバマが中国の国営企業の補助金や、外国企業からの技術の強制移転といった通商政策に、強硬路線を取らなかったと批判する人々もおり、後にこうした問題は、トランプの対中政策の焦点となる。一方で、オバマが包括的な貿易枠組みとして交渉を進めていたTPPに、中国は含まれていなかったのだが、それでもトランプ新政権は、就任後直ちにこれを破棄した(34)。

オバマはまた、ロシアとの関係修復も試みた。ブッシュ政権がジョージア（グルジア）やウクライナのNATO加盟を支持したことで、米ロ関係は険悪化していたのだ。オバマはNATOに関する方針を改め、ドミトリ・メドベージェフとの良好な関係を築いたが、ウラジーミル・プーチンが二〇一二年に大統領に復帰すると、関係は以前よりさらに困難になった。プーチンは、二〇一一年に旧ソ連地域や中東で起こった「色の革命」へのアメリカの支持や、二〇一四年にロシアの隣国ウクライナで起きた反乱を、彼の独裁的な政権への脅威とみなした。プーチンが東ウクライナで起こしたハイブリッド戦争〔正規戦、非正規戦、情報戦、サイバー戦を組み合わせた戦い〕やクリミア併合は、両国関係の深刻な悪化を招き、国連およびNATOの加盟国による経済制裁へとつながった。プーチンがウクライナにサイバー攻撃を行ない、二〇一六年のアメリカ大統領選挙を妨害したことは、オバマ政権による抗議と制裁をもたらしたが、有効な抑止力としては機能していない。

われわれは、この複雑なオバマの外交政策の倫理的基準を、どのように総括すべきだろうか。目標や動機という第一の次元に即して言えば、オバマは野心的かつ魅力的な政策課題を提示した。ある歴史家の言葉を借りれば、彼の大戦略は「戦後および冷戦後の時代の幅広い輪郭にぴったり合っていた。その最も大きな目的は、アメリカの優越性とリベラルな国際秩序の維持だったからだ」[35]。さらに、彼の目標を追求するうえでの動機は、道義的原則に基づいており、それと対立する個人的あるいは感情的な欲求で弱められてはいなかった。価値とリスクのバランスという点では、オバマは過ちを避けようとするあまり慎重になりすぎたとして批判されることもあるが、この点では、二代目よりも初代のブッシュ大統領によく似ている。オバマと初代ブッシュに仕えたウィリアム・バーンズは、両者に共通点を見出しているが、ブッシュ41と異なり、オバマは「二極から一極に移り変わる世界ではなく、一極構造からはるかに混乱した世界への移り変わりを目の当たりにしていた……明るく軽やかで想像力が広がる時代の風潮にあっても、われわれにはブッシュ41のころのように、外交カードを自由に使うことはできなかったのだ」[36]

革命的な時代はさまざまな機会をもたらしてくれるかもしれないが、不愉快で思いがけない事態や、意図せざる結果を招くこともまた多い（オバマがリビアで直面し、シリアで恐れたような）。いま一度、決断しないことの重要さを思い出すべきだろう。大統領専用機《エアフォース・ワン》でオバマは、報道陣にこう言った。メディアは悪化する紛争に集中しすぎる。ジョンソンのベトナム戦争、カーターのイラン人質危機、ブッシュのイラク戦争はいずれも、彼らの在任期間における過ちとみなされている、と。そして笑い混じりに、オバマ・ドクトリンは「愚かな行為をしないということだ」[37]と宣言した。これは大戦略にはほど遠いが、リアリスト的な慎重さの価値を示すものだ。しかし、リベラルやコスモポリタンの批評家は、行き過ぎた慎重さは道義に反する結果をもたらすことがあると主張する。

第二の次元である手段について言えば、オバマは軍事力の行使にあたって均衡や軍民の区別を意識し、アメリカが行使する軍事力をできるだけ軽くしようと努めた。そして、ドローン攻撃やサイバー攻撃といった新技術を使うにあたって、道義的なガイドラインを設けた。しかし批評家は、新技術を用いた遠距離からの精密攻撃により、オバマはテロリストを捕まえるのではなく、殺すことを選んだと指弾する（そのなかにはアメリカの市民権を持つ者もいた）。こうした政策の行使は定期的に議会に報告され、一般に公表されたが、批判派はこれを、ジェラルド・フォードが停止し（ロナルド・レーガンが緩めた）た、冷戦時代の暗殺工作の復活だと主張した。[38] しかし概して言えば、オバマはリベラルな価値や手続きを尊重し、国際機関や制度を活用して、発展させようとする努力を見せた。

オバマの外交政策の結果に関しては、さほど時間が経過していない現時点で決定的な評価を下すのは困難だが、現段階では、アメリカの国益に寄与した、よき受託者だったと思われる。リアリストのなかには、オバマが中国やロシアの振る舞いに強硬に対応しなかったと不満を露わにする者もいる。かと思えば、彼がＮＡＴＯや日本との同盟関係を強化し、中東への関与を抑制したと称賛する意見もある。また、オバマの行き過ぎた慎重さが道義に反する結果を招いたとする者もある。新保守主義者の主張では、中東での革命の間、オバマは人権や民主主義を前進させるために、より強い措置を取るべきだった。一方でリベラルは、戦後の国際秩序を守るためにオバマが国際機関を活用し、核テロ対策協定を更新して、気候変動に対応するパリ協定を支持したことを称賛する。二〇〇八年のグレート・リセッションで国際的に連携を取り、さらなる大恐慌に発展するのを防いだオバマの対応は、きわ

表8.1　オバマの倫理的採点表

意図と動機	道徳観：魅力的な価値、よき動機づけ	よい
	慎重さ：価値とリスクのバランス	よい／評価が分かれる
手段	軍事力：均衡、軍民の区別、必要性	よい
	リベラル的配慮：諸権利や制度の尊重	よい
結果	受託者責任：アメリカの長期的国益に寄与したか	よい／評価が分かれる
	コスモポリタン：他国民の損害を最小限にしたか	よい／評価が分かれる
	啓蒙効果：真実を尊重し、道義的な対話の機会を広げたか	よい

めて大きな功績だ。コスモポリタンは、人権を守るためにより踏み込んだ対応を求めたが、オバマは他国民への損害を最小化するために尽力した。西アフリカで新種のエボラ熱が発生したときに、オバマは当初、アメリカ合衆国が対策を主導することを望んでいなかったが、最終的には、感染拡大を防ぐためにはそれが唯一の方法だと決意し、数千人の軍関係者を送り込んで、封じ込めに大きな成功を収めた。

啓蒙効果について言えば、オバマは真実を尊重し、国内外で地球的諸問題に関する道義的対話の機会を広めた。しかし一部の批評家は、彼がグローバリゼーションへのポピュリスト的反応を充分に抑制しなかったと主張する。共和党の下院議員は、オバマが医療保険政策で嘘をついたとあからさまに非難した。だが、歴代大統領はみな、政策や公約を誇張するものだ。オバマ大統領の任期中で最も印象的なのは、公私ともに真実を尊重する高潔な振る舞いだ。完璧ではないものの、現段階での彼の採点表は、上のようにきわめて良好だ。

ドナルド・J・トランプ

ドナルド・トランプは歴代でも異例ずくめのアメリカ大統領だ。ワシントンの政治的登竜門をくぐっていないだけではなく、最高位の役職が初めての政治経験となる。七十歳での就任は、大統領として最高齢だ。それに、最も富裕でもある。トランプはニューヨーク行政区のクイーンズで、一九四六年に生まれた。そのときの大統領はハリー・トルーマンで、ケネディとニクソンは議会選挙に初めて出馬し、ハワイはまだ準州で、オバマが生まれるまではまだ十五年もあった。

不動産デベロッパーの息子に生まれ、父親は高圧的と描写されることが多い。トランプは陸軍幼年学校に通ったあと、フォーダム大学に進学してから、ペンシルベニア大学の経営学部ウォートン・スクール・オブ・ビジネスに移った。クリントンやジョージ・W・ブッシュと同様、彼もベトナム戦争での徴兵を忌避している。一九七一年に家業の不動産ビジネスを継ぎ、マンハッタンに事業を拡大する。会社は超高層ビル、ホテル、カジノ、ゴルフ場を手がけ、トランプの名を冠して不動産のみならず消費財を売った。二〇〇三年から二〇一五年にかけて、リアリティ番組の『アプレンティス』をプロデュースし、司会者として出演する。《フォーブス》誌は彼の試算を三十一億ドルと推定している。

トランプのユニークな生い立ちは、きわめて型破りな政治スタイルを生み出し、メディアと政治の関係を大きく変えた。リアリティ番組で成功するには、つねにテレビカメラの注意を自らに引きつけることが必要で、彼はしばしばそのために、真実をねじ曲げて怒りを煽る言動や、一般常識を無視した振る舞いに及ぶことがあった。トランプはまた、新しいソーシャルメディアであるツイッターの使い方も学び、二〇〇九年（ツイッターが世に出てからわずか三年後）に使いはじめて、世間の注目を集めた。これによって、彼はメディアを通さずに発信することが可能になり、「自分だけの新聞を発行するようなものだ」とたとえた。[39]ホワイトハウスのスタッフから、大統領の職責にそぐわないのでツイートを控えるようにたしなめられても、トランプは耳を貸さなかった。「これはわたしのメガホンだ。わたしはこれを使って、フィルターを通さずに直接、人々に語りかけるんだ」[40]と。トランプの政治的コミュニケーションにおける革新的な技術は、ＦＤＲがラジオの草創期に行なった炉辺談話や、放送を開始したばかりのテレビを使ってＪＦＫが行なった記者会見に類似している。彼はこうした点で、既成の政治家よりもはるかに独創的だ。

トランプはこうした洞察力を二〇一六年の共和党党員集会でいかんなく発揮し、十六人の候補者がひしめくステージで議論を闘わせた。彼はまた優れた直観で、貿易の世界的拡大によって生じた地方の経済格差への不満や、移民や文化的変化への怒りを巧みに利用した。こうした不満や怒りはとりわけ、大学教育を受けていない、年輩の白人層に見られるものだ。トランプのポピュリスト的、保護主義的、ナショナリスト的な主張は、たちまちメディアの関心を独占し、彼よりはるかに経験豊かなはずのライバルたちによる、伝統的な有料の政治広告をはるかにしのぐ露出ぶりだった。ある意味で、トランプは選挙戦でライバルたちを窒息させたのだ。トランプはさらに、民主党の候補者ヒラリー・クリントンを上まわる選挙人団を獲得して世間を驚かせ、一般投票の得票数で及ばなかったものの勝利を収めた、史上五人目の大統領になった。

当時の政治評論家の間では、選挙後のトランプは政治的支持を広げるために中道寄りの政策に軌道修正するだろうという予測が大半だった。二〇〇〇年、僅差で勝利したジョージ・Ｗ・ブッシュもそうしていたのだ。しかしトランプは、自らに忠実な支持層に働きかけて、党員集会の論戦で自らに敵対した候補者を脅したので、共和党の連邦議会議員は反対意見を表明するのを恐れるようになった。正面切って反対した人々は、党員集会で敗れ、共和党主流派の外交政策の専門家で、選挙期間中に「トランプ反対」の文書に署名していた人々も、新政権から大半が排除されることになった。

既成の評論家はまた、トランプが選挙に勝ったら、側近の目を通さずにツイッターに投稿して世論の怒りを煽るようなスタイルを改め、就任式のあとは〝大統領らしく〟振る舞うようになるだろうと思っていた。しかし彼は、選挙戦の期間中と同じような手法で統治し、きわめて異例の大統領になった。政策の表明や閣僚の更迭がツイッターで発信された。その結果、トランプ政権の顔ぶれは、中枢の人間も含めてひんぱんに変わり、国務長官や国防長官の見解と真っ向から食い違う政策が表明されて、閣僚や高官の信頼性が損なわれた。こうした事態はトランプと司法機関、メディア、盟友たちの間に軋轢を招き、トランプは組織的な結束を失ったが、彼はツイッターというバーチャル空間で、完璧な政策運営という虚栄に浸ることでそれを埋め合わせた。

トランプの政治的武器は、予測不能である点だ。最初の首席補佐官を務めたラインス・プリーバスは、トランプの政権運営スタイルを「トランプはいつも、感情をかきたてる物語に注意を払う。彼は対立を好む。相対する者同士を集め、争わせるのだ。過程には関心がない。決定は自分が下したがる」。多くの点で、こうしたスタイルはドワイト・アイゼンハワーよりもフランクリン・ルーズベルトに類似している。そして取引で培ってきた技術で、トランプは「思いがけないような極論から始め、取引に持ち込んで妥協に至る」[41]のだ。トランプが『トランプ自伝――不動産王にビジネスを学ぶ』

〔原題は *The Art of the Deal* で、『取引の極意』を意味する〕で述べるところによると、これは彼がニューヨークの不動産ビジネスで使ってきた経営と取引のスタイルだという[42]。

トランプにはビジネスでの取引以外に、外交政策の経験がほとんどないため、彼の政治観は伝統的な共和党のものではなく、さまざまな立場から取捨選択したものだ。ホワイトハウスのある関係者は、トランプが最初に下した政治的決定は、「グローバル主義者とナショナリスト」が入り混じったもので、トランプがそのどちら側へ動くかは予測できないという[43]。彼のイデオロギー的な見解は首尾一貫していないが、長年にわたって貿易には保護主義的な見解やナショナリスト的な感情を表明し、アメリカの同盟国が不公正に利益を得ていると非難してきた。一九八七年、レーガン政権の任期中に、トランプは大手新聞各社に全面広告を掲載し、アメリカが愚かにも提供してきた軍事的安全保障に、同盟国はただ乗りして豊かになってきたと主張した。そのとき彼は、「われわれの偉大な国をこれ以上、笑いものにしてはならない」と呼びかけた[44]。彼は安全保障や人権よりも経済問題に関心を集中し、アメリカ合衆国を被害者と表現している。

選挙運動の期間中、トランプは戦後のリベラルな国際秩序というコンセンサスに挑戦した、初の有力候補者となった。彼はNATOを時代遅れだと言い放ち、日本と韓国はアメリカとの同盟関係に代えて自前の核開発に乗り出すべきだと主張、NAFTAなどの貿易協定を非難し、パリ協定はアメリカの経済成長を鈍らせようとする中国のでっち上げだと決めつける一方で、独裁的国家の政治指導者による人権侵害を非難するのは拒んだ。ロナルド・レーガンやそれ以前の共和党の大統領について訊かれると、「われわれはもはや、外国の国造りを進めるべきではない。そうした事業に効果がないことは証明ずみだと思う」と答えた[45]。こうした言動はみな、「アメリカファースト」や「アメリカをふたたび偉大にしよう」というスローガンのもとに行なわれた。

　大統領就任後は、こうした安全保障政策における破壊的な言動はやや穏やかになったが、トランプの外交政策の多くは、選挙運動中に掲げた方針に沿っている。就任演説で彼は、「われわれは外国の国境を守りながら、わが国の国境を守ることを拒み、アメリカが荒廃し、腐食するのにまかせて、何兆ドルもの予算を海外援助にまわしてきた……きょう、この日からは、『アメリカファースト』あるのみだ……保護は大いなる繁栄と強さをもたらすだろう……われわれは自分たちの生活様式を誰にも強制しようとはしないが、われわれの国を輝かせて、それを模範にしようではないか」と宣言した[46]。そしてトランプの政策は、公約どおりだった。最初の二年で、彼はパリ協定を離脱し、オバマが交渉を進めてきた環太平洋パートナーシップ《ＴＰＰ》貿易協定を拒否し、世界貿易機関《ＷＴＯ》を弱体化させ、ＮＡＦＴＡの再交渉を進めて、同盟国から輸入される鉄鋼やアルミニウムに国家安全保障上の理由として関税を課し、中国にも幅広い品目の関税をかけて、オバマと同盟国がイランと交渉して取りまとめた核合意を破棄し、ＮＡＴＯやＧ７を批判して、ウラジーミル・プーチンをはじめとした、人権侵害に関わっている独裁的国家の指導者を称賛した。二〇一九年四月、ＮＡＴＯの七十周年記念式典で同盟国のリーダーと会談した二人の元アメリカ大使は、「ほぼ全員が、トランプをＮＡＴＯにとって、最も差し迫った困難な問題だと見ている」と報告した[47]。ヨーロッパ人はアメリカ合衆国をあてにならないと感じ、ホワイトハウスはヨーロッパを結束させるのではなく、分裂させようとしていると考えた。

　二〇一七年十二月に発表された、トランプ最初の国家安全保障ドクトリンは、リアリスト的な視点に基づく、多国籍制度や世界的通商の限界を打ち出したものだった。そして中国やロシアのような大国との競争関係にふたたび焦点を当て、二〇一八年一月には、ジェイムズ・マティス国防長官が「テロリズムではなく、大国間の競争が、目下のアメリカにとって最大の関心事だ」[48]と表明した。二〇〇六年にブッシュ43は、その国家安全保障戦略で、保護主義ではなく、民主主義と開放的な市場の発展に重きを置いていた。オバマの二〇一五年の戦略では、ブッシュの方針を行き過ぎと非難し、アメリカは永続的な国益がかかっているときだけ単独で他国に関与すべきで、自国民には外国の模範となるよう求めた。イギリスの《エコノミスト》誌は、「トランプはブッシュとオバマの双方のドクトリンを否定しているように思える」[49]と論評した。トランプ政権関係者には、大統領自身が戦略にどの程度関与しているのか、確信が持てない者もいた。二〇一九年にその一人が、トランプは中国の挑戦を認識しているが、中国への全体的な戦略よりも、中国との通商政策のほうが優先事項なのだと述べて、その混乱した状況を伝えている[50]。

一方で新保守主義の批評家は、トランプとオバマの戦略には、違いよりも類似点が多いと見ている。彼らの見方では、いずれも外交政策の縮小を求める国内的要求に応えようとして、それぞれスタイルは異なり、誤った反応を示したのだ。たとえばトマス・ドネリーやウィリアム・クリストルは、「オバマとトランプの共通点は、世界をより危険な情勢に導くものだ。両者の戦略は、アメリカ合衆国そのものを定義しなおそうとしている。だが、われわれは拡大によって成り立っている国なのだ――それは単に領土や地政学的な意味での拡大ではなく、自由と繁栄の拡大でもある。アメリカ合衆国の存在意義は、単に現状を守るのではなく、理想を実現しようとしつづけるところにあるのだ」[51]と述べている。トッド・リンドバーグは、トランプと二人の前任者の戦略の違いを、以下のように説明している。「ブッシュとオバマの二人にとって、アメリカ合衆国はより大きな全体の一部である。アメリカは（間違いなくきわめて強力な）リベラルな国家だが、それはあまたあるリベラルな国々の一員として、リベラルな国際秩序を形作っているのだ」。もうひとつの違いは、トランプが前任者と違い、世界はリベラリズムの方向へ動くという「歴史の円弧」の概念を否定していることだ。「やはりブッシュとオバマは、さまざまな面で違いはあっても、ホイッグ党〔十九世紀前半に存在した、共和党の前身〕的な歴史観、つまり歴史は世界的なリベラリズムの方向へ進歩しているという見方を共有している」[52]。リンドバーグはさらに、二人と対照的にトランプには、ホッブズ的なリアリズム、ゼロサム的なものの見方、偏狭に定義された国益といった基準があてはまると主張する。いずれにせよ、新保守主義の批評家はオバマとトランプの類似点を単純化しすぎている。オバマのアプローチと、パリ協定やTPPやイラン核合意からの離脱、NATOや同盟国への批判といったトランプの一方的なやり方に象徴される姿勢には、やはり大きな違いがあるのだ。

トランプ政権はまた、ソフトパワーの発展への投資や呼びかけを怠っている。その結果、多くの世論調査（ロンドンで毎年発表されるランキング『*Soft Power 30*』を含めた）で、トランプ政権の発足以降、アメリカのソフトパワーは低下を続けている[53]。ツイートは世界的な課題を呼びかけるのには役立つこともあるが、その語調や内容が、外交政策や各国のリーダーに攻撃的なものであれば、ソフトパワーを作り出すことはない。トランプのツイートはその大半が、外交にふさわしい言葉遣いではなく、外国や各国のリーダーへの個人的批判に終始している。それでもトランプの擁護派は、ソフトパワーなど関係ないと答えた。トランプの行政管理予算局長ミック・マルバニーは、国務省やアメリカ合衆国国際開発庁の予算を三割削減する一方で、「ハードパワーの予算」を増やすと宣言した[54]。それ以前にマティス海兵隊大将が、議会に対し、国務省に予算をつけてソフトパワーを守らなければ、より多くの弾丸を買わなければならなくなるだろうと警告したが、大統領はその警告に耳を貸さなかった。トランプは国防予算を増やす一方で、国務省の予算と職員を削減した。しかし後に、中国の政治的影響力との競争に直面したときには、トランプは海外援助をいくらか増やしている。

同様に、トランプが人権への尊重をあまり示さなかったことも、伝統的なアメリカのソフトパワーを損なった。シリアが一般市民に化学兵器を使用したときには、懲罰のために空軍力を行使し、イエメン紛争では民間人への空爆を制限するようサウジアラビアを説得しようとしたが、トランプの演説には、カーターやレーガン以来の大統領全員が標榜していた、民主主義や人権の尊重という概念がまったく見られない。彼はベネズエラの独裁政権を批判し、マドゥーロ政権への制裁を実行したが、ある批評家の言葉によると、「トランプがプーチン、トルコのエルドアン、フィリピンのドゥテルテ、エジプトのシシといった強権的な指導者を『強いリーダーシップの持ち主』ともてはやすのは――彼自身も国内で報道の自由を攻撃しているが――市民社会を抑圧し、各国の反体制派を弾圧しようとする動きを勢いづかせるだけだ[55]」ということだ。トランプは二〇一八年にイスタンブールのサウジ大使館で起きた反体制派ジャーナリスト、ジャマル・カショギ殺害事件に際して、煮え切らない反応だった。さらに、前任者の大統領たちがしばしば、国家安全保障のほうが人権への関与よりも優先することがあると主張し、多くのアメリカ人がそれに理解を示していたのに対し、トランプは商取引のほうが優先すると主張した。「なぜなら、外国の予算が多くの雇用を生み出すからだ[56]」。《フィナンシャル・タイムズ》のコラムニスト、ギデオン・ラックマンは「現在に至るまで、ロシアや中国をはじめとした強権的な体制で、真実を求めて孤独かつ危険な戦いをしている反体制派は、西洋にはよりよい体制が実在していると指摘することができたが、いまではアメリカ大統領は、明らかに真実に無関心だ」と論じている[57]。第2章で見たように、民主主義と人権の促進には、強い度合いの介入は不要だ。ただしそれには、正義を求める言葉と、「丘の上の町」の効果がなければならない。

政権の支持者は、ふたつの事柄を挙げて批判派に反撃する。ひとつは、政治学者や外交官や同盟国が、トランプの偶像破壊的な変化やスタイルに唖然としていても、トランプに忠実な支持層は喜んでいるということだ。彼らは変化をもたらすために投票し、混乱を歓迎している。「このリアリスト的な冷徹な世界観は、変化を正しく認識しているアメリカ人の有権者に共鳴し、正当性を与えるものだ。彼らの考えどおり、もはや世界は、冷戦後と違い、アメリカの一極構造ではないのだ[58]」という意見だ。もうひとつは、一部の専門家が主張する、結果がアメリカの国益にかなうものであれば、トランプのスタイルや彼が引き起こす混乱は正当化されるという考えだ。たとえばイランの政権がより寛大になり、北朝鮮が非核化し、中国の振る舞いが変化し、国際的な貿易体制が、よりバランスの取れたものになればの話だが。

もちろん、トランプの政策変更がもたらす長期的な結果を評価するのには、まだまだ時期尚早だ。それはあたかも、試合の途中で得点結果を予想するようなものだ。それでも、スタンフォード大学の歴史家ニーアル・ファーガソンは二〇一八年に、「トランプ大統領の任期で鍵となるのは、アメリカにとっておそらくこのときが、中国の台頭を止めるか、少なくとも速度を抑える最後のチャンスだということだ。そして、この問題に対するトランプの姿勢は、予測不能かつ破壊的なやり方でアメリカの力を主張するというものであり、知的には満足のいくものではないが、実はこれが残されている唯一の方法かもしれない。……トランピズムの論理は実に単純で、他の帝国を威圧し、彼らがアメリカ合衆国より弱いという事実を利用して、譲歩を勝ち取り勝利を宣言するというものだ[59]」と主張している。同様に、ブッシュ43の元政権関係者は、トランプが最も成功したのは、「『責任ある利害共有者』という、アメリカの対中政策を数十年も支配してきたコンセンサスをあっさりぶち壊し、『戦略的競争』という新たな枠組みに変えたことだ。……これはアメリカの戦略でも、並外れて重要な概念の変化であり、アメリカ合衆国と世界の両方に、政治、経済、安全保障の面で深遠な波及効果をもたらすことは間違いないだろう」としている[60]。

別の共和党関係者は、次のように主張する。「トランプ政権がアメリカの安全保障に顕著な貢献をしたのは、中国の台頭という危険な現実から目をそむけることなく直視したことだ……反面、気候変動に対するトランプの見方は、この先何十年も、後継者に難題を投げかけるだろう」[61]。トランプの経済的アプローチの支持者は、ロナルド・レーガンと比較して、「トランプの高関税の脅しは、貿易障壁を引き下げて『同じ土俵に立たせる』ための交渉戦術だ」と主張する[62]。ロシアとの関係については、トランプのプーチン政権への対応は比較的寛容で、アメリカの大統領選挙に対するロシアの妨害工作に強硬な対応を取らなかったのは、国内政治でトランプが個人的に訴訟問題などの弱みを抱えており、二〇一六年の選挙の正当性に疑問が残っているからかもしれない。

たとえ、トランプの偶像破壊的なスタイルでさえいくらかの成功を収めているとしても、コストと利益が均衡しているかどうかを考える必要があると、批評家は主張する。彼らによると、国際機関やアメリカの信用がこうむった損害に鑑みれば、コストがあまりに大きい。かつてジョージ・シュルツが、外交政策を丹精込めた庭仕事にたとえたのとえらい違いだ、と彼らは言う。たとえば中国との競争関係について言えば、アメリカ合衆国には六十カ国の同盟国があり、近隣諸国との紛争はほとんど抱えていないのに対して、中国に同盟国はほとんどなく、隣国との領土紛争は山ほど抱えている。それなのにトランプは、同盟国と力を合わせて、中国の振る舞いに対応していない。彼らはそう批判する。さらに、国際ルールや制度が制約を設けることもあるが、アメリカ合衆国はそうした制度作りにおいて圧倒的な役割を果たせるし、最大の受益者でもある。そのうえ、アメリカは中国よりも大きなソフトパワーを持っている。批評家は、トランプの人柄やスタイルが、こうした資産をみすみす損なっていると主張する。

たとえば、彼がついた嘘を考えてみよう。就任して一年半の間に、トランプは三千二百五十一回の誤解を招く主張を行なった。これは大統領の発言のうち、根拠の疑わしい主張を分析、分類、追跡している《ワシントンポスト》の真偽検証人《ファクトチェッカー》データベースによるものだ。一日平均では六・五回の主張がなされており、最初の百日間は四・九回だったのが、二〇一八年五月には八回に増えていた。一日あたりの平均回数は増加の一途をたどっている。トランプの支持者は「政治家は誰でも嘘をつく」と開き直り、それどころか忠実な支持層は、彼をこれまでで最も誠実な大統領だと信じている。というのは、トランプは一般通念を打ち破り、「物事をあるがままに語る」からだ。二〇一八年十一月にトランプは記者団に、「できるときには、わたしは真実を語る。ときには不測の事態が起きたり、状況が変わったりすることもあるが、わたしはいつでも、本当のことを言いたいと思っている」と言った(63)。しかし第2章で見たように、あまりにも嘘が積み重なると、事情が変わってくる。多すぎる嘘は、真実という通貨を損なうのだ。さらに、FDRの例で見たように、嘘のなかには自己保身のためのものと、組織を守るためのものがある。大統領は自らの足跡を隠し、困惑を免れようとして嘘をつくこともあれば、政敵をおとしめるために、あるいはそのときの都合で嘘をつくこともある。トランプの嘘には、意図せざるものや、取引上の戦略によるものもあったかもしれないが、その大半は自己保身のためで、彼の私人としての振る舞いに関係していた。

こうした問題は、より大きな疑問を招く。大統領の外交政策を判断するうえで、トランプの個人的スタイルや人柄が果たして妥当なのかという疑問だ。二〇一六年八月、国家安全保障政策を担当してきた五十人の共和党関係者が、次の文書に署名した。「大統領は規律を守り、感情を抑制して、熟慮と慎重さをもって判断してから行動を起こすべきだ……しかしトランプは、こうした非常に重要な資質を何ひとつ持ち合わせていない。彼は見解の対立を煽るべきではない。彼には自己抑制が欠如しており、性急に行動する。彼は個人的批判を許容できない。トランプは常軌を逸した振る舞いによって、アメリカの最も緊密な同盟国に警戒感を与えている」(64)。彼らだけでなく、多くの人々が、トランプの個人的な気質は大統領にふさわしくないと主張してきた。

リーダーとして、トランプの頭の回転が速いのは明らかだが、彼の気質は、感情知性や状況を把握する知性の低さとなって表われている。FDRやジョージ・H・W・ブッシュが大統領として成功したのは、こうした資質に優れていたからだ。『トランプ自伝』の共著者トニー・シュワルツによると、「わたしは早いうちから、トランプの自尊心がつねに危機感に駆られていることに気づいていた。彼は不当に扱われていると感じると、衝動的かつ防御的に反応し、事実に基づかない話をでっち上げて自己正当化を図り、いつも過ちを他人のせいにしようとする」という。シュワルツはこうしたトランプの気質の原因として、父親による支配を挙げる。彼の父親は「つねに苛酷な要求をし、気むずかしく、何かに取り憑かれたようだった……人間は支配する側になるか、従属する側になるかのどちらかだ。恐怖を作り出すか、さもなければ恐怖に屈服するかだ——トランプは、彼の兄は屈服してしまったと考えていた〔トランプは兄をアルコール依存症で亡くした〕……トランプは単に感情や、他人への興味に身を委ねることはしなかった……この話の要点は、トランプがつねに事実を、自らに都合よく捉えているということだ」(65)。トランプ自身は、彼の父を「ものすごく強くてタフだった」と描写している。彼自身の述べるところでは、兄は父に耐えられなかったが、「わたしはたいがいの人とは違って、決して父にひるむことはなかった。わたしは父に立ち向かった……小学校のときから、わたしは自己主張が強く、喧嘩っ早い子どもだった」(66)

トランプの気質の原因について、シュワルツが正しいのかどうかはともあれ、トランプのエゴや感情的な必要性はしばしば、外国のリーダーとの関係や、さまざまな事件への彼の解釈に影響を与えているようだ。ジャーナリストのボブ・ウッドワードの報告によると、トランプは、女性への不行状を認めた友人にこう言ったという。「恐怖こそ真の力だ……おまえは女たちの言うことをとにかく否定しつづけて、押し返さなきゃならん。ちょっとでも過失を認めたら、死んだも同然だ。そいつは大きな間違いだ。銃をぶっ放すように、ひたすら反論しつづけるんだ。さもないと、弱みを見せてしまう……何ひとつ認めるな」[67]。トランプの感情知性は低レベルだ。それはトランプの個人的感情がしばしば、彼の動機に影響を与え、政策目的を混乱させていることを意味している。たとえば、国家情報長官が公式に証言したのと正反対に、トランプは北朝鮮の核問題が解決したと宣言した。その理由は、「わたしは彼のことを気に入ったし、彼もわたしをとても気に入っているからだ」[68]。イラン、北朝鮮、シリアのＩＳについて、諜報機関のトップの見解がトランプの考えと真っ向から対立していても、トランプは、諜報機関の連中は学校からやりなおすべきだと一蹴した[69]。

トランプの気質はさらに、状況を把握する知性にも影響を与えている。前任者の大半と異なり、彼には公職の経験も国際問題の経験もないのだが、驚くべきことに、トランプはそうした知識の欠如を埋め合わせる努力をほとんどしない。側近によると、彼は読書をせず、概況報告のメモはきわめて簡潔にまとめるよう強く求め、情報源の大半はテレビのニュースということだ。プーチンや金正恩のような独裁者との会見に臨むときも、補佐官が用意する資料に関心を示さないという。リベラルな批評家の言葉では「トランプはひと言命じれば、どんな問題についても詳細な資料を作らせることができるのに、『ＦＯＸ・アンド・フレンズ』〔ニュース局ＦＯＸのトーク番組〕を観るほうを好む。彼が脳裏に描く世界貿易の姿は、現実とはかけ離れている。トランプの思い描くアメリカが、暴力的な移民に蹂躙されているという誤ったイメージであるように」[70]ということだ。保守派のコラムニスト、ブレット・スティーヴンスによると、「われわれの大統領には『ガードレールがない』。というのは、トランプは法制度や手続きを軽蔑しているからだ。彼の手先たちもそうしたトランプの態度を見習って、傍若無人な振る舞いに及んでいる」[71]。もしトランプの偶像破壊的な手段の選択が、単に伝統的な大統領のエチケットに反するというだけなら、〝批判派は潔癖すぎる〟あるいは〝古風な外交観に囚われている〟という主張も成り立つだろう。しかし手段の選択は、単なるエチケットの問題ではない。それらはまた、結果にも影響するからだ。

では、まだ進行中であることは承知のうえで、トランプの外交政策の倫理性を暫定的に評価するとしたら、どのようなものになるだろうか。第一の次元である意図、目標や動機から言えば、トランプが提示する価値観は偏狭で、リベラルな国際秩序を否定し、ホッブズ的、ゼロサム的なリアリズムに依拠して、アメリカの自己利益を狭く定義している。ホワイトハウスの側近の一人が説明するように、アメリカファーストは必ずしも、アメリカ単独主義ということではない。変化を促す一方で、トランプも不承不承ながら、同盟国の重要性を認めている。また、トランプのレトリックは民主主義や人権を低く見ているが、それでも彼は「丘の上の町」の伝統に基づいた演説をしている（ただし、彼の国内での振る舞いがアメリカの魅力を損なっているという批判はあるが）。公正な批評家の間でも、トランプが表明する価値観の魅力に対する評価は分かれるだろうが、彼の個人的な欲求が政策を歪めているという点に関しては、異論を差し挟む余地はないだろう。成功を喧伝したいというトランプの個人的な欲求のせいで、政策に欠陥が生じ、それがアメリカの同盟国との絆を弱めている――たとえば、二〇一八年のプーチンや金《キム》とのトップ会談のあとがそうだった。朝鮮半島の核問題は解決されたと宣言し、自国の諜報機関の長官よりもプーチンを信じると言明したことは、賢明な政策でもなければ、まっとうな政策運営とも言えなかった。価値とリスクのバランスを取るという慎重さに関して言えば、トランプの不介入主義は、軍事力行使による過ちを防いではいる。しかし今世紀における力の拡散が、アメリカ合衆国にリスクをもたらすのは間違いなく、トランプにそれを防げるほど充分な思考の地図や、状況を把握する知性が備わっているかどうかは、疑問の余地があろう。不愉快な事態に直面したくないというだけでは、大統領は務まらない。それは怠慢として非難されるに値しよう。

手段という観点からは、トランプのISに対する軍事力の行使や、シリアの化学兵器使用に対する報復措置は、均衡と軍民の区別を意識したものであり、イランがアメリカの無人機を撃墜したときにも、トランプが軍事力による反撃を取りやめたのは道理にかなっている。一方で、イエメンの民間人に対するサウジの空爆を彼が支持したのは、人道上の疑問を招くものだ。最初の国防長官を含む批判派は、同盟国になんの相談もなく、シリアの駐留兵力をすべて撤退させるという性急な発表に反対した。リベラルな手段という観点では、トランプは他国の制度や他国民の諸権利にほとんど配慮していない。

結果に関して総合的な評価を下すには、さらなる時間の経過が必要だ。現段階では、トランプが国民の信託に応えてアメリカの国益に寄与したかどうかは、まだ明らかではないが、就任当初に下した決断は、個人的な政治的都合を人命より優先させた、反道義的なアプローチだった疑いがある。すなわちトランプは選挙戦で、パリ協定からの離脱を公約に掲げた。彼の部下が、オバマの排出削減目標を反故にするのは、一年に四千五百人の人命を犠牲にする惧れがあると指摘し、より強硬な姿勢を取りつつ協定にとどまる選択肢を提案したとき、トランプは完全撤退こそが、「支持者との約束を守る唯一の道だ」と言って取り合わなかった。(72)

表8．2　トランプの倫理的採点表（中間）

意図と動機	道徳観：魅力的な価値、よき動機づけ	悪い
	慎重さ：価値とリスクのバランス	評価が分かれる
手段	軍事力：均衡、軍民の区別、必要性	よい
	リベラル的配慮：諸権利や制度の尊重	悪い
結果	受託者責任：アメリカの長期的国益に寄与したか	評価が分かれる
	コスモポリタン：他国民の損害を最小限にしたか	悪い
	啓蒙効果：真実を尊重し、道義的な対話の機会を広げたか	悪い

先に論じたように、トランプのスタイルと彼の選択した手段によって、すでに目に見える形でかなりの損害が生じているが、利益と照らし合わせて、総合的な判断をするには時期尚早だ。コスモポリタン的な視点からの懸念や、啓蒙効果において、彼が国内外で道義的対話の機会を広めるのではなく、狭めたという判断も、まだ早いかもしれない。さらに言えば、トランプに諸制度や真実への敬意が欠如していたことは、ソフトパワーの損失をもたらしたが、諸制度やアメリカの名声がこうむった傷が修復可能かどうかも、まだわからない。二〇一九年に、元共和党政権関係者のロバート・ブラックウィルは、トランプの中国に対するリアリスト的なアプローチや中東への関与を強めたことを指して、その外交政策が「当初に思われていたよりましだった」と結論づけたが、それでも評点はDプラスと、きわめて低い[73]。これと対照的に、二〇一八年の四月に、トランプはFOXニュースに「わたしは自分にAプラスをあげたい」と言っている[74]。いずれにせよ、トランプの大統領としての任期はまだ終わっていないので、彼の中間採点は「課題の途中だが、いっそうの努力を要する」となるだろう。

大統領の業績を適切に評価するには、時間の経過を待たなければならないと、歴史家は警告する。それには何十年もかかる場合もある。オバマにしろトランプにしろ、現段階での評価はあくまで暫定的なものだ。両者ともに、ブッシュのイラク介入による行き過ぎを是正しようとし、アメリカの世界における地位を維持したいという願いを表明してきた。二人とも孤立主義者ではなかったが、世論の趨勢を反映して、縮小政策を実施してきた。しかしながら、二人の姿勢は非常に異なっている。オバマは、一九四五年に確立されたリベラルな国際秩序を維持しようとしてきた。彼は新たな核合意、貿易協定、気候変動への対応協定を取りまとめた。そしてヨーロッパやアジアとの同盟関係を維持しようと尽力し、中国を国際制度の枠組みに組み込んで、（あまり成功しなかったが）中東の泥沼からアメリカの関与を削減しようとしてきた。

これと反対に、トランプはリベラルな国際秩序を拒絶し、同盟関係に疑義を呈し、多国間制度を攻撃して、オバマの貿易協定や気候変動枠組協定から撤退、中国とは貿易戦争を始め、アメリカの政策の焦点を中東のサウジアラビアやイランに戻した。彼はアメリカをふたたび偉大にすると約束したが、それは通商を主眼にした偏狭なアプローチと、一般通念に挑戦する破壊的な外交政策によるものだった。

現時点で決定的な評価を下すことは不可能だが、この両極端な二人のアプローチは、アメリカ人に重要な道義的選択を突きつけるだろう。最終章でわれわれは、第四十六代大統領が直面するであろう挑戦に向き合う。

第９章　外交政策と未来の選択

外交政策上、道義的選択は避けて通ることのできない側面だ。皮肉屋のなかに、道義など外交には無関係だというふりをする者がいても、そのことに変わりはない。人は剣のみでは生きられないのだ。言葉にもまた力がある。剣のほうがすばやくても、言葉には、剣をふるう人の心を変える力があるのだ。ヘンリー・キッシンジャーが主張したように、国際秩序は軍事力のようなハードパワーの均衡だけに依存しているのではなく、何が正当かという認識にも左右される。[1] そしてもちろん、正当性を左右するのは価値観だ。

一九四五年以後の倫理的外交政策の評価

モラルは重要だろうか。それとも道義的な主張は、そのときどきの大統領が個人的な利益、あるいは国益を正当化するためのお飾りにすぎないのだろうか——ある友人が言っていたように、因果関係上の意味とはほとんど関わりのない、「まあ、そういうことだよ、ペラペラペラ」と言い訳するためのお飾りなのか？　利益というケーキを焼き、見栄えをよくするために、大統領はモラルという砂糖衣をかけるのだろうか？

これまで見てきた事例が示すのは、こうしたはなはだ斜に構えた姿勢こそが、悪い歴史を形作ってきたということだ。やはり、モラルは重要なのだ。たとえば、第3章で見たように、純然たるリアリストが、力の二極構造や覇権《ヘゲモニー》の帝国主義的強制という観点だけで戦後秩序を解き明かそうとすれば、FDRがウィルソン主義的な制度を構築した理由や、トルーマンが一九四五年以後にそれを実現した理由、あるいはリベラルな性質の秩序が一九四七年以降に形成された理由も説明がつかないだろう。ジョージ・ケナンはリアリスト的な封じ込め政策を提唱したが、彼にとって無念なことに、トルーマンはより広いリベラルな観点から、その政策を定義し、実行した。一九五〇年六月の、アメリカによる朝鮮戦争への介入もまた、モラルによる説明が可能だ。その年にアチソン国務長官が、朝鮮半島をアメリカの防衛線から明確に除外していたにもかかわらず、トルーマンは、北朝鮮軍の侵略を道義に反する行為とみなし、それに対抗するため、教条的な決定を下したのだ。同じように第5章では、ベトナム戦争以後のアメリカ外交政策において、人権の優先順位が格上げされた理由を、ジミー・カーターの道義的な価値観なしには説明できなかった。第6章では、ロナルド・レーガンが政権初期にソ連を「悪の帝国」と表現したにもかかわらず、側近の進言をはねつけて、ゴルバチョフと柔軟に交渉したのを見た。これもまた、核兵器の脅威を終わらせたいというレーガン個人の道義的義務感に照らして、初めて理解できる。

戦後七十年にわたってアメリカが優越性を維持してきたことを振り返れば、倫理が外交政策に果たしてきた役割に一定のパターンを見ることができる。歴代の大統領はみな、アメリカ人にとって魅力的な公式目標と価値観を表明してきた。だからこそ、そもそも彼らは選ばれたのだ。その全員が、アメリカの優越性を維持するという目標を掲げた。その目標はアメリカの一般市民に魅力的に映ったが、その道義性は、目標をいかに実施するかによって左右された。帝国主義的な脅しや傲慢さは国民の共感を得られなかったが、最大の国家によってグローバルな公共財を提供したことは、重要な道義的結果をもたらした。

大統領が表明した意図に道義的問題が生じるのは、公式目標が、大統領の個人的動機によって損なわれてしまうからだ。大統領の個人的な考えが、公式目標から逸脱してしまうことが、これまでに何度もあった。ジョンソンとニクソンが、共産勢力の全体主義から南ベトナムを守るという公式目標を模索したのは、称賛に値したかもしれないが、彼らはまた、「ベトナムで負けた男」になりたくなかったがために、戦争を拡大し、その終結を引き延ばした。国内政治で恥をかきたくないという動機のために、おびただしいアメリカ人や外国人の生命を犠牲にしたことを、いったいどうやって正当化できるだろうか？　これと対照的に、トルーマンは朝鮮戦争が膠着状態に陥り、彼の大統領としての政治的立場が弱くなってもそれを甘受し、核兵器を使うべきだというマッカーサーの進言をはねつけた。両者のケースで、道義性は大きな役割を果たしている。

第2章では、「意図や動機」「手段」「結果」という三つの次元による道義的評価を論じた。一九四五年以後の世界秩序の創設期に立ち会った三人の大統領、すなわちＦＤＲ、トルーマン、アイゼンハワーの三人には共通して、価値観にも個人的動機にも道義的な意図があり、その大半は道義にかなった結果をもたらした。足りなかった点があったとすれば、軍事力の行使を含む手段という次元だ。これと対照的に、ベトナム戦争期の大統領、とりわけジョンソンとニクソンは、動機、手段、結果のいずれも低い評価である。ベトナム戦争以後の二人、フォードとカーターはいずれも、三つの次元ともに著しく道義的な外交政策を実施したが、両大統領とも短命政権に終わり、道義的な外交政策が必ずしも効果的とは限らないことを示した。冷戦の終わりに立ち会った二人の大統領、レーガンとブッシュ41も、道義性の三つの次元はいずれも高評価だ。アメリカ一極時代と、それに続く、二十一世紀の力の拡散の時代は、大統領によって評価が分かれる。クリントンとオバマは平均以上、ブッシュ43とトランプは平均以下だ。一九四五年以後の十四人の大統領で、わたしの見解では、道義性と効果を兼ね備えた外交政策を行なった上位四人は、FDR、トルーマン、アイゼンハワー、ブッシュ41だ。レーガン、ケネディ、フォード、カーター、クリントン、オバマが中位グループに属する。最下位の四人はジョンソン、ニクソン、ブッシュ43、そして（まだ任期途中なので暫定だが）トランプだ。もちろん、こうした評価には異論もあるだろうし、わたしの個人的な見解も時代によって変わってきた。新事実を掘り起こし、時代環境や優先順位の変化を反映して新世代が再検証するには、歴史が経過したあとの見直しが欠かせない。

こうした評価には、それぞれの大統領が直面した時代環境が明らかに反映しており、アーノルド・ウォルファーズが言ったように、道義的な外交政策とは、そのときの状況が許す最善の選択を行なうことを意味する。戦争は特殊な状況をもたらす。戦争はアメリカ人や外国人に莫大な犠牲を要求するので、そこに生まれる道義的問題も非常に深刻だ。第二次大戦のような大戦争を最高責任者として指揮するのは、ベトナム戦争やイラク戦争のような、介入への論議の分かれる戦争を指揮するのとはまるで異なる。局地戦でさえ、終結させるのが困難なことは、しばしば実証されている。

外交政策における道義的価値としての慎重さの重要性は、アイゼンハワーがベトナムに兵力を投入するのを拒んだことと、ケネディやジョンソンが下した出兵の決断を比較すれば明らかだろう。一九八三年のレバノン内戦で、二百四十一名の海兵隊員をテロリストの攻撃により失ったとき、レーガンは兵力の増強ではなく撤退を決断した。同じように、オバマやトランプがシリアに兵力を送るのを渋ったことや、送っても小規模にとどめたことは、時代によって評価が異なるかもしれない。ブッシュ41は一九九一年の湾岸戦争で目標を制限し、わずか四日間で戦闘を終えて、バグダードまでアメリカ軍を進撃させなかったことで批判されたが、二〇〇三年に彼の息子が見せた慎重さの欠如と比較すれば、前者の決断のほうがより賢明に思える。ブッシュ43の閣僚は、イラク占領のあとは解放者として歓迎されることを期待するばかりで、占領政策の準備をろくにしていなかった。法と同じく外交政策でも、怠慢は度を超すと罪に値する。

リアリストはときおり、慎重さを有用だとしながらも、慎重さの道義的価値を認めない。しかしこれまで見てきたように、外交政策の道義性を評価するうえで、問題の複雑さや意図せざる結果が起きる可能性の高さに鑑みると、有用だろうが直観によるものだろうが、慎重さが決定的な価値になるのだ。「意図」、「手段」、「結果」という三つの次元による倫理は、大統領がマックス・ウェーバーの言う信念倫理と責任倫理のバランスを取らなければならないことを意味する。外交政策における道義的決断には、直観と理性の両方が関わってくる。意図的に危険を無視したり、状況評価に慎重さを欠いていたりすると、反道義的な結果を招くことになる。反対に、いくつかの事例が示すように、信念に基づく決断がすべて慎重なものだとは限らない。たとえば、北朝鮮軍が北緯三八度線を越えて韓国に侵入してきたとき、トルーマンが軍を投入したのは慎重さを欠いていたが、彼は道義的にそうしなければならないと判断したのだ。このように、理性による徳と直観による徳は、反目し合うことがある。原則に忠実であることと慎重さは、つねに両立するわけではない。第2章で見たように、「汚れた手」の問題は、善と悪の対立ではなく、善と善の対立なのだ。

慎重さは、先に見た「吠えない犬」の問題につながる、きわめて重要な価値だ。核兵器に関する問題では、慎重さという徳と、無辜の市民を虐殺することへの道義的嫌悪感が、互いを強めていった。ハリー・トルーマンは、第二次大戦を終わらせるために新型の原子爆弾を使用した際、安眠を妨げられることはなかったが、一九四八年、アメリカが核を独占していたときには、核兵器を使用すべきだという提言を受け入れなかった。アメリカ合衆国が圧倒的な核戦力を持っていたときでさえ、朝鮮戦争の膠着状態を打破するために核兵器を使うことを、ふたたび却下した。思慮分別を働かせた末に、彼は戦線を拡大し、同盟国の支援を続けることを決断したが、大勢の子どもたちを殺す兵器の使用には踏み切れなかったのだ。

アイゼンハワーは核兵器の使用をちらつかせ、冷戦期の抑止力の手段として利用したが、何度かの分かれ目では、実戦使用すべきだという軍の進言を却下している。一九四九年にソ連が最初の原爆実験に成功して以来、慎重さはますます重要な徳になっていた。一九五〇年代に、アイゼンハワーが非公式の席で、顧問団に決断の理由を説明した際にも、道義的信念を引き合いに出していた。キューバ・ミサイル危機で妥協を模索したケネディの慎重さは、空爆という危険な手段を支持したジョンソンと、道義的に好対照をなしている。これは当時の録音テープによって明らかになったことだ。* しかし、ジョンソンもニクソンも、核兵器の使用（脅しは別だが）を、ベトナム問題の紛糾を切り抜ける手段として真剣に検討はしなかった。こうした「起こらなかったこと」の道義的な結果は、非常に大きなものだ。このようないくつかの分岐点で、大統領が一度でも違う選択をしていたら、現代の世界はまったく様相を異にしていただろう。

もちろん、同じ時期の大統領であっても、評価は人によって異なる。学生の試験を採点したり、オリンピックのフィギュアスケートやウエストミンスターのドッグショーを観戦したりすれば、採点が科学ではないことがわかるはずだ。事実そのものについては広汎な合意がなされていても、それに対する評価は人それぞれだろう。たとえばリアリストの一部は、ニクソンの外交政策をわたしより高く評価しているが、それは彼らが、ニクソンの水際だった手腕による、中国との国交正常化だけを評価し、それ以外はすべて大目に見ているからだ。彼らは、ニクソンが国際経済をぶち壊してインフレを引き起こしたことにも、人権をなおざりにしたことにも関心がない。しかしわたしは彼らより、こうした要素に重きを置いており、ベトナム戦争でかの有名な「適当な間隔」を置くために二万一千人も

＊一九六二年当時、アメリカ合衆国はソビエト連邦よりも多くの核兵器を保有しており、道義上のリスクや利益に関して、ケネディと異なる見解を持つ顧問が大勢いた。その一人が奇妙な比喩で、「われわれは連中を窮地に追いやったが、最後はケーキみたいに甘いチャンスをくれてやった」と言っていた。

のアメリカ兵の人命（と、膨大なベトナム人の人命）を犠牲にしたことを、より許しがたいと考えている——そうまでして確保した「適当な間隔」も、結局短期間で終わってしまったのだが。同様に、人によってはＬＢＪをわたしより高く評価するかもしれない。ジョンソンが抱えたジレンマは前任者から引き継いだものであり、その一方でリンカーン以来のどの大統領よりも公民権運動を推進させ、内政を革新したという評価も成り立つだろう。* また評者によっては、ベトナムのジレンマの元凶になったという理由でＪＦＫをより低く採点するかもしれないし、キューバ・ミサイル危機で核戦争を回避した功績を重んじて、より高く評価するかもしれない。

わたしの近しい友人に、ブッシュ43の政権のメンバーだった人々がいる。彼らにこの原稿の下書きを読ませたら、元大統領への採点が低すぎるとの感想だった。わたし自身、カーターとクリントンの政権に参画していたことが、両者への評価に無意識に影響している可能性はある。加えてわたしはオバマ政権で、外交政策委員会の一員として奉職していた。なるべく客観的に記述するよう努めたつもりだが、偏りが生じている可能性は読者に知らせておくべきだろう。いずれにせよ、わたしの個人的なランキングはあまり重要ではなく、本書の採点表を目安に、読者自身での評価を考えていただければ幸いだ。本書の採点はあくまで一例であり、決定的なものではない。それらの価値は、これまでなおざりにされてきた側面、すなわち外交政策の道義性を慎重に評価するには何をどうすべきかを探求するところにある。なぜなら歴史が示すように、たとえ人によって採点は異なるとしても、モラルそのものは重要でありつづけてきたからだ。

状況を把握する知性と道義的選択

　さまざまな状況は、いかなる道義的選択を許すだろうか。大統領の外交政策の長所や短所を総合的に評価するには、無政府的な〔諸国を統一する政府が存在しない〕世界での国家生存という基本的な価値について、リアリスト的に洞察することから始めなければならない。大統領として第一に担うべき道義的義務は、国民の信託に応える受託者としての義務である。そのためにはまず、国家としての生存を確保し、彼または（将来においては）彼女を選んだ民主主義の安全を保障することが肝要だ。この基準には合格か不合格かのどちらかしかなく、歴代の大統領に不合格者はいない。しかし国際政治の大半は、とりわけアメリカ合衆国のような大国にとって、核戦争に関係するものを別にすれば、生存を懸けた問題ではない。リアリストもまた、紛争を減らす国際秩序の重要性は認めるところであり、キッシンジャーが示したように、正義は秩序を前提とするという道義的な要点を正しく指摘するだろう。核戦争が起きてすべて灰になってしまえば、権利を主張したところで意味がない。そこでわれわれは、大統領が受託者としての責任を果たすため、リスクと慎重さのバランスをどのように取ったかというリアリスト的な問題から、評価を始めよう。大半の大統領は、この基準から見てもうまくやっ

＊それにもちろん、わたしがつけたランキングは外交政策のみを対象にしたものだ。二〇一七年の政治専門ケーブルチャンネルＣ－スパンによる歴史家を対象にした調査では、ＬＢＪは全体で第十位の優れた大統領に選ばれている。詳細は以下の文献を参照。Brian Lamb, Susan Swain and C-SPAN, The Presidents : Noted Historians Rank America's Best and Worst Chief Executives. New York, Public Affairs, 2019.

てきたことがわかるはずだ。

大統領の間で、道義的に重要な結果の違いが生じるとしたら、それは彼らの価値観よりも、状況を把握する知性の違いによるところが大きい。彼らはそれぞれ、その能力を駆使して、ウォルファーズが提起した、状況が許す最善の道義的決断とは何かという問いに答えを出そうと苦闘してきたのだ。ジョンソン、ブッシュ43、トランプは、状況を把握する知性という次元に著しく欠陥があり、ときには意図的な危険の無視、無謀な状況把握、重大な怠慢の縁によろめいた。しかし、予期し得ない結果については、大統領にどの程度の道義的責任を負わせるべきだろうか？　一九九二年十二月、ブッシュ41がソマリアに人道援助のための兵士を送ったとき、彼はその十カ月後に起きた悲劇的な終局を予測すべきだったのか？　おそらく、そこまでは予期できなかっただろう。では彼の息子は、二〇〇三年のイラク侵攻が、最終的に莫大な予算を食いつぶすことを予見できただろうか？　おそらく、できたはずだ。誰も未来のことはわからないが、道義的な外交政策に必要なのは、意図せざる不均衡な結果が起きる可能性がある程度見込まれる場合、大統領が当然払うべき配慮を最大限に発揮することだ。そして、大統領が戦争という賽《さい》を投げたら、意図せざる結果を招く可能性はつねに高くなる。

しかしながら、生存と安全保障だけが世界政治での重要な側面ではなく、一般市民が、大統領の外交政策の結果に絡めて見たがるほかの価値もある。これまで見てきたように、大半のアメリカ人は「外国の人々のために正義を達成することに重きを置いており、アメリカ合衆国が国際的に、利他的かつ人道的な目的を追求することを求めている」(2)。こうした価値のためには、思考の世界地図のなかでリアリズムを通り越し、コスモポリタンやリベラルの見方を取ることも重要だ。たとえば、大半のアメリカ人は人類共同体という一般的な感覚を持っており、国際法上の義務だけでなく、道義的な考慮によって難民政策を支持している。海外援助は一般にあまり人気がなくても、国際経済や公衆衛生への国民的な支持は充分に強く、大統領はつねにこうした政策を維持することが可能だ。たとえば、ジョージ・W・ブッシュが実施した、アフリカのエイズやマラリアへの対策は、優れた道義的政策であり、幅広い国民の支持を得られた。こうした「よきサマリア人」的な政策には一定の限界があるかもしれないが、懐疑主義者の見方と反対に、他者を助けることは、アメリカ大統領が一般の支持を得てきた外交政策上の目的のひとつだ。

リベラルな価値もまた、一定の国民的支持を受け、大統領が行使してきた手段に影響を与えた。道義を振りかざして十字軍的な運動をするのは、広汎な支持を得られない。一般通念と異なり、ウィルソンは民主主義のために十字軍的な運動を先導したわけではなかった。民主主義にとって世界を安全にすることは、世界全体を民主化するほど野心的な目標ではなく、それどころか守勢に回っていると解釈されるかもしれない。[*] 同時に、他国の人権や諸制度の尊重は、ジョン・ロールズが呼ぶところの「道徳にかなった人々が互いを遇する作法」である。基本的な民主的価値が共有されていないとして

＊「民主平和論」（カントにまでさかのぼることができ、一九八〇年代にマイケル・ドイルをはじめとした政治学者によって復活した）は、冷戦後のワシントンで人気を得た。民主主義国家は、互いに戦争をする可能性が低いという前提に立ち、民主主義と安全保障を関連づける理論だ。しかし、仮にこれが本当だとしても、すべての国々を民主化する道のりは険しく、その過程で暴力が発生する惧れがある。この点の論議をめぐっては、多くの文献が書かれた。

も、独裁主義者の厳しい脅威がなければ、通常の友好的関係を結ぶことは可能なはずだ。こうしたロールズ的な自由主義者は、民主主義の輸出を主張したりはしないが、重大な人権侵害には断固として対抗する。たとえば、クリントンがボスニアやハイチへ介入したときや、オバマがリビア、エジプト、シリアへの介入を求める圧力に直面したとき、あるいはサウジ大使館で反体制派ジャーナリストが殺害された直後、トランプが生ぬるい反応をして世論の非難に遭ったときのように。

こうした介入をめぐる困難な議論や道義的選択で、しばしば中心的な論点になるのは、どのような手段を使うべきかだ。これまで見てきたように、介入の種類や度合いは、大統領の演説による宣言的政策のような最も弱いものから、大規模な軍事力の行使という最も強いものまで、さまざまな方法がある。軍事力に関して言えば、その実績は芳しいものではなく、成功よりも失敗のほうがはるかに多い。一九八二年にレーガンが簡潔に述べたように、「銃剣によって植えられた政権は根づかない」[3]のだ。ドイツと日本が民主化に成功したのは、長引く戦争で全面的に敗北したあとだったからだ。それ以外のケースは、あまり成功していない。一九九三年、ソマリアでの人道的介入が失敗したことで、クリントンは、その半年後に起きたルワンダでの虐殺に介入しなかった。リビアの空爆の結果が不成功だったことで、オバマはシリアでの軍事力行使に及び腰だった。しかし、側近の一人が書いたように、シリアは手段と目的の間に齟齬《そご》が生じた悲劇的なケースだ。そのせいで、幾千もの市民が虐殺され、数百万の人々が難民になった。アサド政権退陣という最大限の目的を掲げ、宣言しておきながら、アメリカ合衆国はその目標を達成することができなかった。「われわれはより多くの方法を試しつつ、達成目標は控えめにしておくべきだった」のだ。最悪の所行を抑えるためにアサドへ圧力をかければ、彼の圧制という根深い問題を解決するには至らなくても、市民の犠牲者を減らせたかもしれないし、国境を越えて大勢の難民が押し寄せ、国際社会を不安定にする事態は回避できたかもしれない。[4] 目的や結果と手段は、道義的評価に影響し合うのだ。良好な結果は、良好な手段に適合するように調整されなければならないし、その逆もまた然りだ。最も困難な道義的決断の多くは、やるかやらないかという問題ではない。マイケル・ウォルツァーが指摘するように、困難な道義的選択はその中間にある。滑りやすい危険な坂で慎重に振る舞うのが重要なのもさることながら、結果と手段を互いに調整するときに、道義的選択が生きてくる。

ウィルソンのリベラルな遺産という第二の側面に話を移そう。制度的協力に基づく国際秩序の支持について言えば、アメリカ大統領は決して、非の打ちどころのないリベラルとして制度を守ってきたわけではなかった。彼らはしばしば、自国に都合が悪くなると制度を破ろうとしたり、負担を分かち合うべきだと言い出したりしてきた。トルーマンは大陸棚の延長という概念で、アメリカ沿岸の資源はみなアメリカのものだと主張した。アイゼンハワーはイランやグアテマラでの秘密作戦を支持し、ケネディがキューバで行なったことは、国連憲章の厳密な解釈とはほとんどそぐわない。ニクソンは一九七一年にブレトンウッズ体制を破り、同盟国に関税を課した。レーガンはニカラグアの港湾に機雷を敷設し、これを国際法違反とする国際司法裁判所の判決を無視した。ブッシュ41はパナマのノリエガ政権を転覆させた。レーガンはグレナダに侵攻し、クリントンは国連安保理の決議を採択せずに、セルビアを空爆した。

それでもなお、二〇一六年まで、アメリカ大統領は大半の場合、国際制度を支持し、その拡大を模索してきた。その具体例には、ジョンソン政権での核不拡散条約、ニクソン、フォード、カーター政権での軍備管理協定、ブッシュ41での気候変動枠組条約、クリントン政権での世界貿易機関《WTO》やミサイル技術管理レジーム、オバマ政権でのパリ協定が挙げられる。トランプ政権になって初めて、アメリカの政権は多国間制度を政策として広く批判するようになった。二〇一八年には、マイク・ポンペオ国務長官が、冷戦終結以来、国際秩序はわれわれの不利益になってきたと宣言し、「多国間主義それ自体が目的とみなされるようになってしまった。われわれが多くの条約を結ぶほど、われわれはより安全だということになっている。官僚を増やせば増やすほど、よりよい仕事ができるというわけだ」(5)と不満を唱えている。国際制度に対する大統領の苛立ちはかなり以前からあったが、トランプ政権は諸制度に対し、これまでになく狭量な取引重視のアプローチを取るようになった。

　第2章で見たように、国際制度や管理体制の維持は、道義的リーダーシップの一部をなしている。諸制度とは端的に言えば、国際的に価値を認められてきた社会的振る舞いを様式化したものだ。それらは正式な国際機関より広いものだが、ときおり硬直化することがあり、意味を失った制度は改廃する必要がある。諸制度には国際機関も含まれるが、より重要なのは、ルール、規範、ネットワークといった管理体制全般であり、社会的役割を創造するという期待が、道義的義務をともなうのだ。たとえば、家族は組織ではないが、ひとつの社会制度であり、両親の役割は、長期的に子どもたちの利益を守るという道義的義務をともなう。未来の長い影を増すことにより、国際的な管理体制や制度は、国と国の協力を推進し、一回かぎりの取引関係を超えた道義的結果をもたらすのだ。それらはしばしば、相互関係について、成文化された道義的な主張となって表われる。それらはまた、道義的選択の

ための新たな環境を作り出すことができる。しかし同時に、制度がその価値を喪失し、正当性を失うこともある。(6)

トランプ政権は、一九四五年以後の制度が、アメリカ合衆国を「ガリバー化」させてしまったと懸念しており、その指摘には一定の正当性があった。ガリバーを縛りつけてしまう小人たちのように、多国間制度という糸はアメリカという巨人の動きを制約し、二国間交渉なら発揮できるはずの取引での影響力を損なっているのではないか、という主張だ。* トランプ政権はこのアプローチを使って、いくつかの貿易協定を再交渉しており、そうしたやり方はＷＴＯの存在意義を損なっている。アメリカ合衆国はその例外的な巨大さを使い、制度という蜘蛛の糸を断ち切って、短期間の取引に最大限の影響力を行使することができるが、最大の国としては、ほかならぬその制度を利用して、他の国々にもグローバルな公共財を支持させるほうが、アメリカをはじめとした諸国の長期的な利益にかなうはずだ。

トランプは中国の不公正な貿易・テクノロジー政策を攻撃したが、アメリカの同盟国を巻き込んでＷＴＯを改革しようとはしなかった。それどころか、彼は関税を課して同盟国を遠ざけ、アメリカ単独による中国への攻撃に力を集中した。トランプはＷＴＯに対し、現在の国際貿易管理体制の停滞を打破し、アメリカ単独による中国への圧力の効果を、他の国々が薄めることのないように要求するこ

＊こうした洞察は、トランプ政権以前からあった。一九六八年、スタンリー・ホフマン〔Stanley Hoffman〕が以下のタイトルの書籍を書いている。*Gulliver's Troubles: Or the Setting of American Foreign Policy* (New York: McGraw Hill).

ともできたはずだ。短期的な利益が、制度の弱体化による損失を上まわるかどうかは、時間をおいてみないとわからないが、トランプの姿勢が、庭師のような忍耐強さで長期的な影響力を行使するというかつての国際政治のイメージと、著しくかけ離れていることは間違いない。

最後に、大統領の外交政策で重要な、長期的な道義的結果のなかで、必ず考慮しなければならないことがある。それは大統領が、真実や信用を重んじ、国内外で道義的対話の機会を広めたか、それとも狭めたかという問題だ。十八世紀の建国の父たちは、大規模な軍の存在が民主制度に影響しないかどうかを懸念し、アイゼンハワーは軍産複合体の発展によって生じた歪みを警告した。度を越した秘密主義は不信を招く。最終的に秘密作戦が明るみに出たときには、とりわけそうなる。冷戦期に秘密介入をした大統領やその後継者は、彼らを取り巻いていた秘密主義により、国内外での開かれた対話を台無しにした。

第2章で見たように、アメリカ人一般の政府への信頼喪失は、ジョンソンおよびニクソン政権以降、さらに悪化した。ベトナム戦争やウォーターゲート事件の影響に加え、冷戦期のCIAによる秘密介入が暴露されたことで、政府機関への信頼が深刻なまでに落ち込んだ。行動とそれに対する反応という政治的サイクルのなかで、フォードとカーターは開放性と信頼を広げようと努めたが、彼らの政権はわずか六年しか続かなかった。レーガンの楽観主義は、国民からの信頼をやや増したが、彼の下でCIA長官を務めていたウィリアム・ケーシーの中米での秘密作戦や、ホワイトハウスで企てられたオリバー・ノースによる違法なイラン・コントラ作戦が公表されるや、世論調査の結果はふたたび落ち込んだ。一時期にはレーガンの弾劾さえ取りざたされたぐらいだ。後に下院は、インターンのモニカ・ルインスキーとの関係で嘘をついたクリントンを弾劾した。トランプのついたおびただしい嘘が、長期間にどのような効果を及ぼすかはいまだ未知数だ。トランプとは別に、虚偽報道《フェイクニュース》の風潮やソーシャルメディアによる誹謗中傷、人工知能《AI》によるイメージ操作なども、憂慮すべき傾向である。

アメリカ合衆国の海外へ向けた魅力というソフトパワーもまた、懸念すべき状況にある。世論調査の結果、トランプによる前例のない数にのぼる嘘の主張への国際的反応は、アメリカへの信頼の著しい低下となって表われていることがわかったのだ。独裁的国家と異なり、アメリカのソフトパワーの大半は政府の行動によるものだけではなく、アメリカの市民社会、すなわちハリウッドから大学、財団、非営利団体、自由な報道に至るすべてによって生み出されている。ベトナム戦争期、世界中の人々がベトナムでのアメリカ政府の政策に抗議の声をあげて通りを練り歩いたとき、彼らが歌ったのはアメリカに敵対する共産陣営の革命歌『インターナショナル』ではなく、アメリカ公民権運動の賛歌『勝利をわれらに』（We Shall Overcome）だった。それから十年経たないうちに、アメリカのソフトパワーは回復した。トランプ以後の時代に歴史が繰り返すかどうかはわからないが、当面の間、アメリカへの信頼の低下は、政権の外交政策にとって高くつく結果をもたらすだろう。それは、〔国際協調のような〕長期的かつ賢明な視点よりも、短期的な取引を重視する利己的な政策に大きな影響を及ぼすと思われる。

アメリカの倫理的伝統がたどってきた道

これまで見てきたように、アメリカ人は外交政策に道徳主義《モラリズム》の傾向を反映させてきた点で、例外的だった。だからといって、アメリカ人が他の国民より道徳的というわけではないが、そのことは自己意識に影響し、ときにはアメリカの政策を動かすこともあった。こうしたアメリカ例外主義は、ピューリタンの宗教的信念、建国の父たちの啓蒙主義的リベラリズム、国土の圧倒的な大きさによるものだ。二十世紀に、アメリカ合衆国が世界最大にして最強の経済・軍事大国になると、アメリカ人の選択肢は増した。ウッドロー・ウィルソンは世界を民主主義にとって安全にするために、二百万もの兵力をヨーロッパに送り、古い勢力均衡《バランス・オブ・パワー》に代わって、リベラルな世界秩序を形作ろうとした。それから二十年にわたり、アメリカは十九世紀以来の伝統である孤立主義にふたたび退行したが、FDR、トルーマン、アイゼンハワーがリベラルな国際秩序を打ち立て、その秩序は七十年にわたり、二〇一六年の大統領選挙まで挑戦を受けなかった。

外交政策に対するアメリカ人の姿勢は、地域や政党によってつねに幅があるが、彼らはまた、内向き志向と外向き志向の間を振り子のように揺れ動いてきた。こうした拡大主義と縮小主義が交互に続く傾向は、しばしばその時代の前任者に対する反応を表わしている。(7) 一九一七年、ウィルソンの野心的な道義的計画は国民を動かしたが、一九三〇年代の強い孤立主義の反応にもつながった。同様に、一九三〇年代の破滅的な十年間が、第二次大戦後のリベラルな秩序の創出につながった。ケネディの魂を鼓舞するレトリックは、ベトナム戦争期のドミノ理論に吸収され、一九七〇年代におけるフォードならびにカーター政権下での幻滅や退行を招いた。冷戦がアメリカにとって成功裡に終結し、一極構造がビル・クリントンやジョージ・W・ブッシュ政権下での軍事介入の増加につながった。二〇〇三年のイラク侵攻は、オバマとトランプの両大統領での外交姿勢に大きく影響している。

アメリカ人はつねに、大規模な軍事介入に相反する感情を持ってきた。当初の熱狂はほどなく冷めることが多い。一九三〇年代のヒトラーによる拡張主義の脅威に直面してもなお、FDRは軍事力による対抗措置に踏み切れなかった。その状況を解決したのは、日本による真珠湾攻撃だ。そしてトルーマンは、第二次大戦後のソ連の脅威に対抗するために、「アメリカの国民を心底から怖がらせ」なければならなかった。一九五〇年、彼は朝鮮戦争で宣戦布告を避け、そうする代わりに、国連旗の下で「警察活動」を宣言した。しかし戦局が膠着状態になると、国内的支持は低下した。

ケネディとジョンソンがベトナム戦争へのアメリカの関与を徐々に拡大させたのは、冷戦期の二極構造で、共産陣営への敵対意識があったからだが、この二人もニクソンも、戦争への国際的支持を広げることには失敗し、一九六八年までには、アメリカの世論に深い亀裂が生じた。ブッシュ41は幸運にも、一九九一年にクウェートからイラク軍を放逐するため、ゴルバチョフの承認を得て、国連の集団安全保障体制を機能させることができた。ブッシュは賢明にも、目標を限定させ、多国籍軍の結束を保ったまま、軍事作戦を短期間で終了させた。しかし一九九九年と二〇〇三年には、ビル・クリントンとジョージ・W・ブッシュは国連安全保障理事会の決議を得られず、NATOと「有志連合」を頼って、コソボおよびイラクにおける軍事力の行使に正当性を与えようとしたが、いずれのケースでも、国内外の支持は時間とともに低下していった。

9・11そしてイスラム国《IS》のようなテロ組織の台頭以降、テロとの戦いという意識が、アフガニスタンおよび中東へのアメリカの軍事力行使を支えてきたが、二〇一七年にトランプが発表した国家安全保障ドクトリンは、テロリズムや国家建設ではなく、大国間の競争がアメリカの政策の中心課題になると宣言した。トランプの直観では、リベラルな民主主義のような価値を普及させるためよりも、安全保障のために軍事力を行使したほうが、世論の支持をより広く得られるということだ。アメリカ人はリベラルな価値を広めることに関心を抱いているが、利益よりもコストが上まわることが明らかになれば、そのかぎりではない。それにもかかわらず、ワシントンで決められる「アメリカの政策は、国民がうんざりしているときでさえも軍事介入に傾きがち」だ。オバマの補佐官を務めていたベン・ローズの見解では、「シリアでのレッドラインをめぐる顚末が、世論は戦争に懐疑的だということを示していても、国家安全保障会議の政治的枠組みは変わらなかった。より多くのことをするのがタフで、それ以外は弱さの表われだという姿勢だ[8]」

アメリカの信用性の問題は、多くの大統領に困難な道義的ジレンマを作り出した。タフだというイメージを守るために戦争を始めるのは誤った決定だとするオバマは正しかったが、タフだという評判は、アメリカの力に依拠する国際秩序全般に影響することもある。あとから振り返ると、シリアを爆撃するのを拒んだことは、彼にとって高くついた。たとえ当時の連邦議会や国民が彼の姿勢を支持し、外交的解決によるほうが、爆撃より多くの化学兵器を除去したとしても、だ。ベトナムでの敗北を受けて、フォードは〈マヤグエス〉号事件で強い姿勢を見せる必要があった——たとえ、ほかに解決策があったとしても。一方で、それぞれの事件がどれぐらい密接に関係しているかは、決して完全に明らかになることはない。冷戦が最高潮に達していたころ、キューバとベルリンが密接に連関していると考えたＪＦＫは正しかったが、ベトナムでの敗北が二極構造のバランス・オブ・パワーに密接に連関すると考えたジョンソンとニクソンは、おそらく影響を過剰に見積もっていただろう。というのは、当時すでに中国とソ連は仲違いを始めていたからだ。繰り返しになるが、状況を把握する知性の高さが、道義的結果にとってきわめて重要になる。

　大規模な軍事介入に得られる一般の支持は限られていることから、しばしば決定的な問題になるのは、アメリカ合衆国が自国の価値を広めるための介入に、どの程度の非軍事的手段を使えるかだ。冷戦期のソ連との競争のなかで、アイゼンハワー、ケネディ以下、何人かの大統領が、解決手段として諜報機関による秘密作戦に頼ったが、こうした作戦は後に公表されると、他国との関係を損ない、アメリカ合衆国の信用も傷つける点から、事前に予想されていたよりも犠牲が大きいことが明らかになった。入念に行なわれたある調査は、「冷戦期のアメリカが秘密裡に、あるいは公然と行なった外国の政権交替は、作戦担当者が意図していたよりも効果はなかった……それらの工作が、アメリカの最終的勝利に決定的役割を演じたと信じる理由はほとんどない」と結論づける。元ＣＩＡ長官のジェイムズ・ウールジーによると、冷戦期に大きな効果があったと考えられるふたつの秘密作戦は、「自由欧州放送《ラジオ・フリー・ヨーロッパ》」と、ソ連のアフガニスタン侵攻に際しての、ムジャヒディンへの援助だった。もう一人の元ＣＩＡ長官、リチャード・ヘルムズは、冷戦期に遂行された秘密作戦を「政治的チェーンソー」と批判し、「秘密作戦は、たとえうまくいったとしても、よく研いだ外科用メスのように使われるべきで、あまりひんぱんに行なうべきではないし、慎重に行使しなければならない。さもなければ、切れ味が鈍るからだ」と総括している。(9) ＪＦＫのマングース作戦は、危険きわまるキューバ・ミサイル危機が起きる要因になった。冷戦期の秘密作戦で効果があったと称されるものも、それによって生じた道義的コストを上まわるメリットはなかったと思われる。

公然と行なわれる介入で、他国を侵略する度合いが最も低いのは、「丘の上の輝く町」のような模範によって広められる、魅力というソフトパワーだ。たとえば演説や放送、経済援助や公衆衛生への支援、大学から非営利団体に至る市民社会組織の支援など、さまざまな手段がある。言葉や経済的手段による人権政策への支援、経済制裁や、軍需品の輸出削減などの手段を、サウジアラビアやフィリピンのような国に行なうのは、そうした国々の独裁的リーダーを攻撃する反面、アメリカの外交政策の妨げになるという議論を呼ぶかもしれない。こうした価値をめぐる論議は、いたって健全なことであり、民主主義社会としては当然のことでもある。アメリカ人には、中国やミャンマーの人権を気遣うようなコスモポリタン的な面があるが、人権と民主主義の普及だけが課題ではないことは、ジミー・カーターが思い知らされたとおりだ。外交政策は、リベラルな価値を含め、さまざまな目的をトレードオフの関係で考えなければならない。さもなければ、われわれはとっくに、外交政策ではなく人権政策に専念していただろう。

未来の道義的外交政策への挑戦

先に触れたように、将来の大統領はふたつのグローバルな力の移動《パワーシフト》に直面し、それが二十一世紀のアメリカ外交政策の状況を形作ることになるだろう。すなわち、力の水平移動と垂直移動だ。水平移動とはアジアの興隆、もっと正確に言えば、アジアの復権のことだ。十九世紀の産業革命が、ヨーロッパとアメリカの経済の起爆剤となる以前は、アジアが世界人口の半分以上と、世界経済の半分を占めていた。一九〇〇年には、アジアは依然として人口の半分を占めていたが、世界経済に占める割合はわずか二〇パーセントに低下していた。第二次大戦後の日本の高度経済成長に始まり（それはアメリカの政策の目標でもあった）、東南アジア、中国、インドが日本のあとを追いかけたことで、世界はより健全な状態に回帰しつつある。しかしとりわけ重要なのは、中国の国力の台頭であり、世界が「ツキュディデスの罠」に陥る危険である。つまり、興隆する新興勢力によって、支配的な大国の恐怖が呼び起こされ、破滅的な戦争が勃発しかねない危険だ(10)。二十一世紀が、ヘゲモニーの移行をめぐる戦争で荒廃に陥ると考えている者もいる。あたかも二十世紀に、イギリスがドイツの興隆によって挑戦を受けたときのように。

もうひとつの大きなパワーシフトは、テクノロジーによって衝き動かされた、垂直方向の移動だ。一九六〇年代に始まった情報革命は、半導体の集積回路の搭載素子数が二年ごとに倍増するというムーアの法則により、歴史上のいかなる時期よりも多くの情報と、多くの行動主体を生み出した。この二番目のパワーシフトが、「新たなる中世」と呼ばれることもあるのは、主権国家がほかのさまざまな主体と権威を分かち合うからだ。テクノロジーは非国家主体に力を与える。それらは主権国家に取って代わることはないが、政府が行動するステージに群がり、新たな手段、問題、潜在的な連合を創り出す*。さらにテクノロジーは、経済的、政治的、生態学的な相互依存を深め、政府の制御が及ばない多国間にわたるつながりや問題を生み出すが、それは政府間の関係に影響する。こうしたグローバルな相互依存は、社会間の資源の再配分という効果を生み、それは逆に、国内政治を変えることで外交政策に影響することもある。

こうしたパワーシフトは、過去七十年にわたるリベラルな秩序に挑戦を突きつけている。名高い評論家のマーティン・ウルフは《フィナンシャル・タイムズ》に、「われわれは、西洋主導による経済のグローバリゼーションと、冷戦後のアメリカ主導による『一極時代』の世界秩序という、ふたつの時代の終わりに立っている。問題は、第二次大戦後の時代に続くのが、非グローバル化と二十世紀前半のような紛争の時代になるのか、それとも非西洋の大国、とりわけ中国やインドが、協調的なグローバル秩序を持続させるうえで大きな役割を果たすのかということだ」と寄稿している。[11] こうした新世界が、倫理的外交政策に新たな挑戦をしている。

中国の台頭

中国の台頭にうまく対応することに失敗したら、アメリカとそれ以外の世界にとって破滅的な結果をもたらしかねない。ロバート・ブラックウィルは、アジアの最強国になろうとする中国の長期目標をアメリカ大統領が誤解すれば、世界はそれを、ベトナム戦争とイラク戦争と並んで、第二次大戦後のアメリカ外交政策が犯した三つの失敗とみなすだろうと主張する。[12] さらに、覇権を確立した強国と、台頭する強国との相互作用は誤解を引き起こし、二十世紀における一九一四年のように、世紀の大惨事につながる惧れがある。多くの研究者が、中国の台頭はアメリカの時代の終わりを意味すると考えているが、中国の力を過大評価することも、過小評価することも、等しく危険だ。過小評価は自己満足を生み出す一方、過大評価は恐怖を招き、いずれも誤算を引き起こしかねない。歴史は力の均衡の変化にまつわる誤解で満ちあふれている。[13] 一九四五年以降の変化を、ニクソンとキッシンジャーはアメリカの衰退と解釈したが、実際には、世界生産に占めるアメリカの不自然に高い割合が、常態に戻りつつあるだけのことだった。彼らは、それ以後の二十年が多極化の時代になると予言したが、実際に起きたのは一極化だった。同時に、一九七〇年代におけるニクソンの緊張緩和《デタント》政策の反対派はソ連の国力を過大評価していたが、その後ソ連は崩壊した。それに続く時代、ジョージ・W・ブッシュは一極時代のアメリカの国力を過大評価し、大きなリスクを冒した。アメリカ合衆国にとって、世界規模の制空権、制海権、宇宙空間の覇権を握るほうが、都会のジャングルで社会革命が起きる国内政治を御するよりはるかに容易であることが証明された。[14]

最近の一般通念とは異なり、中国はまだ、アメリカ合衆国に代わって世界最大の経済大国にはなっていない。購買力平価で換算すると、二〇一四年に中国経済はアメリカをしのいで最大になっているが、購買力平価は豊かさを測って比較するのに効果的な指標であって、国力を換算するのには適していない。たとえば、原油やジェットエンジンは直近の為替レートで輸出入されるが、この為替レートに従えば、中国経済の規模はアメリカ合衆国の三分の二ということになる。[15] さらに、国力そのものを測るのに適した指標は国内総生産《GDP》だ。一八三九年のイギリスとのアヘン戦争に始まった「屈辱の世

＊ヨーロッパの少なくとも一カ国、すなわちデンマークは、シリコンバレーと北京に、テクノロジー担当大使を派遣し、事務所も設置している。フェイスブックは多くの国にまたがり、アメリカと中国の人口の合計より多くの会員数を擁している。

紀」の前半、中国は世界最大のGDP（および軍事力）を占めていた。[16] 経済の洗練度を考慮するには、一人あたりGDPが優れた指標だが、アメリカの一人あたりGDPは、中国の数倍に達している。
多くの経済学者が、いずれ中国が（ドル換算のGDPで）アメリカを抜いて世界最大の経済大国になると予測しているが、それがいつ実現するかは、二〇三〇年から今世紀半ばまで、さまざまな予測がある。アメリカと中国の成長率をどう仮定するかによって、予測値は大幅に異なるのだ。しかしながら、予測はどうあれ、中国経済の引力は増すばかりだ。クリントンの財務長官を務めていたローレンス・サマーズは、将来の外交政策に以下の問いを投げかけている。「二〇五〇年にアメリカ合衆国の経済が、世界最大の国の半分ほどになったとしたら、実現可能なグローバルな経済システムを想像できるだろうか？　わが国の政治リーダーは、そんな世界の現実を受け入れたうえで、交渉に臨むことができるだろうか？　アメリカにとって、経済規模を他国にそれほど追い越されることが受け入れられなければ、そうなることを止めるすべはあるだろうか？　紛争を起こさずに中国を抑えることは可能だろうか？」[17]
ツキュディデスはペロポネソス戦争が起きた原因を、ふたつに収斂させたことで名高い。ひとつは新たな強国の台頭、もうひとつは、覇権を確立している強国のなかに生まれた恐怖だ。大半の人々は彼の述べる第一の要因に関心を集中するが、第二の要因のほうが、われわれアメリカ人の力で制御することが可能だ。サマーズは適切にも、アメリカの外交政策が中国の経済的台頭を抑えられるかどうかは疑わしいとみているが、われわれが状況を把握する知性を適切に行使すれば、過剰な恐怖を回避し、新たな冷戦あるいは熱戦を免れることができる。

中国がいつか、総合的な経済規模でアメリカ合衆国を抜き去ったとしても、それだけが地政学的パワーを測る指標ではない――アメリカが二十世紀前半に経験したことを振り返れば、そのことはわかる。経済力は国力という方程式を構成するひとつの指標にすぎず、中国は軍事力ならびにソフトパワーという指標でアメリカに大きく後れを取っている。アメリカの軍事費は中国の数倍だ。近年、中国の軍事力が増大しているのは確かだが、軍事力のバランスを注意深く観察している評論家は、中国がグローバルな軍事力になることはなく、アメリカが日本との同盟関係を維持し、基地に駐留を続けるかぎり、西太平洋からアメリカを追い出すことはできないだろうと結論づけている。ランド研究所の推定では、非核戦力による戦争は、アメリカと中国の双方に高くつくが、中国により大きな打撃をもたらすだろう。[18] そしてソフトパワーでは、ロンドンのコンサルタント会社、ポートランドが行なった世論調査ならびに最近発表した指標によると、中国は世界で二十六位なのに対し、アメリカはトップに近い。[19] 一九六〇年代における毛沢東の共産主義のほうが、現代の「習近平思想」よりはるかに大きな国際的ソフトパワーを持っていた。

一方で、中国の並外れて巨大な経済規模はやはり重要だ。かつてアメリカ合衆国は、世界最大の通商国家であり、国家間で最大の貸し手だった。現在では、ほぼ百カ国が中国を最大の貿易相手国としており、アメリカを最大の貿易相手国にしているのは五十七カ国にすぎない。中国は今後十年間で、一兆ドル以上の借款を「一帯一路」構想のインフラ整備に拠出する予定だが、アメリカ合衆国は海外援助を削減している。中国の経済的サクセスストーリーはそのソフトパワーを増し、巨大な国内市場への外国企業の参入を政府が管理することで、ハードパワーのてこ入れも図っている。さらに中国は、権威主義的な政治体制と重商主義的な実務体制により、その経済力を政府がいつでも使うことができる。中国はその市場の巨大さとともに、海外からの投資や開発援助によって経済力を得ている。人工知能の時代における七大グローバル企業（グーグル、フェイスブック、アマゾン、マイクロソフト、百度《バイドゥ》、アリババ、テンセント）のうち、半分近くが中国企業だ。[20] その膨大な人口と、世界最大のインターネット網を駆使し、データの供給源が世界政治の「新たな原油」になった今日、中国はビッグデータのサウジアラビアになりつつある。何よりも、アメリカに対する中国の相対的な国力は増していくだろう。

このように中国は強大な国家だが、重大な弱点がいくつもある。最近の中国の振る舞いをもってしても、アメリカの長期的な力の優位は持続するだろう。ひとつは地理的条件だ。アメリカ合衆国は大洋に囲まれ、隣国は今後も友好国でありつづけるだろう。一方、中国は十四カ国と国境を接し、インド、日本、ベトナムと領土紛争を抱えており、これによりソフトパワーには制約が課せられる。エネルギー資源もまた、アメリカに有利だ。十年前まで、アメリカはエネルギーをもっぱら輸入に頼っていた。いまはシェール革命〔頁岩層から石油や天然ガスの抽出が可能になったこと〕により、アメリカはエネルギーの輸入国から輸出国に転じ、国際エネルギー機関は、今後十年間、北アメリカは自給自足が可能だと見込んでいる。片や中国は、エネルギーの輸入にますます依存しており、輸入している原油の大半はインド洋と南シナ海を経由しているが、その海域にはアメリカをはじめとした諸国が、かなりの部分で制海権を維持している。こうした弱点を払拭するのは困難だろう。[21]

アメリカ合衆国は、大規模な国際的金融制度およびドルの基軸通貨としての役割によって、金融面でも大きな力を発揮している。世界各国の政府が準備している外貨のうち、人民元によるものはわずか一・一パーセントであるのに対し、ドルによるものは六四パーセントだ。中国はより大きな役割を担うことを切望しているが、人民元が準備通貨として信頼性を得るには、通貨の互換性、懐の深い資本市場、誠実な政府、法の支配が必要だ――中国には、これらがことごとく欠けており、いずれも一朝一夕に培われるものではない。中国政府が保有する巨額のドルを売却することは可能だが、そうした行動はアメリカと同様、中国自身の経済も損なうだろう。もちろん、ドルが未来永劫にわたって優位を保てる保証はなく、アメリカが金融制裁という手段を多用しすぎていることで、他国がほかの金融手段を探す動機は増しているが、元が近い将来、ドルに取って代わる可能性はきわめて低い。

アメリカ合衆国はまた、人口学的にも強みを持っている。アメリカは先進国で唯一、世界で現在の順位（第三位）を維持すると見込まれる国だ。アメリカの人口増加のペースは、近年鈍化しているものの、ロシア、ヨーロッパ、日本と異なり、減少はしていない。世界で経済規模の大きな上位十五カ国のうち、七カ国が今後十五年以内に、労働力人口の減少に直面するが、アメリカの労働力人口は五パーセント増加が予想されているのに対し、中国は九パーセントの減少が見込まれている。[22] 中国は早晩、人口第一位の座をインドに明け渡すと予想されるが、労働年齢人口は二〇一五年に、すでにピークを迎えた。中国人はときおり、「豊かになる前に老いる」ことを心配していると言う。

アメリカは、今世紀の経済成長で中心的な役割を果たすキーテクノロジー（バイオ、ナノ、情報）の開発で最先端を走っており、アメリカの研究大学〔学術研究や研究者養成を主目的とする〕は、高等教育で支配的地位にある。二〇一七年に上海交通大学が発表したランキングでは、グローバル大学の上位二十校のうち、十六校をアメリカ勢が占め、中国の大学はひとつもなかった。しかし同時に、中国は研究開発に巨額を投資しており、いくつかの分野では競争力を増していて、二〇三〇年までに人工知能の分野でリーダーになる目標を掲げている。専門家のなかには、その膨大なデータ資源と、データの使途に関するプライバシー上の制約がないこと、機械学習の進歩には最先端の科学者よりも熟練したエンジニアのほうが必要だという見解が有力なことから、中国はAIの分野で目標を達成するだろうと見ている者もいる[23]。機械学習がテクノロジー全般の目的に応用でき、多くの分野に影響を与える重要性を考えると、中国がAI分野で優位に立つことには、とりわけ大きな意味がある。

　中国のテクノロジーの進歩は、もはや模倣だけに基づくものではない。トランプ政権は中国のサイバー空間での知的財産の窃盗、知的財産の強制的な移転、不公正な貿易慣行に懲罰的措置を加えているが、中国のテクノロジー分野での挑戦にアメリカがうまく対応できるかどうかは、外国への制裁よりも国内体制の改善にかかっているだろう[24]。しかし、中国による平和《パクス・シニカ》とアメリカの時代の終わりを宣言する人々は、国力の構成要素全体を概観できていない。*アメリカの独善はつねに危険だが、自信喪失や誇張された恐怖もまた、過剰反応につながる懸念がある。

　アメリカ合衆国は、ポーカーにたとえれば強い手札を持っているが、ヒステリーを起こせばカードをうまく切れないかもしれない。同盟国や国際制度という強い手札を不用意に捨ててしまわないかどうかが、ひとつの焦点になる。もうひとつ考えられる過ちは、移民をすべて止めようとしてしまうことだ。シンガポールのリー・クアン・ユー元首相は、中国が近い将来、国力でアメリカを追い越すとは考えていない理由を訊かれ、アメリカには全世界から優れた才能を引きつけ、多様性や創造性によって彼らを組み合わせる能力があることを挙げ、それは中国の漢民族中心のナショナリズムでは不可能だと言った[25]。もしアメリカが、海外の同盟国と国内の開放性という強い手札を捨ててしまったら、リーの考えは誤っていたということになるかもしれない。

中国の国力が増すにつれ、われわれは戦争せざるを得ないのではないかと心配する研究者が多い。しかし、その逆の破壊的な危険を考えている者はごくわずかだ。中国は国際秩序の革命的勢力として振る舞うよりもむしろ、一九三〇年代のアメリカのように、秩序へのただ乗りを決めこみ、うまい汁だけを吸おうとするかもしれない。そうした意味で、中国の行動は強すぎるのではなく、弱すぎるものになる懸念がある。また中国は、彼ら自身が創ったのではないとして、国際秩序に貢献することを拒否する可能性もある。これは「NIH（not invented here）問題」〔自国で発明されたものではないことを理由に、製品を採用しないこと。自前主義ともいわれる〕を誇張しているかもしれない。中国は、彼らが一九四五年以後の国際秩序から利益を受けてきたことを自覚している。国連安保理では、中国は拒否権を持つ五カ国の一角だ。中国はいまや、国連平和維持軍で二番目の資金拠出国であり、エボラ熱や気候変動対策に関する国連プログラムに参加している。中国はまた、世界貿易機関や国際通貨基金のような経済制度から大いに恩恵を受けており、二〇一五年の気候変動枠組条約にも賛成している。

＊マサチューセッツ工科大学（MIT）前学長にして元CIA長官のジョン・ドイッチュの見解では、もしもアメリカが変革や改善の潜在能力を保持できれば、「中国の大躍進はせいぜい、アメリカが現在謳歌している変革のリーダーシップとの差を、二、三歩縮める程度にとどまるだろう」ということだ。しかし、彼が「もしも」と言っているところに留意してほしい。

しかしその一方で、中国は独自にアジアインフラ投資銀行《AIIB》を設立し、国際インフラ整備計画である「一帯一路」構想を進めており、これを経済的な攻勢と受け止める向きもある。中国は市場経済の互恵主義を完全に履行しておらず、二〇一六年にはハーグの国際司法裁判所による南シナ海判決〔同海域で中国が主張する境界線を認めず、国際法違反としたもの〕を無視している。こうした態度は、中国が国際法的義務を個別に、自国に都合よく解釈しているのではないかという疑問を提起している（アメリカも同じようなことをしてきたが）。

これまで中国は、利益を受けてきた世界秩序の範囲内で影響力を増し、それを破壊しようとはしてこなかったが、中国の国力が伸張するにつれ、そうした姿勢は変わるかもしれない[26]。食べるにつれ、食欲が増すということはあるものだ。トランプ政権は中国を修正主義勢力とみなしたが、いまのところは穏健な修正主義にとどまっている。ヒトラーのドイツのような過激な修正主義勢力とは異なり、中国は手札が載ったテーブルを蹴飛ばすつもりはないが、勝者の分け前をもっと多くよこせと主張しているのだ。ランド研究所の調査の結論によれば、「国際秩序に対する中国の相互作用について語るには、ひと言ではまったく不充分だ――中国の姿勢は、秩序の内容によって著しく異なってきた[27]」ということだ。同時に、中国の成長する経済力は、アメリカや国際秩序との間に問題を引き起こすだろう。市場への参入権、強制的な技術移転、国を代表する企業を支援する国家主義的な産業政策、過剰な生産能力、知的財産の窃盗をめぐる摩擦は、今後ますます強まると思われる。これまでアメリカは開放的な国際経済を推進してきたが、これからはわれわれのテクノロジーや国家安全保障の目標を脅かす中国の商取引や投資を、より厳しく監視する方向に姿勢を修正する必要があるだろう。

中国の国力が伸張するにつれ、アメリカ主導のリベラルな国際秩序も変化せざるを得ないだろう。リベラリズムやアメリカの覇権を守ることに、中国はほとんど利益を見出していない。アメリカ人はこれから、「リベラル」や「アメリカの」という観点を捨て去り、「開かれていてルールに基づいた」世界秩序を構想したほうが賢明ではないだろうか。これが意味するのは、ロールズのリベラリズムへの姿勢のような観点で、開かれた国際秩序を、制度的協力の枠組みとして規定しなおすということだ。すなわち民主主義の普及は、当面脇に置くということである。民主主義の普及というウィルソンの遺産は、国際秩序の見直しによって長期的な多国間協力の見通しが進展し、紛争に代わる有力な選択肢となったときに、思いがけない幸運の産物として実現の可能性が残るかもしれない。

中国、インド、その他の経済が成長すれば、世界経済に占めるアメリカの割合は今世紀初めよりも低下し、ほかの諸国も興隆すれば、グローバルな公共財を促進する集団的行動を組織化するのはより困難になるだろう。しかし、中国を含めたどの国も、今後二十年以内に総合的な国力でアメリカに取って代わることはなさそうだ。ロシアは人口学的に衰退局面にあり、輸出商品はテクノロジーよりもエネルギー産業に大きく依存している。インドとブラジルは（それぞれ二兆ドルの経済規模を持つが）発展途上国のままだろう。ロシアと中国という強権的国家は、そのときどきの都合に応じて同盟し、アメリカ合衆国に対抗する場合もあるが、双方に根深い不信感が横たわり、競合するナショナリスト的イデオロギーを抱えていることを考えると、一九五〇年代に見られた中ソ同盟のような真の同盟関係にはならないと思われる。(28)

今日の強権的国家の枢軸には、一九五〇年代のコミンテルン（スターリンが主導したソ連型「コミュニスト・インターナショナル」。いわゆる第三インター」のようなソフトパワーの魅力はないが、こうした諸国の「シャープパワー」が民主的価値に及ぼす脅威に、対抗措置を取る必要が出てくるだろう。[29] シャープパワーとはすなわち、現在の中国が多大な努力を費やしているように、諸外国への経済的な見返りやソーシャルメディアの操作を通じて、その強権的な社会モデルを広めることにより、ソフトパワーを増やそうとするものだ。しかしながら、毛沢東主義が世界中の通りでデモを起こしたのとは違い、「習近平による中国的な特色ある社会主義思想」（この用語は、中国共産党の規約および中国憲法に明記されている）と大書された横断幕を掲げて大勢の人々が行進することはまずないだろう。ニクソンの時代から、中国とアメリカはイデオロギーの違いを脇に置いて、協力関係にあった。いまや中国は、国内の監視テクノロジーに人工知能のアプリケーションを使い、そうした技術の輸出が両国関係の新たな重荷になるだろうが、それでもすべての協力関係が解消されるわけではない。

アジアのめざましい経済成長は、この地域への力の水平移動を加速させてきたが、アジア域内にも独自のバランス・オブ・パワーが存在している。中国の力は日本、インド、オーストラリアをはじめとした国々によって、バランスが保たれているのだ。アメリカの存在はアジアのバランス・オブ・パワーにとって、決定的に重要な役割を果たしつづけるだろう。[30] アメリカ合衆国がこうした諸国との同盟関係を維持すれば、中国が西太平洋からアメリカを追い出せる見通しはごくわずかであり、世界を支配する可能性はさらに低くなる。道義的な外交政策にとって、より意味のある問いは、アメリカと中国が協調してグローバルな公共財を提供する姿勢を発展できるかどうかだが、こちらの見通しはあまり明るくない。中国のリアリスト、閻学通は、アメリカ一極のヘゲモニーの終わりとともに、中国は慎重に戦争を避け、「米中の二極構造による秩序は、固定した敵対ブロックよりも、流動的な案件ごとの同盟関係によって形成されるだろう……（そして）大半の国々は、ある案件ではアメリカ側に、別の案件では中国側につくという二重アプローチを採用するだろう」と考えている。[31] 米中が協調的なライバル関係を結び、「スマートな競争」戦略を成功させるには、双方の側に等しい注意力が要求される。[32] しかし、そうした未来が実現するには、双方が状況を把握する知性を研ぎ澄まし、慎重に関係を制御して、大きな誤算を起こさないことが必要だ。

テクノロジー、国境を越えた主体、無秩序《エントロピー》

将来の大統領はまた、垂直のパワーシフトがもたらす困難な問題にも向き合わなければならない。つまり、政府から力が分散するということだ。国家間の力の移動は世界政治になじみがあるが、テクノロジーによって衝き動かされた力の移動は、国家から非国家主体に向かい、これまでになかった新たな複雑さを生み出す。テクノロジーの変化は、金融の安定性、気候変動、テロリズム、サイバー犯罪、パンデミックといった、世界的な取り組みを要する国境を越えた問題をいくつも引き起こすと同時に、それに対応する政府の能力を弱める傾向にある。国境を越えた関係という領域では、政府の力の及ばないところに多様な主体がひしめいている。多様な主体とは、銀行家、資金を電子的に移動させる犯罪者、武器や攻撃計画をやり取りするテロリスト、サイバー社会の安全性を脅かし、ソーシャルメディアを使って民主的プロセスを妨害するハッカー、パンデミックや気候変動のような生態学上

の脅威などだ。

複雑性はさらに増していく。リアリストの思考の地図は、未来にふたつのモデルを提案している――大国同士の抗争か、十九世紀のヨーロッパ的な大国同士の協調だ。しかし第三の、予想外のモデルには、エントロピーが含まれている――収拾不可能な状態だ。そのような世界では、「次は誰だ？」という質問への答えは、「誰もいない」になる[33]。

このような答えが単純すぎるとしても、それは新たな外交政策の挑戦を創り出す重要な潮流を示している。テクノロジーのめまぐるしい変化は、政策に新たな課題を投げかけ、大統領を困難な道義的選択に直面させる。われわれはこれまでに、トルーマン、アイゼンハワー、ケネディが、進展する核分裂のテクノロジーに関して、重大な道義的選択を行なう過程を見てきたが、核プラントや核兵器は大規模で、目につきやすく、政府の管理になじみやすかった。しかし大半の情報テクノロジーやバイオテクノロジーは、民間セクターで開発されてきたもので、脱集権的な面があり、非国家主体に力を与え、政府の管理や制御下に置くのが難しい[34]。

ウィキリークスから多国籍企業、非政府組織《NGO》、テロリスト、自発的な社会的運動に至る、個人や民間組織は、そのどれもが、世界政治に直接的な役割を果たす力を持つようになった。情報の拡散は、力がより幅広く配分されることを意味し、非公式のネットワークは、伝統的な官僚機構による情報の独占に風穴を開けるだろう。インターネット上の情報伝達のスピードは、当面の政策課題を制御する政府の力を弱め、新たな脆弱さに直面させる可能性が高い。

孤立主義は選択肢になりえない。アメリカを囲むふたつの大洋は、かつてほど安全を保障してくれない。一九九〇年代にアメリカ合衆国がセルビアとイラクを空爆したとき、スロボダン・ミロシェビッチやサダム・フセインは合衆国本土へ反撃することができなかった。一九九八年、クリントンはスーダンやアフガニスタンのアルカイダを標的に巡航ミサイルを使ったが、二〇〇一年には非国家主体が、アメリカ合衆国で三千人を殺害した（日本による真珠湾攻撃よりも多い死者数だ）。その手段は、アメリカの民間機を巨大な巡航ミサイルとして使うというものだった。アメリカの電力系統、航空管制システム、銀行は、国境外のどこかから放たれた電子に対して脆弱だ。大洋は助けにならない。サイバー攻撃は、距離が十マイルだろうが一万マイルだろうが、秒単位で襲ってくる。*オバマ政権で国防長官を務めていたレオン・パネッタが、「サイバー空間の真珠湾攻撃」の危険を警告したように、最も抑止困難な攻撃は、武力紛争の境目に隠れた「ハイブリッド戦争」というグレーゾーンで起きる可能性がある。

われわれのインフラだけではなく、民主的な自由もまた、サイバー攻撃に対して脆弱だ。二〇一五年、北朝鮮はその指導者をあざけったコメディ映画に抗議し、ソニー・ピクチャーズにサイバー攻撃を仕掛けて成功させた。そして二〇一六年には、ロシアがアメリカのソーシャルメディアを利用して、アメリカ大統領選挙に介入することができた。(35) フェイスブック、グーグル、ツイッターのような、多くの国々にユーザーを持つ大規模なソーシャルメディアはアメリカに本社があることから、多くの

＊これは、すべてのサイバー主体が等しい攻撃能力を持つことを暗示しているわけではない。洗練されたサイバー攻撃には長期にわたる準備期間とともに、専門知識を持つ人材の集団が必要で、それらは大国の諜報機関と結びついていることが多い。

人々はそれらがアメリカの武器になると考えていたが、二〇一六年にはロシアが、それを武器にしてわがアメリカに向けてきたのだ。

一九九〇年代、インターネットの効果に関しては、脱集権化や民主化が進むという自由論者による楽観論が主流だった。クリントン大統領は、中国共産党がインターネットを統制するのは、「ゼリー菓子を壁に釘付けに」しようとするようなものだと考えていた[36]。ブッシュとオバマの両政権も、こうした楽観主義を共有し、インターネットの自由を政策課題として、強権的国家の反体制派が情報交換するためのテクノロジー支援を進めた。しかし今日では、反体制派に有利になると予測されていた非対称性は、どうやら逆だったようだ。強権体制は情報の流通を管理して自らを守ることができるのに対し、民主主義の開放性が作り出す脆弱性は、強権主義者に付け入る隙を与えてしまう。情報戦争は新しいものではないが、国境を越えて電子を送り込んだほうが、捕まる危険を冒して訓練されたスパイを送り込むよりもはるかに安く、早く、簡単だ。インターネットとともに、ビッグデータや人工知能もまた、情報戦争で民主主義を守るのをはるかに複雑にしている。そのための戦略を成功させるには、国内社会の回復力、抑止力、外交手腕が必要になるが、それを実行するには、外交政策の道義的手段に関する新たな問題が引き起こされるだろう。*フェイクニュースや虚偽の言論を特定するうえで、民間企業は政府より大きな役割を担う。法の支配、信頼、真実、開放性は民主主義の弱点でもあるが、それらはまた、われわれが守りたい最重要な価値でもあるのだ。

サイバー情報戦争から社会を守るための政策はすべて、悪用しないというヒポクラテスの誓いを立てることから始めなければならない。大統領にとって、一種の秘密情報作戦で応戦したいという誘惑は相当大きいだろう。あるリアリストの友人がわたしに、「戦いとなれば、使えるものはすべて武器として使う」と言った。ハイブリッド戦争の時代に、アメリカの「政治的戦争」の遂行能力や戦略を確立しなければならないのは当然だが、大統領はそうした戦略が本来の目的を逸脱しないよう、逐一目を光らせなければならない[37]。公共の外交や放送は、あくまで公共のものであるべきだ。強権的体制を模倣し、冷戦期のように、秘密情報戦争のような手段に訴えるのは過ちを犯すことになる。そうした行動は、あまり長く隠しておくことはできないし、露見したときにはアメリカのソフトパワーを損なってしまう。一九七〇年代に、ＣＩＡが秘密裡に行なった多くの広告宣伝活動が明らかになったとき、まさにそうしたことが起きた。なかには、強権的体制との情報戦争に際しては、民主主義諸国はソフトパワーだろうがハードパワーだろうが、活用できるあらゆる武器を使うべきだと主張する者もいる。しかしながら、長期にわたってこのふたつの力をうまく組み合わせるのは難しく、政治的戦争の矢筒で、矢が入っていると思って使ってみたら、実はブーメランだったということはありうるのだ。長期的観点に立てば、強権的国家は中央で情報操作を続けることで、一見堅くても実際にはもろくなり、一方、民主主義諸国の開放性は、しなやかさと回復力をより高める。ただしそれは、われわれが開放的な体制を維持できたときだけだ。

各国政府は、サイバー空間での規範整備に着手したばかりだ。一九四五年に登場した核兵器という

＊二〇一八年十二月、わたしは以下の論文で回復力、抑止力、外交手腕の戦略を立案した。“Protecting Democracy in an Era of Cyber Information War,” Hoover Institution Working Paper.

破壊的な新技術を管理するため、各国政府が制度を整備するまでには二十年以上の歳月を要した。一九六三年、ケネディが部分的核実験禁止条約の交渉を成立させ、一九六八年にはジョンソンが核不拡散条約に署名して、一九七二年にニクソンが最初の戦略兵器制限条約を成立させた。サイバー空間の安全保障はまだこれからの段階だ。一九九六年、第一期クリントン政権の終わりごろには、インターネットの利用人口は三千六百万人で、世界人口の一パーセントほどだった。それから二十年後、トランプが大統領に就任した二〇一七年初めには、三十七億人——世界人口の半数近く——がインターネットを利用していた。ユーザー人口が爆発的に増加した一九九〇年代後半、インターネットは経済、社会、政治の相互作用において不可欠な基盤となった。このグローバリゼーションは、ポピュリストの政治家が気に入るかどうかにかかわらず、たちまち普及した。

相互依存が進むとともに、経済的なチャンスだけでなく、脆弱性や不確実性も到来した。ビッグデータ、機械学習、「モノのインターネット《IoT》」〔通信端末だけでなく、家電製品や車などもインターネットに接続すること〕の進行により、インターネットの接続回線数は二〇三〇年までに一兆に近づくと予想する専門家もいる。攻撃を受ける可能性のあるものは激増し、工場の制御システムから心臓のペースメーカー、自動運転車に至るまで、あらゆるものが標的になりうる。サイバー空間の領域には、個人間の紛争も国家間の紛争も起こる可能性が出てくるだろう。[38] 未来の大統領が、アメリカ合衆国をインターネットから切り離せると思わないかぎり、サイバー時代の道義的外交政策には、防御や抑止力のみならず、規範や制度構築でのリーダーシップも必要になってくる。[39] こうした問題は、人工知能、ゲノム科学、その他のバイオテクノロジーの重要性が増すにつれ、ますます大きくなるだろう。

機械学習や人工知能のアルゴリズムが生み出す複雑さは、政策決定者にも理解困難になり、困難な道義的選択を新たに作り出すだろう。現代の自律的な兵器の大半は静的システムで、脅威が襲ってきたら撃ち落とすようになっている。そしてドローンのような攻撃的システムは、人間に情報を与えつづけ、遠隔操作で攻撃命令を受ける。しかし、人工知能によって誘導されたドローンの群れが、広範囲に散在する複数の標的に関する情報をいっせいに送信してきたら、情報を受けた人間が、介入が必要なタイミングを判断するのは難しくなるだろう。

オバマはこうしたテクノロジーの初期段階にあって試行錯誤を重ね、ドローン攻撃について抑制的な手順を策定した[40]。この問題は、標的型攻撃と暗殺の問題との密接な関わりを示している。一九五〇年代から六〇年代にかけての暗殺工作が、ベトナム戦争やウォーターゲート事件のあとになって連邦議会の公聴会で明かされると、ジェラルド・フォードは大統領命令によって、容認可能な外交政策の手段から暗殺工作を除外した。後にロナルド・レーガンが新たな大統領命令を出し、一九八六年のカダフィに対する報復攻撃では、よりあいまいな形で暗殺工作が行なわれた。戦時国際法では、指導者を標的にした暗殺行為は違反ではないが、「戦争状態」の定義はあいまいだ。オバマはこの論理を使って、二〇一一年のアンワル・アウラキへのドローン攻撃を正当化した。アウラキはアメリカ国籍を持ち、イエメンでテロ戦争に関与していた。しかし、自律的なＡＩシステムが長期間にわたり、広い地域にまたがって活動していた場合、大統領はいかなる道義的選択に直面するだろうか。

情報革命とグローバリゼーションの影響下で、世界政治は変容していく。それが意味するのは、たとえアメリカ合衆国が最大の強国でありつづけるとしても、単独では大半の国際的目標を達成できないということだ。たとえば、国際的な金融の安定性はアメリカ人の繁栄にとって死活に関わるほど重要だが、それを確保するには、アメリカは他の国々と協調していく必要がある。国境を越えた相互依存は深まりつづけているのだ。経済のグローバリゼーションに反動が起こる可能性があっても、環境のグローバリゼーションは増していくだろう。気候変動や海水面の上昇は、全世界の人々の生活の質に影響するが、アメリカ一国でこの問題を解決することはできない。国境が穴だらけになり、ドラッグから感染症、テロリズムに至るまで、あらゆるものが通り抜けていく世界では、諸国はソフトパワーを使い、ネットワークを発展させて、脅威や挑戦に手を携えて対処していく制度を築かなければならない。

だからこそ、アメリカ例外主義で第三の側面――大きさ――が、よりいっそう重要な道義的意味を帯びてくるのだ。これまで見てきたように、公共財（清浄な空気のように、誰もが共有でき、誰も排除されないもの）に関する古典的な問題は、最大の消費国が主導しなかったら、ほかの国々は何もせず、公共財は生み出されないだろうというものだ。「新しい中世」〔グローバル化や相互依存により、力の分散が進んだ世界を中世ヨーロッパになぞらえた見方〕のような状況ではなおのこと、最大の国が主導権を握り、グローバルな公共財を生み出す動きを組織する重要性は高まっている。トランプの国家安全保障戦略は、国家間の大競争に主眼を当てているが、国家安全保障に対する国境を越えた脅威の重要性にはほとんど言及していない。テクノロジーの専門家であるリチャード・ダンツィグはこの問題を要約して、「二十一世紀のテクノロジーがグローバルなのは、テクノロジーが分散するからだけではなく、結果にも影響を及ぼすからだ。病原体、ＡＩシステム、コンピュータ・ウィルスだけでなく、外国で偶発的にまき散らされたものが、彼らだけでなく、われわれの問題になることもある。合意を得た通報システム、共有された制御方法、共通の緊急時プラン、規範や条約が、あまたある相互のリスクを軽減するための手段として、締結されなければならない」[41]と言っている。関税や国境の壁では、そうした問題を解決することはできない。

軍事や経済といった分野の公共財については、アメリカ一国のリーダーシップが大半の答えを出せる。たとえばアメリカ海軍は、世界の船舶に海洋法を遵守させ、航行の自由を守るための警察として重要な役割を担う。あるいは二〇〇八年の金融危機では、最後の貸し手というきわめて重要な役割を、アメリカの連邦準備銀行が担った[42]。しかし、新たな国を超えた問題では、アメリカのリーダーシップは依然として重要になるだろうが、対策が成功するかどうかは諸国間の協力にかかっている。たとえば地球規模の気候変動のような問題には、アメリカ一国だけの活動では対処できない。それに、地経学〔地政学的な目的のために経済力を手段として使うこと〕的な挑戦に対処するには、アメリカ合衆国は、トランプ政権のような冷淡な方法ではなく、ヨーロッパ（中国より大きな経済規模だ）とより緊密に連携していかなければならないだろう。

こうした意味では、力は非ゼロサムゲーム〔力の総和がゼロにならない。つまり、誰かが得をすれば誰かが損をするわけではない状況〕になる。アメリカの力を他国「よりも」強くすることを考えるだけでは充分ではないだろう。共通の目標を達成する「ための」力という観点で考えなければならず、それには他国「とともに」力を合わせることが必要だ。国境を越えた問題の大半では、他国を力づけることがアメリカ自身の目標を達成するための助けになる。中国がエネルギー効率を改善し、二酸化炭素の排出を削減すれば、それはアメリカの利益にもなるのだ。この世界では、ネットワークやつながりが、問題を解決する力の重要な源になる。複雑性を増していく世界では、最もつながりの多い国が最も強力だ。幸運なことに、オーストラリアのローウィー研究所によるランキングでは、大使館、領事館、公館の設置数でアメリカ合衆国が第一位である。ワシントンは世界で六十カ国もの国々と、同盟国として条約を締結しているのだ。中国に同盟国はほとんどいない(43)。

これまでは、アメリカ合衆国の開放性がネットワーク構築、制度の維持、同盟関係の持続に寄与してきた。しかしこの開放性や、世界各国への関与への意思は、アメリカの国内政治で支持を得つづけられるだろうか？　それとも、二十一世紀にもまた、一九三〇年代と似た情勢が繰り返されるのだろうか？　たとえアメリカがほかのいかなる国よりも強い軍事力、経済力、ソフトパワーの資源を保持しつづけるとしても、そうした資源を、世界規模で効果的な力として発揮するとはかぎらない。むしろ、そうしないことを選択するかもしれない。実際に、ふたつの世界大戦の間の時期はそうだった。二〇一八年に、元国務長官のマデレーン・オルブライトはそうした事態を、「わたしは一九二〇年代と三〇年代に優勢だった国際環境に戻ってしまうことを恐れている」と表現した(44)。

アメリカの未来の安全保障や繁栄が、「相手を超える力」もさることながら、「相手とともに発揮する力」の重要性を学ぶことにかかっているとしたら、トランプ政権初期の数年は、あまり明るい見通しをもたらしてくれない。「アメリカファースト」が意味するのは、あらゆる国々が自国の利益を優先させるということだが、そうした利益をどのぐらい広く、あるいは狭く定義するのかが重要な問題だ。トランプが示している傾向は、制度や未来の長い影にほとんど配慮せず、短期的なゼロサムの取引を重視した解釈だ。アメリカ合衆国は、国際協調という、長期的で賢明な視点に基づいた自国の利益から後退してしまった。おそらく、アメリカの開かれた秩序の未来にとって最大の脅威は、外側ではなく内側から訪れるのではないか。

力の転換と国内からの脅威

二〇一六年の大統領選挙は、共和党でも民主党でも、グローバリゼーションや貿易協定に対するポピュリスト的な反応が目立った。たいがい、ポピュリズムはエリートへの抵抗を意味し、抵抗の対象には、過去七十年以上にわたるリベラルな国際秩序を支持してきた制度や評論家も含まれる。第1章で見たように、ポピュリズムは目新しいものではなく、カボチャのパイと同じぐらい、アメリカにはおなじみのものだ。ポピュリストの反応のなかには、民主主義にとって健全なものもある（第七代大統領のアンドリュー・ジャクソンや、二十世紀初頭の「進歩主義時代」で民主化が進展したことがその例だ）が、移民排斥を掲げた十九世紀のノウ・ナッシング党や、二十世紀のジョー・マッカーシー上院議員、ジョージ・ウォレス州知事は、外国人嫌いや狭量さを露わにした。最近のポピュリズムの波には、両方の要素が含まれている。

ポピュリスト的な反応の原因は経済的、文化的なもので、社会科学研究の重要なテーマだ[45]。外国との競争で職を失った有権者はトランプを支持する傾向が強いが、一九七〇年代にさかのぼる文化戦争で、人種、性差、性的嗜好にまつわる価値観の転換により、その地位を失った年輩の白人男性のような集団もトランプの支持層だ。アラン・アブラモウィッツは、「人種的な怒りの感情こそ、共和党大会でトランプが票を集めた唯一最大の要因だ」と分析しており、トランプは「不法移民がアメリカの市民から職を奪っていると主張することで、露骨にこれらの問題を結びつけた」[46]。たとえ経済的グローバリゼーションやリベラルな国際秩序がなかったとしても、こうした国内の文化的、人口構成面での変化は、一九二〇年代から三〇年代にかけて見られたような、ある程度のポピュリズムを作り出しただろう。雇用がロボットや貿易によって失われ、文化面での変化が対立を生み出しつづけるかぎり、ポピュリズムもまた続くと思われる。

グローバリゼーションや開放的な経済を支持する政策エリートへの教訓は、経済格差の問題にいっそう注意を払い、国内外での変化によって生活を破壊された人々への調整支援を重視することだ[47]。移民への態度は、経済が好転するにつれてよくなるが、感情的、文化的には問題でありつづける。二〇一五年のピュー研究所の調査では、アメリカ人の成人のうち五一パーセントが、移民が国を強くしていると回答した一方で、四一パーセントは移民が負担になっていると答えた。だが負担とする回答者の割合は、大不況がピークだった二〇一〇年半ばの五〇パーセントよりも低下している[48]。移民はアメリカには長期的な比較優位だが、政治リーダーは、とりわけ経済状況が厳しいときには、国内の圧力をかわすために、国境管理を厳格にすることになるかもしれない。

しかしながら、二〇一六年の大統領選挙での過熱した言辞や、トランプがソーシャルメディアを見事に駆使して、文化的な火種になるニュースの話題を操作したことが、これから長期にわたってアメリカの世論の傾向になると予測すべきではない。確かにトランプは選挙人団を勝ち取ったが、一般投票では三百万票も少なかったのだ。それに、外交政策は選挙の主要な争点ではなかった。二〇一六年九月のシカゴ国際関係会議による世論調査では、六五パーセントのアメリカ人が、グローバリゼーションに雇用面での懸念を覚えつつも、アメリカにとっては大半が有益だと回答した。(49) 世論調査の結果は、問題文の表現を変えて誘導したり、問題の順序を変えたりすることで影響を受けやすいが、「孤立主義」という立場は、現在のアメリカ人を的確に表現してはいないようだ。

アメリカ人の一部は、アメリカ合衆国が経済的に、開かれた国際秩序を支えつづけることができるかどうか不安を抱いているが、近年のアメリカが国防や外交問題に使っている予算は、ＧＤＰの三・五パーセントほどだ。諜報活動や在郷軍人の年金・介護などの隠れたコストを含めても、これらの費用がアメリカのＧＤＰに占める割合は、冷戦期のピーク時の半分以下にすぎない。アイゼンハワーの時代には、その割合は一〇パーセントを超えていたのだ。同盟関係は決して高価ではない。日本政府は、アメリカ軍の駐留費の大半を負担している。問題は「大砲かバターか」ではなく、「大砲かバターか税金か」なのだ。税収を上げて予算を拡張しないかぎり、国防費は限られた予算の範囲内で、国内の教育費やインフラの修繕費、研究開発費などの重要な投資とのかねあいにより、ゼロサムやトレードオフの関係でやりくりすることになる。政治的レトリックにかかわらず、詳しい分析によれば、アメリカ合衆国は先進諸国すべてのなかで、最も税負担の軽い国の一群にとどまっている。ＯＥＣＤの所得税率の平均は、二〇一二年の時点で、アメリカよりも一〇パーセント以上高い。

開かれた国際秩序を維持するためのもうひとつの国内的挑戦は、昔ながらの介入をめぐる問題だ。アメリカは他国の国内問題に、どのような方法で、どの程度関与すべきだろうか。国境を越えたテロリズムや難民危機、人道危機の時代にあって、ある程度の介入はやむを得ないだろう。しかし中東は、今後数十年にわたって政治的、宗教的な革命を経験すると思われる。あたかも、十七世紀のドイツが三十年戦争を経験したように。こうした危機は、介入への誘惑を生み出すだろうが、アメリカは介入や占領のような政策から距離を置き、民主主義の普及を強制すべきではない。ナショナリズムが興隆し、社会的に人口の流動性が増した時代では、外国による占領はたとえ当初は歓迎されたとしても、地元住民の怒りを招く危険が大きい。クリントンのソマリアや、ブッシュのイラクがそうだったように。開かれた国際秩序を支持するのに必要な国内的コンセンサスにとって、最大限の結果を要求する過剰な関与は、縮小政策よりも大きなダメージをもたらす。ケネディとジョンソンによるベトナム戦争の拡大は、一九七〇年代の内向きの十年間の原因になり、ブッシュによる二〇〇三年のイラク侵攻も同じ結果を招いている。大規模な軍事介入をともなわない関与の形態を見出せるかどうか、困難な道義的選択が求められる。

開かれた国際秩序を持続させる国内的支持を得るうえで、きわめて深刻な問題は、政治的な分裂と対立であり、外交政策の問題を扇動的な戦術に利用する傾向だ。そうしたやり方はアメリカの能力を損ない、新たな国境を越えた挑戦に対処する制度を支えたり、ネットワークを構築したり、政策を策定したりする過程に支障を来《きた》すだろう。排外主義的な扇動家たちは、アメリカのソフトパワーを食いつぶしている。国際的な世論調査によると、二〇一七年以降、アメリカの魅力は減少しつづけているのだ。国内政治の停滞は、しばしば国際的リーダーシップを妨げる。トランプよりもずっと以前から、国務長官と国防長官からの度重なる懇請にもかかわらず、アメリカの上院は国連海洋法条約に批准していない。そして、一方的に諸外国に関税をかけ、ブレトンウッズ体制を破ることで国内の票を得ようとしたのは、トランプではなく、ニクソンが初めてだった[50]。気候変動対策を主導する観点では、炭素税への強い国内的抵抗が阻害要因としてある。こうした態度は、グローバルな公共財への取り組みを主導するアメリカの能力を弱めるものだ。

未来の大統領にとって、外交政策における価値の普及に関してもうひとつ重要な側面は、国際秩序や制度を維持することに関係している。第1章で見たように、ウィルソンのリベラルな遺産はふたつの部分からなる。リベラルな民主主義の普及と、諸国の協調を円滑にするための制度作りだ。制度はグローバルな公共財を生み出すことを通じ、価値を普及するための間接的な方法だ。リアリストが表現するように、秩序は比較的安定した力の配分に依拠しているが、秩序はまた、安全保障、経済問題、生態学的な相互依存を管理する制度的枠組みに正当性を与えることでも安定する。制度は未来の影を長く伸ばし、相互主義や協力関係を促すのだ。

ＮＡＴＯのような同盟関係は期待をもたらすが、安全保障はまた、国連や核不拡散条約、国際原子力機関のような制度の存在によっても強化される。開かれた市場や経済のグローバリゼーションは破壊をもたらすこともあるが、同時に富も生み出す（ただしその配分は不平等であることが多い）。金融の安定を確保することは、アメリカ人であろうと外国人であろうと、無数の人々の日常生活にとってきわめて重要だ。もっとも、それが失われるまで、大半の人々はその重要性にあまり気づかないだろうが。そして、いかに排外主義的な政治的反動が経済のグローバリゼーションを攻撃しようと、生態学的なグローバリゼーションは変わらないだろう。温室効果ガスやパンデミックは、主権国家の国境など意に介さない。科学の否定による政策でも、自然の力を逆転させることはできない。

世界各国には、海洋や宇宙空間の利用、気候変動やパンデミックへの対処のうえで協力を促進する枠組みが必要になるだろう。だが、リベラルな国際秩序を広めるための手段としてそうした枠組みに言及するのは、ウィルソンのリベラルな遺産のふたつの側面を混同することになる。リベラルな民主主義的価値を直接普及することと、グローバルな公共財を作り出すために制度的な枠組みを構築するのは、別の話だ。民主主義や人権を促進しようと、大統領はさまざまな政治的介入をしたくなるかもしれない。しかし仮に、安全保障、経済、生態学的相互依存に対処するために作られた制度が支持されるとしても、だからといって政治的介入も支持されるわけではない。ウィルソンのリベラルな遺産へのふたつの側面は、別々に追求するのが望ましい。

トランプが大統領に就任して二年が経った二〇一九年の時点で、先に挙げたリベラルな秩序を構成する四つの要素――安全保障、経済、公共財、人権や民主主義のような価値――に関して、実績には評価が分かれる。トランプ政権はアメリカと諸外国との同盟関係を弱体化させたが、破壊するには至っていない。大量破壊兵器の拡散を制限する安全保障体制は挑戦を受けているものの、どうにか持ちこたえている。経済制度については、通貨の秩序（いまだにドルが基軸だ）よりも貿易体制の損害が大きいようだ。グローバルな公共財という問題については、トランプ政権はパリ協定から離脱したが、市場原理や国内での雇用創出の努力は、いくらかの効果を上げてきた。

価値については、前任者と対照的に、トランプは人権にあまり関心を示さず、強権的国家のリーダーにしばしば寛容に接してきた。しかし、人権や民主主義のような価値は、アメリカのソフトパワーにとって重要な部分でありつづけている。アメリカ合衆国は「必ずしも、中国よりも高い値段をつけて競り勝つ必要はない。彼らのほうが、より多くの金を外国に使えるからだ。しかし、外国を説得し、引きつける力では、中国を上まわることができる」[51]。トランプ政権の支持者には、彼の型破りなスタイルや制度を破ろうとする意思が、北朝鮮の核兵器のような問題で大きな進展をもたらし、知的財産の移転を強制する中国の振る舞いを変化させるかもしれないと主張する者もいる。しかし、たとえそうだとしても、《エコノミスト》誌が主張するように、既存の制度を鉄球でぶち壊すようなトランプの姿勢は、それらを損ない、本書に挙げてきたような、新たな国境を越えた問題に対処するアメリカの力を減少させるだろう[52]。そのことが事実だと証明されたら、アメリカの安全保障、繁栄、ひいては生き方に大きな代償をもたらすかもしれない。

結論

アメリカ合衆国は今後数十年、世界最強の軍事力を保持しつづけるだろう。そして軍事力は引きつづき、グローバルな政治力の重要な構成要素となる。言い換えれば、アメリカ例外主義の第三の要素である「大きさ」が、これまでどおり重要だということで、「国家間での力の配分は、一般に信じられているほどおびただしく、あるいはすばやく移行するわけではない」[53]。中国はアメリカとの差を縮めるだろうが、予見できない驚くべき事態が起こらないかぎり、アメリカは総合的に見て、世界最大の強国でありつづける可能性が高い。

しかし、アメリカがその力を使って何をすべきか、ワシントンで中枢を担う人々の考えは、著しい変貌に直面している。新たに支持を得ている大戦略の姿勢は、オフショア・バランシング〔アメリカ以外の地域で、地域覇権国が台頭してきたら、政治力や軍事力を使って封じ込めや牽制を行なう政策〕、縮小、撤退、抑制など、さまざまに言い換えられてきたが、こうした趨勢は、冷戦後のアメリカ国内世論の変化を反映している。二〇一七年のトランプ政権発足より以前から、学者や専門家のなかには戦後秩序に疑問を呈してきた人々がいた。アメリカの外交政策はつねに、積極政策と縮小政策の間を、振り子のように揺れ動いてきた(54)。一極時代の幻想が崩れ落ちたことによる、縮小の循環期《サイクル》が、ドナルド・トランプが当選するかなり以前から始まっていたのだ。

しかし同時に、台頭する中国と衰退するロシアが近隣諸国を脅かしており、アメリカがアジアやヨーロッパに保障する安全は、地域の繁栄の基礎となる安定にとって不可欠である。しかし、軍事力は粗暴な手段だ。外国の民族主義的で宗教的な集団による国内政治を、占領して意のままに従わせようというのは、失敗するのが目に見えており、逆効果であることが証明されるだけだろう。それに、気候変動や金融の安定、インターネットの運営規範に関しては、軍事力でできることはない。海軍力を強化しても、サイバー空間での力が増すわけではないのだ。ネットワークの維持、制度機関との連携、サイバー空間や気候変動のような新たな分野での規範や管理体制の構築は、アメリカのハードパワー資源を補完するソフトパワーを生み出すのに必要だ。しかし、まさしくこうしたタイプの力を、トランプの一方的政策は弱めている。

「リベラルな国際秩序」や「パクス・アメリカーナ」といった、第二次世界大戦後の時代を描写するのに使われてきた用語は、世界でのアメリカの位置づけが変わるにつれ、時代遅れになってしまった。それでもなお、最大の国々が主導して公共財を生み出す必要性は残っており、さもなければ公共財は生み出されず、そうなったら、アメリカをはじめとした世界中の国々が痛手をこうむる。開放的でルールに基づいた国際秩序は、政治および軍事問題、経済関係、環境問題、人権問題まで、広範囲に適用される。それらの問題がどの程度、相互に依存しており、一九四五年に創設された制度的枠組みが解体したら何が残るのかは、さらに時間が経たなければはっきりしないだろう。

はっきりしているのは、国際問題からの撤退は不可能であり、孤立主義は選択肢になり得ないことだ。ナショナリズムとグローバリゼーションからどちらかを選ぶというのは、誤った選択である。これまで見てきたように、人間はいくつものアイデンティティに帰属することができる。問題なのは、国家というアイデンティティかグローバルな関係かではなく、国家というアイデンティティを強く持ちつつ、グローバルな関係を忘れないことだ。ある歴史家が言ったように、「好むと好まざるとにかかわらず、人類はあらゆる国境をあざけるような三つの問題に直面し、それはグローバルな協力のみによって解決される」――三つの問題とは、核戦争、気候変動、テクノロジーによる混乱だ。(55)

未来の大統領たちにとって重要な道義的選択は、どこへどのように関与するかだろう。アメリカのリーダーシップは、ヘゲモニーや支配や軍事介入とイコールではない。全盛期でさえ、アメリカ合衆国はつねに、他国の助けを必要としていた。一九四五年以降、七十年にわたってアメリカは優越性を守ってきたが、そのリーダーシップや影響力の度合いにはいつも幅があった。アメリカはいつも、他国と重層的な同盟関係のネットワークを構築し、それに頼ってきたのであり、その点を理解した大統領の下で、最も効果的な影響力を行使できたのだ。一九八九年以降の（支配力という意味での）ヘゲモニーや一極時代は、つねに幻想だった。幻想が崩れ去ったいま、リーダーシップに関わる道義的選択の方向性は、より明らかだ。

外国のパートナーは、助けたいと思ったときに手を差し伸べてくれる。彼らが助けたいと思うかどうかは、アメリカの軍事力や経済力だけで決まるのではない。魅力というソフトパワーによって決まるのだ。ソフトパワーを形作るのは、排外主義的ではなく開放的で、多様な人種による文化、リベラルで民主主義的な価値観、そしてわれわれの政策である。しかもそうしたソフトパワーは、他国の人々の目から見て、正当と思われる方法で形成される必要がある。ジェファソン主義者は全人類の意見を尊重し、ウィルソン主義者は制度を使って相互主義を推進しつつ、未来の長い影を作るようにしてきた。そうした姿勢が、アメリカの外交政策を成功させる重要な要因でありつづけてきたのだ。国際秩序は、主導的な国家が力と正当性を組み合わせる能力によって左右されてきた。「意図」、「手段」、「結果」という三つの次元すべてから見て、モラルは重要なのだ。なぜならそれらは、国際秩序を成功させる秘訣をなしているからである。

かつてほどアメリカが優勢ではなく、より複雑さを増した世界において、第四十六代大統領は、外交政策の決定に際して道義的選択に直面するだろう。その外交政策は、アメリカが諸外国と協力してグローバルな公共財を生み出し、ハードパワーだけでなくソフトパワーを行使して、諸外国の協力を引きつけるものでなければならない。これまで見てきたように、一九四五年以降、アメリカが優越する時代が成功してきたのは、そうした枠組みがあったからだ。アメリカに必要なのは、諸外国を上まわる力のみならず、諸外国とともに発揮する力である。こうした点は今後とも変わらないが、二十一世紀、国境を越えた新たな問題が次々と起こるにつれて、より必要性を増してくるだろう。アメリカの未来の外交政策にとっては、外国の力の興亡よりも、国内の排外主義的な政治の興隆が、より大きな脅威になりうる。そうした政治姿勢はわれわれの道徳観を狭量にし、外交政策の成功を危うくするだろう。

解説

駒村圭吾（慶應義塾大学法学部教授）

1．『汚れた手』——著者紹介をかねて

本書の筆者であるジョセフ・サミュエル・ナイ・ジュニア（Joseph Samuel Nye, Jr.）は、一九三七年に米国ニュージャージー州サウス・オレンジ市に生まれ、一九五八年にプリンストン大学を優等卒業、その後、ローズ奨学金を得てオックスフォード大学に留学し、一九六〇年に学士（哲学・政治学・経済学）を取得した。一九六四年、ハーヴァード大学で博士（政治学）の学位を授与され、同年から同大学大学院ケネディ・スクール・オヴ・ガヴァメントにおいて研究教育に従事し、同スクールのディーン（一九九五年から二〇〇四年）等を経て、現在、同大学院の大学特別功労名誉教授（University Distinguished Service Professor, Emeritus）の地位にある。

ハーヴァードで研究教育に従事する中、クリントン政権において国家情報会議（ＮＩＣ）議長（一

九九三年から九四年）ならびに国防次官補（国際安全保障担当）（一九九四年から九五年）を務め、またオバマ政権でも、国務省の外交政策ボードならびに国防総省の国防政策ボードのメンバーに任命されるなど、合衆国政府の要職を歴任した、まさに実務経験も豊かな、アメリカを代表する国際政治学者である。日本人にとっては、国防次官補であったときにまとめた、通称「ナイ・イニシアティヴ」として知られる「東アジア戦略報告（East Asia Strategy Report）」（一九九五年）が日米同盟の「再定義」問題を提起したことや、共和党系の知日派であるリチャード・アーミテージと党派を超えて編纂にあたった「アーミテージ＝ナイ・リポート」を数次にわたり現在に至るまで発表し日米関係の一層の強化を提唱してきたこと、などがなじみ深いところであろう。また、オバマ政権の時、一時、駐日大使への就任が取りざたされたことも記憶に新しい。

同時に、ナイは小説家の顔も持っている。既に複数の小説をものしているが、代表作 *Dirty Hands*（一九九九年）は、国際的な諜報活動を描く作品であった。「汚れた手」の比喩は本書『国家にモラルはあるか？』にもたびたび顔を出し、重要な道徳的・批判的問いかけをする際の契機に使われている。ちなみに、ジャン・ポール・サルトルにも、『汚れた手（Les Mains sales）』という戯曲がある。一九四八年に初演されたこの作品は、共産党員たる自分と一己の人間たる自分の義務衝突の葛藤を描いたもので、当時、政治的批判にさらされ、一部で上演禁止となった。〝義務衝突〟のもたらすドラマトゥルギーをサルトルは戯曲に、ナイは小説にした。今般翻訳がなった本書は、それを外交政策に対する批判的分析を通じて、実務の現場でナイ自身がおそらくは抱えてきた義務衝突の葛藤を昇華させようと試みたものなのではないか。「汚れた手」は、道徳的分析に人をいざなう格好の比喩であり、どうにかして馴致してしまいたい苦い経験でもある。そうでなければ、『国家にモラルはあるか?』などとまじめに発問できようはずがない。

2. 国家と道徳

ところで、この解説を書いている私は、大学の法学部で憲法を講じている者である。早川書房が、国際政治や外交論の専門家でない人物に本書の監修を依頼してきたのは、その原題（*Do Morals Matter?*）ならびに邦題（『国家にモラルはあるか?』）が示すように本書が「国家と道徳」の関係を問うものであるからであろう。

道徳（morals）はやっかいな概念である。道徳という語感には、どうしても「人徳」とか「道徳の時間」といった濃厚な卓越主義的なにおいが付いて回る。おそらくは、それから適切な距離を保つために、本書の翻訳者も、文脈や語調に応じて「道徳」「倫理」「道義」の訳語を互換的に用いているものと思われる。これらの概念の異同については措くとして、ここではmoralsは、物理的制約ではなく、何らかの規範的制約を自己に課すものと理解しておこう。

かつて、国家はそのような規範的制約を一切受け付けないものと理解されることがあった。古くはマキャヴェリズムに端を発し、近代史を貫いてきた、「国家理性（Raison d'État）」の主張がそれである。国家は、それとは別次元に存在する目的に奉仕するものではなく、それ自体が目的であり、あらゆる外在的な制約を無視して自己目的的に運動する論理を内在させている……と見る教説である。

この国家理性の考え方は、大戦期において、国家権力を絶対化することに用いられたため、有体に言って、評判は良くない。しかし、国家を目的化することと権力者の恣意を目的化することは同じではない。国家理性があくまでも国家の理性を重視する以上、それは同時に、権力者に対しては一種の規範的制約を課する機能を果たすと見ることも可能であろう。「国家」そのものが超越的次元に立つ規範に位置づけられたのである。

では、その「国家」にたいして制約を課する規範的次元はあり得るのだろうか? かつてカントは、「自分自身の道徳的格率が誰にでも受容可能な普遍的格率になるように行動せよ」と命ずる定言命法（「もし……ならば、……せよ」という仮言命法と異なり、「（ともかく）……せよ」という無条件の義務づけ）に立脚して、各個人が手段としてではなく目的そのものとして遇されるべきことを説いた（『道徳形而上学原論』［一七八五年］の第二章）。そのような個人が、自然状態から脱するために、結集して構成される共同体をカントは、「目的の国（Reich der Zwecke）」と呼んだ（多様であり、かつそれぞれが目的として遇される諸個人が集結するのであるから、正確には「諸目的の国」であろう）。こうして、目的として遇される諸個人の結集が目的として遇される国家を形成する。そして、目的として遇されることを訴える諸国家間ではなお自然状態であるから、そこから脱するために「世界市民法」の下での諸国家の結集がさらに展望されるのである。

カントにおいて、国家はそれ自体が目的として扱われることを他の国家に要求すると同時に、支配下の構成員に対しても他者を目的として扱うべきことを要求する〝道徳的な〟存在である。実際、彼は、国家を、他者の支配を受け得る「財産物件」とは異なるとして、「道徳的人格（einer moralichen Person)」と呼んでいた(『永遠平和のために』[一七九五年]の第二章)[*]。このように、カント倫理学では、国家は道徳的存在であり、また一己の人格として想定されていた[**]。

3. 主権と人格

(1) フィクションの力学

法学上、「人」は、生身の人間である「自然人」と、法によって法人格を付与されることによって取り扱い可能となる「法人」とに区別される(営利法人、宗教法人、学校法人などが法人の例)。国家は法人格を与えられてはじめて存在を認められるフィクションにすぎないのであって、実在する有機体ではない(勘違いするひとがときどきいるが、説明するまでもなくそうではない)。とは言え、そのフィクションのもとに、あらゆる人間と生活が動員され、戦争と平和の歴史のなかに多くの現実が積み上げられてきた。その意味では実にリアルなフィクションである(法人が擬制なのか実在なのかについては長い論争伝統がある)。

このフィクションにかたちを与えているものは、対外的には国家の独立を護るための隔壁として機能し、対内的には最高かつ最終の決定を保障する「主権」である。国家がフィクションである以上、この「主権」ももちろんフィクションである。さて、国内において主権をいちいち直接発動しなくてもすむように、統治を安定的に駆動させるためには一定のしかけが必要である。巨大な〝幻影〟としての政治共同体を駆動させるこのしかけは、表現はさまざまであるが、あえて総称するなら、「儀式」ということになろう。

法や権利も国家を批判的に制御する装置であるが、「主権」や「儀式」の前には無力である（と通例は思われている）。「主権」が発動されれば、法も権利も無効化される。「儀式」はいったん動き出したら止めることは困難であり、大小さまざまな生がそれに呑み込まれていく（いったん稟議が回り出すと決裁圧力が働くことに始まり、神格化された主権者の開戦決定はそれを覆す聖断の儀式を必要としたり……）。このような情け容赦のなさは、それがフィクションに仕えるものであるからであ

＊いわゆる国家法人説も、国家を法人格として理解する。これは近代国家を法的に構成するための法技術であって、道徳的存在として構成するものではない。が、人格概念を用いたことから、そこにカント的倫理学が入り込む余地は皆無ではないように思われる。

＊＊もっとも、個人にも国家にもはじめから道徳が備わっているわけではないし、むしろ道徳的に見たらほとんどが悪い人間であるのが世の常である。カントは国家にも「天使の国」と「悪魔の国」があると論じており、道徳に欠け、私利私欲にまみれた「悪魔」でも、まさに私利私欲にまみれているからこそ目的の国を創設できると主張した（『永遠平和のために』の第三確定条項）。自己保存という私利の計算が最終的には目的の国の創設にいざなうと言うのである。この意味で、国家の創設には「道徳的な内面性」は無関係であるとカントは言っている。むしろ、道徳的な人々が国家を創設するのではなく、私利と自己保存に基づいて創設された国家が「国民の善き道徳を育む」と彼は主張する（同じく第三確定条項の箇所参照。なお、ここでの「善き道徳」の育成は、定言命法的生の啓発を指すものと思われ、人徳の陶冶や徳育の涵養といったものとは異なる）。さて、私利私欲にまみれ、道徳心のかけらもない人々であっても国家を形成できるとカントは見ているが、これはそのような人々が冷静に私利の計算をできる場合、つまり理性的にふるまえる場合に限られる。カントはそれを「自然のはたらき」と見ているが、計算を途中で投げ出し、抜け駆けをたくらむ人情もごく自然のように思われる。理性が冷静な私利の計算を求めるのだとすれば、それは仮言命法（「もし利がもたらされるならば、……せよ」）に立つものとなろう。カントの本筋ではない。

る。国家というフィクションの残酷さと無機質に立ち向かうには、法や権利が二死満塁ツースリーで大逆転する機会を狙うか、それがだめなら国家に日ごろから道徳的に行動してもらうようにするしかないではないか。「主権」は「最高かつ最終の決定」である以上、至高かつ絶対を標榜する主権者には道徳をぜひ内面化してほしいものだし（もっと言えば、至高者・絶対者は当然にそうあるべきだろう）、問答無用であらゆるものを呑み込み、異端分子をつまみ出す「儀式」の自動回転の非人格的な無機質さには、道徳に照らし、血の通った、情けも容赦もあるものであってほしい。せめて、事後的な道徳的評価に耐え得るものであってほしい。

（2）主権の人格化

これまで述べたように、国家にはモラルがないと困る。国家や主権がフィクションであるがゆえに持ち得る壮大な儀式的破壊力に抗するには、ぎりぎりのところで為政者に道徳的判断を強いる精神基盤を整えることがどうしても必要であろう。

ところで、国家や主権が、時として、人格化して、フィクションから実在に変わる瞬間がある。緊急事態がそれである。ここは私の専門領域である憲法学からの知見を披瀝させていただきたい。朝鮮戦争の停戦が模索されていた最後の段階で、軍事力の着実な保持が迫られる中、鉄鋼生産に重大な影響をもたらし得るストライキが画策されていたところ、当時のトルーマン大統領がスト決行の数時間前に製鉄所を接収し、商務長官の管理下に置く緊急の大統領命令を発した。この命令の合憲性が争われたのが、一九五二年に判決が下された Youngstown Sheet & Tube Co. v. Sawyer 事件、合衆国最高裁判決（343 U.S. 579［1952］）であった。本判決は当該命令は法的根拠を欠くものと判断した。法廷意見はシンプルなものであったが、それに付されたロバート・ジャクソン裁判官の補足意見が本解説との関係で興味深い。ジャクソンはこのように述べている。*

「執行権（＝大統領のこと――筆者）は、全国民に関わる選択に際して一個の首長（a single head）としてすべてを掌握できる利点を有する。それによって彼は公衆の希望と期待の焦点に自らを任ずることができるのである。劇的状況において、彼が下す決定の規模と終局性は、他の何人の存在感をも希薄化してしまうので、ほとんど彼だけが公共の耳目をひきつける。近代的コミュニケーション手段を通じて公衆の心理にアクセスする点において、公的生活上、彼に比肩し得る人格（personality）は他にいない。元首（head of state）としての彼の位格、世論に対する彼の影響力を通じて、大統領は、……彼の権限を抑制し均衡を図ろうとするものを抑え込もうとするのである。」

「元首」という国家有機体説的なイメージをちらつかせ、「劇的状況」において政治の唯一無二の「人格」になり得るのが大統領である、とジャクソンは言う。もちろん、それには連邦議会の明示的ないし黙示的な権限付与が必要であり、それを欠いた本事例においては大統領の元首化を彼は否定す

＊本判決の考察については、駒村圭吾「危機・憲法・政治の〝Zone of Twilight〟」奥平康弘・樋口陽一編『危機の憲法学』（二〇一三年、弘文堂）所収を参照されたい。

るのであるが、逆に、連邦議会の権限付与がなされれば、大統領の権限は最大化されると述べ、ジャクソンは次のように整理する。

「かかる状況において、または、かかる状況においてのみ、……大統領は連邦主権を人格化するに至る（to personify the federal sovereignty）と言い得るのである。」（傍点筆者）

主権という概念をあまり用いないアメリカ憲法においても、緊急事態すなわち「劇的状況」において、連邦議会のコミットメントを条件としつつも、主権が大統領という一己の人格に権化する瞬間があるということである。既に述べたように、国家も主権もひとつのフィクションでしかないが、緊急事態は、かかるフィクションを実体化させ、かつそれが特定の人格に委ねられる……そういう宿命を負っているのが、アメリカ合衆国大統領なのである。モラルの観点からの評価にさらされるのは、「目的の国」を具現する人格であるアメリカ大統領の場合、ことさら当然のことと言えよう。ナイが戦後アメリカ外交史を素材に、外交政策の道徳的採点を敢えて試みようとしたことを理解するには、このような背景をおさえておく必要がある。

4．本書におけるナイの道徳的評価枠組について

以上、本翻訳書を味わうために、「国家と道徳」というメインテーマの理論的拡がりを〝主権の人

格化〟であるアメリカ合衆国大統領に収斂させるかたちで述べてみたが、そこで概観したのは、国家や主権をある種の人格化を通じて規範的な規律を及ぼそうとする理論的取り組みの諸相であった。ナイの本作品もまさにそのような挑戦の書である。ナイは、「本書は歴史書ではない」と述べ、むしろ、「規範的思考を試みる」ものであると宣言している。規範的思考を試みるために、ナイは、戦後の大統領の外交政策領域を採点する彼独自の道徳的評価枠組を提示している。

まず、彼は道徳的評価の対象を「目的・動機」、「手段」、「結果」の三層に区分する。他方で、道徳的評価の基準となる教説として、「リアリズム」、「リベラリズム」、「コスモポリタニズム」の三つを挙げる。ナイの言うリベラリズムとは、生命・自由・財産の尊重を単純に唱道するだけでなく、それらを確保・実現するために各国が相互依存・相互協力するための制度とルール（国際法や国際機関）を重視する立場であり、主権国家を基本的に前提としてそれらの分散的均衡を指向する。これに対して、コスモポリタニズムは主権国家に懐疑的であり、国籍に関係なく基本的人権の普遍性を信じる立場を指す。リアリズムについて、ナイは、徹底した懐疑主義としてのそれは排しつつも、外交政策を評価する際の「初期的設定」であるとして、他の二つの教説もリアリズムとのバランスを要求されるとしている。

こうして、ナイは、リアリズムをすべての項目にわたるデフォルトとすることを前提に、リベラリズムを〝行動〟を規律する教説として「手段」評価の項目に、コスモポリタニズムを未完の将来的理念とおいて、長期的視点にたった事後的な「結果」評価の項目にそれぞれ入れ込む。その結果、次頁のような七点からなる評価のマトリクスが出来上がる。

○目的・動機
・魅力的な価値を示しているか
・慎重な比較衡量をしているか（価値とリスクのリアリスティックな衡量）
○手段（実際に採られた行動）
・軍事力は適切に用いられたか（必要性、均衡性、軍民の区別、等）
・権利、国際法、国際的制度を配慮したか（リベラリズム）
○結果（事後的ないし長期的視点からの評価）
・受託者としての責任を果たしたか（アメリカ国民の長期的利益に寄与したか）
・他国民の権利に配慮したか（コスモポリタニズム）
・啓蒙的効果を発揮したか（真実を重視し、道徳的対話の機会を開いたか）

以下、ナイの道徳的採点表の特徴的な点をいくつか挙げておきたい。

第一に、一刀両断の裁定ではなく、複合的視点を通じての総合評価を試みている点が挙げられる。ナイは上述の七点の評価項目について、「よい」「悪い」「評価が分かれる」の三つで採点しているが、七つの項目を総合した評価は示していない。いろいろな角度からいろいろな評点をチャートで示して、そこから総合評価を下すことはあくまでも読者に委ねていると思われる。

第二に、カント的な思考が潜在していると思われる点が挙げられる。*ナイは、道徳的評価の基本姿勢として、義務論的アプローチと結果主義的アプローチ（帰結主義とも言う）の両方を混合的に採用しているが、どうも根底にはカントがあるような気がする。カントは、「目的の国」の形成と、それらが国際法の下に結集した連合体と、さらに「目的の諸国から成る国」とでも言うべき世界共和国（Weltrepublik）に言及する（この点、以下の記述も含めて『永遠平和のために』参照）。もちろん、この世界共和国は「積極的理念」であって、その「消極的代用物」として平和連合が提案されるのだが、カントは規範論のレヴェルで確実に「世界市民法（Weltbürgerrecht）」を遠望している。カントは世界市民法に ius cosmopoliticum の語を当てている。ナイが彼の道徳的評価枠組にコスモポリタニズムを入れ込んでいる点は「おや？」と思わせるところがあるが、これは彼の思考の下敷きに以上のようなカント的思考があることを示唆するものである。カントがコスモポリタニズムを「積極的理念」の次元にとどめ実務的代替案に傾注したのに対し、ナイがわざわざこの教説を外交政策の長期的帰結に対する実務批判の基準として用いている点に注目すれば、カントより一歩進んでいるとすら言えるかもしれない。

第三に、上記の道徳的評価枠組の適用において、個々の評価基準がどのように事案にあてはめられ

＊この点は、ナイが本作でアメリカの哲学者で規範的正義論の旗手であった故ジョン・ロールズにしばしば言及していることにもあらわれている。もっとも、ロールズのどの所説に依拠するのかによってカントとの連関も異なってくるが、この点、ナイのロールズへの言及はやや不十分なところがあると思われる。なお、ロールズの『政治的リベラリズム（Political Liberalism）』以降の所説を一種の堕落と見て、それを世界正義の文脈においても批判する主張については、井上達夫『世界正義論』（二〇一二年、筑摩書房）第三章第二節・第四章第一節を参照されたい。

るのか、その適用プロセスが重要になってくるが、この基準のあてはめ段階でナイが用いる指標が特徴的であることが挙げられる。彼は評価枠組の七つの基準とは別に、指導者の持つべき資質・能力として「感情知性（emotional intelligence）」（感情を抑制する知性）、「状況把握力（contextual intelligence）」（状況を把握する知性）の二つの指標を随所で強調している。これら能力を持っているかどうか、自在に発揮できるか否かが、おそらく道徳的評価の高低を左右するものとナイは見ている。

「感情知性」とは、換言すれば「慎重さ」のことである。ナイは、複雑な外交政策においては慎重さはそれ自体が「合理的な価値を持つ」と言う（ブッシュ父がベルリンの壁崩壊に際して快哉を声高にしなかったが、それはソ連に屈辱感を与えないためであり、感情知性の模範演技とナイは見ている）。ナイによれば、リアリストは慎重さの有用性は認めるが、道徳的価値を認めない。しかし、ナイは慎重さは時として「決定的な価値になる」という。特に「汚れた手」問題にとっては慎重さは決定的意味を持つ。しかし、指導者は不道徳と分っていても、時として、感情知性を排してでも「汚れた手」に出るべき直観的決断を求められる。ナイによれば、「汚れた手」問題は、「理性による徳」と「直観による徳」の背反する事例であって、それは「善と悪の対立」ではなく、「善と善の対立」とみなされることになる。

第四に、時代状況が異なることや、前政権からの厄介ごとを継承せざるを得なかった場合の評価の公平性についても配慮がなされていることを指摘しておきたい。この点、ナイは「道徳上の運（moral luck）」という表現で事案評価への配慮を行っている（例えば、レーガンの運、ブッシュ父の不運という具合に)。もっとも、ナイは、出題された試験問題がたまたま難しかった場合と楽勝だった場合を区別することは考慮するが、そもそも答案の体をなしていないものや、解答する気のないようなものについては容赦しない。

さらに、第五に、「目的・動機」のところに掲げられている「魅力的な価値」とは、本書においてはソフトパワーの持つ価値とほぼ同義である。言うまでもなく、ソフトパワーはナイの提唱にかかる概念であり、多様で開放的な秩序形成を指向する外交政策から、さまざまな文化的資源(アメリカの場合は、ハリウッド映画から大学、自由な報道、市民社会の在り方、等々)を含む。本書は全編を通じて、ソフトパワーに対する毀損については敏感に反応している。

5. アメリカの特殊性――戦後外交の来歴

(1) アメリカ例外主義

どの国も自国のことを特別な存在であると思いたがる。アメリカはとりわけてもその傾向が強い(アメリカ例外主義)。このことにナイも本書で触れていて、アメリカ例外主義の背景として、①リベラルな啓蒙思想、②ピューリタニズム、③並外れた大きさと地理的条件、の三点を挙げている。これらは、普遍的価値の普及に資する面と専制化に転ずる面、双方の契機をはらんでいる。①は啓蒙や理性の専制化、②は原理主義化、③は「大国」が国際的公共財の創設をリードするとともに自国の国益を自由に(恣意的に)定義できる特権の濫用、の可能性を秘めているということである。例外主義は、アメリカの介入主義の精神的基盤となっている。

他方で、「丘の上の町（city on the hill）」の比喩もまた、一七世紀前半にピューリタンを新世界に導いた政治指導者であるジョン・ワインスロップが聖書（マタイの福音書）から引用して以来、アメリカの精神的基盤となっている。この比喩の示唆するところによれば、アメリカの国力の核心は、「行動の柱」よりも「霊感の柱」という「魅力ないしソフトパワー」に求められる。要するに、丘の上で輝いていればいいのであって、アメリカという町は、その道徳的霊性をただ周囲に見せびらかせばよく、他の町はそれにつられて霊性を得るだろうというわけである。この思想は、介入行動に対しては消極的になり、むしろ孤立主義に傾く。

（2）ウィルソン主義という初期設定と戦後外交の史的展開

一九世紀のアメリカは世界的な勢力均衡の軋みに孤立主義の伝統にとどまることで対処していたが、当時のウィルソン大統領は、勢力均衡論に対し、世界のブロック化を促進するものと見て道徳的な懐疑を抱いていたとナイは言う。こうして、外交に関してリベラルなリアリズムという基本思想が設定され、その上で、国際機関や国際法による世界統治、核兵器のタブー視という戦後アメリカ外交の foundation が築かれる。

一九四五年以来の戦後アメリカ外交は、このようなウィルソン主義に規定され、創設者たち（ローズヴェルト、トルーマン、アイゼンハワー）の設定した二極体制（ソ連を対象とする封じ込め政策と巻き返し政策）を約五〇年間にわたって展開し、かかる二極化の国際政治をとにもかくにも、レーガン（＋ゴルバチョフ）、そしてブッシュ父は完結させ、アメリカ一極構造の時代を到来させた。その後、一極化の中で、市場経済の拡大と民主主義化の促進に突き進むアメリカは、クリントンを経て、ブッシュ息子の〝アメリカの傲り〟をもたらし、近年、中国の台頭等を主動向とする多極化の中を迷走する。このようなうねりの中で、アメリカは、介入と孤立、巻き返しと封じ込め、を振り子のように交互に展開し、その度に背後にある道徳的な精神基盤が首をもたげる、という壮大な歩みをなしてきたのであった。これがナイの描く戦後アメリカ外交の路程である。

6．アメリカの普遍性――外交の未来

本書の最終章ではアメリカ外交だけでなく国際政治、もっと言えば世界の未来に関するナイの所見が提示される。

近未来は、現在進行中の二つのパワーシフトによって左右される。ひとつはパワーの「水平移動」で、中国をはじめとするアジアの興隆（正確に言えば、再興隆あるいは復権）を指す。もうひとつは「垂直移動」で、テクノロジーの発達によって加速されるパワーの拡散と非国家的アクター（テロリスト、プラットフォーム、等）の跋扈を指す。このように、近未来（否、現状）は、西洋主導の国際秩序形成が動揺し、アメリカ一極支配やかつての二極支配にはもはや戻れない時代となる、とナイは見る。国家主権がさまざまな非国家的・非制度的アクターとの折衝なしには身動きが取れなくなる「新しい中世」という世界観が浮上しつつあるが、ナイはこれを基本的に承認する。

が、他方で、ナイは国家主権の枠組はそう簡単にはなくならないと見ている。それだけではない。中国の台頭についてもナイは冷静に捉えていて、アメリカがなおもメインプレイヤーとして将来にわたり重要な役割を担うだろうと予測する。ここに、アメリカの知識人の本性、アメリカという国家に奉仕してきた高官経験者の限界を見る向きもいるだろうが、さすがにナイは郷愁や行きがかりでそれを主張してはいない。詳しくは本文で確認していただきたいが、解説を閉じるにあたり、いくつかのポイントにのみ言及しておく。

パンデミック、気候変動、サイバーテロ、そして核拡散など、国境を越えた問題が次々と発生するが、それに対応すべき国家の能力そのものをかかる問題群が同時に弱体化していく、そういう世界がやってくる、ナイはそのように言う。果たして大国間の抗争激化か、大国間の協力か。はたまた、「新しい中世」は「無秩序」（エントロピー）つまり収拾不可能状態をもたらすだけなのか。この最後の予測もナイは示しているが、彼は次のような前向きな展望を開陳する。

孤立は解答にならない。これからは、「相手を超える力」ではなく「相手とともに発揮する力」が求められる。中国との比較において、アメリカは、①地理的条件、②制度的優位、③人口（衰退傾向にアメリカはない）の諸点において依然として優れている。また、同盟関係にある国の数も多数に上り、さらに、なによりも、その有するソフトパワーの魅力はそう簡単に色褪せないだろう（六〇年代の毛沢東の共産主義の方が、習近平のそれよりも、ソフトパワーになり得る魅力を持っていたとも言う）。

ナイは、今後のアメリカ外交には、「開かれたルール」に基づく国際秩序の再構築とその維持に、他の国々との「制度的協力の枠組」を通じて、取り組んでいくべきだとする。これは、ウィルソン主義の焼き直しでも、アメリカ例外主義の変奏でもない。なぜなら、この新たな使命を遂行するにあたり、ナイは、①「リベラル」とか「アメリカの」という観点を捨てて「開かれたルール」にこだわるべきこと、②リベラル・デモクラシーの拡大・普及は当面わきにおくこと、を提案しているからである。

アメリカ例外主義を脱して、〝諸人民の法〟、ひいては〝諸プラットフォームの法〟の構築に進むのであれば、アメリカの伝統基盤であるリベラルな啓蒙主義が、真の意味での「普遍的価値」への標榜へと昇華する時代が来るかもしれない。

＊　＊　＊

そうとうの困難が予測されるものの、ある種の希望を抱かせるかたちでナイの本作品は締めくくられているが、一点、気になることを彼は付け加えている。すなわち、「開かれたルール」による多数当事者の制度的協力を標榜するアメリカにとって最大の脅威は、外からではなく、内からもたらされるのではないか、と。

世界の警察官であることをやめ、パリ協定やＷＨＯといった国際的制度も袖にして、多国間ではなく二国間の（しかも非継続的な一回限りの）ディールに外交を貶めたトランプ大統領は、アメリカ合衆国をかつての「丘の上の町」に再び仕立てようとした。その町の人々は、America First! と唱和しながら、コーラとハンバーガーという fast food で祝宴をあげ、内閉した環境でポジション・トークの快楽に浸り切っていた。しかし、トランプが再選を果たせず、連邦議会が暴徒によって蹂躙され、二度目の弾劾が打たれた今、「丘の上の町」は、ウソと倨傲と暴力が渦巻き、皆が互いに罵り合う「火宅」と化している。

アメリカの誇る、そしてナイが希望を託した、ソフトパワーはアメリカ人自身の手によって大きく毀損された。その意味でも、「アメリカの」という形容を付さずに、普遍的価値を標榜する方向性はリアリティを持つ。

二〇二一年一月二〇日

原　注

はじめに

1.　Michael Walzer, *Arguing About War* (New Haven, CT: Yale University Press, 2004), p6.［マイケル・ウォルツァー、駒村圭吾・鈴木正彦・松元雅和訳『戦争を論ずる——正戦のモラル・リアリティ』風行社、2008 年］.
2.　Robert W. McElroy, *Morality and American Foreign Policy: The Role of Ethics in International Affairs* (Princeton, NJ: Princeton University Press, 1992) p3. 以下も参照のこと。Richard Price, "Moral Limit and Possibility in World Politics", *International Organization* 62 (2008 年春号), p193.
3.　George Kennan, *American Diplomacy, 1900-1950* (Chicago: University of Chicago Press, 1951)　［ジョージ・F・ケナン、近藤晋一・飯田藤次・有賀貞訳『アメリカ外交 50 年』岩波書店、2000 年］.
4.　Richard Haass, *War of Necessity, War of Choice* (New York: Simon & Schuster, 2009).
5.　Mark Landler, "Trump Stands With Saudis Over Murder of Khashoggi," *New York Times*, 2018 年 11 月 21 日号 , A1 面 .
6.　"Trump's Crude Realpolitik; His Statement about the Saudis Had No Mention of America's Values," *Wall Street Journal*, 2018 年 11 月 21 日号 .

第 1 章

1.　2017 年 1 月 20 日　ドナルド・J・トランプ大統領就任演説より .
2.　James Chace, *1912: Wilson, Roosevelt, Taft and Debs —— the Election that Changed the Country* (New York: Simon and Schuster, 2004), p108.
3.　Jake Sullivan, "What Donald Trump and Dick Chaney Got Wrong About America," *The Atlantic*, 2019 年 1・2 月号 , https://www.theatlantic.com/magazine/archive/2019/01/yes-america-can-still-lead-the-world/576247/
4.　Ben Rhodes, *The World as It Is: A Memoir of the Obama White House* (New York: Random House, 2018), p41.
5.　Stanley Hoffmann, *Chaos and Violence: What Globalization, Failed States, and Terrorism Mean for U.S. Foreign Policy* (Lanham, MD: Rowman & Littlefield, 2006), p115.
6.　モーゲンソーの言葉は、以下の書籍に引用されている。Robert W.

McElroy, *Morality and American Foreign Policy: The Role of Ethics in International Affairs* (Princeton, NJ: Princeton University Press, 1992), p25.
7. ジョン・F・ケネディ上院議員の言葉は、以下の記事に引用されている。Jonathan Rauch, "Real Is Not a Four-Letter Word," *National Journal*, 2006 年 6 月 9 日号 .
8. Daniel Deudney and Jeffrey W. Meiser, "American Exceptionalism," in *US Foreign Policy*, 3rd ed., ed. Michael Cox and Doug Stokes (Oxford: Oxford University Press, 2018), p23.
9. 以下に掲載されている例を参照のこと。Constance G. Anthony, "American Democratic Interventionism: Romancing the Iconic Woodrow Wilson," *International Studies Perspectives* 9, no.3（2008 年 8 月）, p249.
10. Deudney and Meiser, "American Exceptionalism," p23.
11. アメリカ例外主義にはそれ以外の構成要素もある。以下の著作を参照のこと。Walter A. McDougall, "America's Machiavellian Moment: Origins of the Atlantic Republican Tradition," *Orbis* 82 (2018 年秋号), p505.
12. Robert D. Kaplan, *Earning the Rockies: How Geography Shapes America's Role in the World* (New York: Random House, 2017). p142.
13. John Milton Cooper Jr., *Woodrow Wilson: A Biography* (New York: Knopf, 2009).
14. Deudney and Meiser, "American Exceptionalism" p34.
15. 引用は以下の書籍を参照。Arthur Link, "The Higher Realism of Woodrow Wilson," in *Ethics and Statecraft: The Moral Dimension of International Affairs*, 2nd ed., ed. Cathal J. Nolan (Westport, CT: Praeger, 2008), p131.
16. John Mearsheimer, *The Great Delusion: Liberal Dreams and International Realities* (New Haven, CT: Yale University Press 2018) p218-219.
17. Mearsheimer, *The Great Delusion* p5.
18. Henry Kissinger, *Diplomacy* (New York: Simon and Schuster, 1994), p54. [ヘンリー・キッシンジャー、岡崎久彦監訳『外交（上・下)』日本経済新聞社、1996 年].
19. Henry Kissinger, *World Order* (New York: Penguin, 2014), p268. [ヘンリー・キッシンジャー、伏見威蕃訳『国際秩序』日本経済新聞出版社、2016 年].
20. Stephen Sestanovich, *Maximalist: America in the World from Truman to Obama* (New York: Knopf, 2014).
21. Tony Smith, *Why Wilson Matters: The Origin of American Liberal Internationalism and Its Crisis Today* (Princeton, NJ: Princeton University Press, 2017), p4-5.

22. Andrew J. Bacevich, *Washington Rules: America's Path to Permanent War* (New York: Henry Holt, 2010), p143.
23. Alan I. Abramowitz, *The Great Alignment: Race, Party Transformation, and the Rise of Donald Trump* (New Haven, CT: Yale University Press, 2018), p156.
24. Robert Dallek, *The American Style of Foreign Policy: Cultural Politics and Foreign Affairs* (New York: Knopf, 1983), p110-112.
25. 以下を参照。Jon Meacham, *The Soul of America* (New York: Random House, 2018).
26. Abramowitz, *The Great Alignment*, x.
27. Stephen Walt, *The Hell of Good Intentions: America's Foreign Policy Elite and the Decline of US Primacy* (New York: FSG, 2018).
28. Ivo H. Daalder and James M. Lindsay, *The Empty Throne: America's Abdication of Global Leadership* (New York: Public Affairs, 2018), p35.
29. Chicago Council on Global Affairs, *America Engaged: American Public Opinion and US Foreign Policy* (Chicago, 2018) Pew Research Center, "Public Uncertain, Divided Over America's Place in the World," Washington, DC, 2016 年 5 月 5 日 .
30. Daniel Drezner, "The Realist Tradition in American Public Opinion," *Perspectives on Politics* 6, no.1 (2008 年 3 月), p63.
31. Benjamin Page with Marshall Bouton, *The Foreign Policy Dis-Connect: What Americans Want From Our Leaders but Don't Get* (Chicago: University of Chicago Press, 2006) p229, p231, p241~242.
32. ウォルター・ラッセル・ミード (Waler Russel Mead) は、トランプの支持者はジェファソン流の孤立主義者と、強硬なジャクソン流のポピュリストだと主張する。以下の記事を参照。"Trump Is No Isolationist," *Wall Street Journal*, 2018 年 10 月 23 日号 , A13 面 .
33. Frances Z. Brown and Thomas Carothers, "Is the New US National Security Strategy a Step Backward on Democracy and Human Rights?," Carnegie Endowment for International Peace, https://carnegieendowment.org/2018/01/30/is-new-u.s.-national-security-strategy-step-backward-on-democracy-and-human-rights-pub-75376
34. ジョン・クインシー・アダムズ（John Quincy Adams）の言葉は、以下の書籍に引用されている。Gary Bass, *Freedom's Battle: The Origins of Humanitarian Intervention* (New York: Random House, 2009), p89.
35. Donald J. Trump, "Remarks by President Trump on the Administration's National Security Strategy," The White House, December 17, 2018, https://www.

whitehouse.gov/briefings-statements/remarks-president-trump-administrations-national-security-strategy/
36. Gary J. Bass, *Freedom's Battle: The Origins of Humanitarian Intervention* (New York: Knopf, 2008), p3.
37. アメリカ合衆国国家安全保障戦略、2006 年 3 月 .
38. Patrick Porter, "A World Imagined: Nostalgia and the Liberal Order," *Policy Analysis* Number 843, Cato Institute, Washington, 2018 年 6 月 5 日 . 以下も参照。Amitav Acharya, *The End of American World Order*, 2nd ed. (Cambridge: Polity Press, 2018).
39. Steven Pinker, *Enlightenment Now: The Case for Reason, Science, Humanism and Progress* (New York: Viking, 2018).1945 年以降、民主主義国の有権者数は 3 倍になり、世界経済の生産高は 4 倍になり、絶対貧困率は半分に低下した。以下も参照。Francis Fukuyama, "Against Identity Politics," *Foreign Affairs* 97, no. 5 (2018 年 9・10 月号), p90.

第 2 章

1. Thucydides, *The Peloponnesian War*, translated by Rex Warner (London: Penguin Classics, 1954).[トゥキュディデス、小西晴雄訳『歴史（上・下)』ちくま学芸文庫、2013 年].
2. Owen Harries, "Power and Morals," *Prospect*, 2005 年 4 月号 , p26.
3. James Q. Wilson, *The Moral Sense* (New York: Free Press, 1997), p15.
4. Jonathan Haidt, *The Righteous Mind: Why Good People Are Divided by Politics and Religion* (New York: Random House, 2012), xx [ジョナサン・ハイト、高橋洋訳『社会はなぜ左と右にわかれるのか——対立を超えるための道徳心理学』紀伊國屋書店、2014 年].
5. "Philosophy and Neuroscience: Posing the Right Question," *The Economist*, 2007 年 3 月 24 日号、p92.
6. 以下を参照。Kenneth Winston, *Ethics in Public Life: Good Practitioners in a Rising Asia* (London: Palgrave, 2015), 第 1 章 .
7. Garry Wills, "The Pious Presidency of Jimmy Carter," *New York Times Book Review*, 2018 年 4 月 26 日号 .
8. Ari Fleisher, "What I Will Miss About President Bush," *New York Times*, 2008 年 11 月 4 日号 .
9. Joseph Nye Jr., *Soft Power* (New York: Public Affairs, 2004). [ジョセフ・S・ナイ、山岡洋一訳『ソフト・パワー 21 世紀国際政治を動かす見えない力』日本経済新聞出版、2004 年].

10. General James Mattis, "Hearing to Receive Testimony on U.S. Central Command and U.S. Special Operations Command in Review of Defense Authorization Request for Fiscal Year 2014 and the Future Years Defense Program," 2013 年 3 月 5 日 , p16.
11. 状況を把握する知性 (contextual intelligence) の重要性については、以下の書籍を参照。Joseph S. Nye Jr., *The Powers to Lead* (New York: Oxford University Press, 2008), chapter 4. [ジョセフ・S・ナイ、北沢格訳『リーダー・パワー』日本経済新聞出版、2008 年] 以下も参照。Anthony J. Mayo and Nitin Nohria, *In Their Time: The Greatest Business Leaders of the Twentieth Century* (Boston: Harvard Business School Press, 2005).
12. Egil Krogh, "The Break-In That History Forgot," *New York Times*, 2007 年 6 月 30 日号、17 面 .
13. ドナルド・J・トランプは 2018 年 6 月 4 日、ツイッターでこう書いた。「たくさんの法学者が言うとおり、わたしには自分自身を赦免する絶対的権利があるが、何ひとつ間違ったことをしていないのに、どうしてそんなことをする必要があるだろうか？　それなのに、13 人の好戦的で怒れる民主党員（やほかの連中）に率いられた魔女狩りはいつ果てるともしれず、中間選挙まで続くのか！」.
14. ダン・アミラ (Dan Amira) とのインタビューより , *New York Times Magazine*, 2018 年 4 月 29 日号、p54.
15. 以下を参照。Michel Walzer, "Political Action: The Problem of Dirty Hands," *Philosophy & Public Affairs* 2, no.2 (1973), p160-180. 以下も参照。Gerald F.Gaus, "Dirty Hands," in *A Companion to Applied Ethics*, ed. R. G. Frey and Christopher Heath Wellman (Malden, MA: Blackwell, 2003), p167–179.
16. Max Weber, "Politics as a Vocation," in *Max Weber: Essays in Sociology*, ed. H.R. Gerth and C. Wright Mills (New York: Oxford University Press, 1958), p126 [マックス・ヴェーバー、脇圭平訳『職業としての政治』岩波書店、2020 年].
17. Alexander Betts and Paul Colliner, *Refuge: Rethinking Refugee Policy in a Changing World* (Oxford: Oxford University Press, 2017), p125.
18. 以下の書籍に引用されたスチュアート・ハンプシャー（Stuart Hampshire）の言葉。Joseph L. Badaracco Jr., *Defining Moments: When Managers Must Choose Between Right and Right* (Boston: Harvard Business School Press, 1997), p52.
19. Tom Beauchamp, *Philosophical Ethics: An Introduction to Moral Philosophy* (New York: McGraw Hill, 1982), p179.
20. Walzer, *Arguing About War*, p35–36.

21.　後世から振り返ると、歴史家の見解では、予測された犠牲者数は過大に見積もられた。J. Samuel Walker, "Recent Literature on Truman's Atomic Bomb Decision: A Search for Middle Ground," *Diplomatic History*, 29, no. 2 (2005 年 4 月号), p311–334.

22.　Nina Tannenwald, *The Nuclear Taboo: The United States and the Non-Use of Nuclear Weapons Since 1945* (Cambridge: Cambridge University Press, 2007), p88. 以下も参照。Alex Wellerstein, "Nagasaki: the Last Bomb," *The New Yorker*, 2015 年 8 月 7 日号 .

23.　完全な文は、以下を参照。 Joseph S. Nye Jr., *Nuclear Ethics* (New York: Free Press, 1986).

24.　Charles Guthrie and Michael Quinlan, *Just War: The Just War Tradition: Ethics in Modern Warfare* (New York: Bloomsbury, 2007), p1.

25.　Kenneth Winston, "Necessity and Choice in Political Ethics: Varieties of Dirty Hands," in *Political Ethics and Social Responsibility*, ed. Daniel E. Wueste (Lanham, MD: Rowman and Littlefield, 1994), p37–66.

26.　Isaiah Berlin, *Liberty: Incorporating Four Essays on Liberty* (New York: Oxford University Press, 2002), p214.

27.　Winston Lord, *Kissinger on Kissinger: Reflections on Diplomacy, Grand Strategy and Leadership* (New York: St. Martins Press, 2019), p2.

28.　John Rawls, "Distributive Justice," ed. Peter Laslett and W. G. Runciman, *Philosophy, Politics, and Society* (London: Blackwell, 1967), p58–82.

29.　Amartya Sen, *The Idea of Justice* (Cambridge, MA: The Belknap Press of Harvard University Press, 2011), p12–13. [アマルティア・セン、池本幸生訳『正義のアイデア』明石書店、2011 年].

30.　Robert Axelrod, *The Evolution of Cooperation* (New York: Basic Books, 1984), p128 [R・アクセルロッド、松田裕之訳『つきあい方の科学：バクテリアから国際関係まで』ミネルヴァ書房、1998 年].

31.　Graham T. Allison and Lance M. Liebman, "Lying in Office," in *Ethics and Politics: Cases and Comments*, 2nd ed., ed. Amy Gutman and Dennis Thompson (Chicago: Nelson-Hall, 1990), p40–45.

32.　Cathal J. Nolan, " 'Bodyguard of Lies': Franklin D. Roosevelt and Defensible Deceit in World War II," in *Ethics and Statecraft: The Moral Dimensions of International Affairs*, 2nd ed., ed. Cathal J. Nolan (Westport, CT: Praeger,2004), p35–58.

33.　John Mearsheimer, *Why Leaders Lie* (Oxford: Oxford University Press, 2011), viii. [ジョン・ミアシャイマー、奥山真司訳『なぜリーダーは嘘をつく

のか——国際政治で使われる5つの「戦略的なウソ」』中央公論新社、2017年].
34. Tommy Koh, "Can Any Country Afford a Moral Foreign Policy?" in *The Quest for World Order: Perspectives of a Pragmatic Idealist*, edited with an introduction by Amitav Acharya (Singapore: Times Academic Press, 1997), p2. アミタフ・アチャラのおかげで、この引用に注意を向けることができた。
35. Allison and Liebman, "Lying in Office," p40.
36. 以下の書籍の議論を参照。Sisella Bok, *Lying: Moral Choice in Public and Private Life* (New York: Vintage Books, 1999).
37. Zbigniew Brzezinski, *Second Chance: Three Presidents and the Crisis of American Superpower* (New York: Basic Books, 2007), p45. [ズビグネフ・ブレジンスキー、峯村利哉訳『ブッシュが壊したアメリカ——2008年民主党大統領誕生でアメリカは巻き返す』徳間書店、2007年].
38. Niccolo Machiavelli, *The Prince*, p142. [マキアヴェッリ、河島英昭訳『君主論』岩波書店、1998年].
39. Caroline Daniel, "Hard Man Who Sits at the Heart of US Foreign Policy," *Financial Times*, 2002年12月19日号, 14面.
40. Hans J. Morgenthau, *Politics Among Nations* (New York: Knopf, 1955), p9 [モーゲンソー、原彬久訳『国際政治——権力と平和(上・中・下)』岩波書店、2013年].
41. John Mearsheimer, *The Great Delusion: Liberal Dreams and International Realities* (New Haven, CT: Yale University Press, 2018), P216.
42. Robert D. Kaplan, *The Return of Marco Polo's World* (New York: Random House, 2018), p146.
43. Walzer, *Arguing About War*, p33–34.
44. 以下を参照。Stephen A. Garrett, "Political Leadership and Dirty Hands: Winston Churchill and the City Bombing of Germany," *Ethics and Statecraft*.
45. The White House, "Statement From President Donald J. Trump on Standing With Saudi Arabia," 2018年11月20日.
46. Randy Schweller, "Three Cheers for Trump's Foreign Policy," *Foreign Affairs* 97, no. 5 (2018年9・10月号), p134.
47. David Luban, "The Romance of the Nation State," *Philosophy and Public Affairs* 9 (Summer 1980), p392.
48. Kwame Anthony Appiah, "The Importance of Elsewhere," *Foreign Affairs* 98, no. 2 (2019年3·4月号), p 20.
49. Stanley Hoffmann, *Duties Beyond Borders* (Syracuse, NY: Syracuse

University Press, 1981), p155. [スタンリー・ホフマン、最上敏樹訳『国境を超える義務――節度ある国際政治を求めて』三省堂、1985 年].
50. 以下を参照。Betts and Collier, *Refuge*, chapter 8.
51. Daniel Deudney and G. John Ikenberry, "Liberal World: The Resilient Order," *Foreign Affairs* 97, no. 4 (2018 年 7・8 月号), p16.
52. Barbara Kellerman, *Bad Leadership* (Boston: Harvard Business School Press,2004), chapter 9.
53. Michael Walzer, *Just and Unjust Wars* (New York: Basic Books, 1977), p101. [マイケル・ウォルツァー、萩原能久監訳『正しい戦争と不正な戦争』風行社、2008 年].
54. Gary J. Bass, *Freedom's Battle: The Origins of Humanitarian Intervention* (New York: Random House, 2008), p4.
55. Daniel Drezner, "The Realist Tradition in American Public Opinion," *Perspectives on Politics* 6 (2008 年 3 月号), p63.
56. Stephen Walt, *The Hell of Good Intentions: America's Foreign Policy Elite and the Decline of US Primacy* (New York: FSG, 2018).
57. Page and Bouton, *The Foreign Policy Dis-Connect*, p241.
58. 以下を参照。Gautam Makunda, *Indispensable: When Leaders Really Matter* (Boston: Harvard Business School Press, 2012).
59. Daniel Deudney and John Ikenberry, "Realism, Liberalism and the Iraq War," *Survival* 59. no. 4 (2017 年 8・9 月号), p7–26.
60. Stephen Walt, "What Would a Realist World Have Looked Like?" *Foreign Policy*, 2016 年 1 月 8 日号 .
61. 以下の引用を参照。Max Fisher, "Syrian War Magnifies Tension in America's Global Mission," *New York Times*, 2016 年 10 月 9 日号 , 16 面。 以下も参照。Sean Lynn-Jones, "Why the United States Should Spread Democracy," Discussion Paper 98-107, Center for Science and International Affairs, Harvard University, 1998 年 3 月 .
62. Arnold Wolfers, *Discord and Collaboration: Essays on International Politics* (Baltimore: Johns Hopkins University Press, 1962), p47–65.
63. John Rawls, *A Theory of Justice* (Cambridge, MA: Harvard University Press, 1971) [ジョン・ロールズ、川本隆史、福間聡、神島裕子訳『正義論』紀伊國屋書店、2010 年].
64. John Rawls, *The Law of Peoples* (Cambridge, MA: Harvard University Press, 1999) [ジョン・ロールズ、中山竜一訳『万民の法』岩波書店、2006 年].
65. Brzezinski, *Second Chance* [ブレジンスキー『ブッシュが壊したアメリカ

―― 2008 年民主党大統領誕生でアメリカは巻き返す』徳間書店].
66. Anthony J. Mayo and Nitin Nohria, *In Their Time: The Greatest Business Leaders of the Twentieth Century* (Boston: Harvard Business School Press, 2005). 以下も参照、Nye, *The Powers to Lead*, chapter 4. [ジョセフ・S・ナイ『リーダー・パワー』日本経済新聞出版].
67. 感情知性について、より詳しい説明はジョセフ・S・ナイ『リーダー・パワー』を参照。
68. Derek Chollet, "Altered State: Rice Aims to Put Foggy Bottom Back on the Map," *Washington Post*, 2005 年 4 月 7 日号 .
69. Henry Kissinger, *World Order* (New York: Penguin, 2014), p367. [ヘンリー・キッシンジャー『国際秩序』日本経済新聞出版社].

第 3 章

1. FDR の言葉は、以下の論文に引用されている。Gideon Rose, "The Fourth Founding," *Foreign Affairs* 98 (2019 年 1・2 月号), p21.
2. Arne Westad, *The Cold War: A World History* (New York: Basic Books, 2017), p65. [O・A・ウェスタッド、益田実監訳、山本健・小川浩之訳『冷戦――ワールド・ヒストリー（上・下)』岩波書店、2020 年].
3. アメリカのヘゲモニーという概念の限界と、わたしがなぜ「ハーフヘゲモニー（半覇権)」と呼んでいるかについては、わたしの著書 *Is the American Century Over?* (Cambridge: Polity, 2015).［『アメリカの世紀は終わらない』（村井浩紀訳、日本経済新聞出版社、2015 年）第一章］を参照。
4. 『今日という日の歴史――ニューヨークタイムズの、記憶に残る見出しから。《アイゼンハワー大統領、米ソの親善が平和への鍵と訴える》』（On This Day in History: A Memorable Headline from The New York Times. President Insists US- Soviet Amity Is Key to Peace）*New York Times*, 2018 年 11 月 17 日号、A2 面 .
5. C-SPAN 2017 Survey of Presidential Leadership, 2017 年 2 月 14 日 , https://static.c-span.org/assets/documents/presidentSurvey/2017%20C-SPAN%20Presidential%20Survey%20Scores%20and%20Ranks%20FINAL.PDF. 以下の書籍も参照。Brian Lamb, Susan Swain, Douglas Brinkley, and Richard Norton Smith, *The Presidents: Noted Historians Rank America's Best – and Worst – Chief Executives* (New York, Public Affairs, 2019).
6. Robert Dallek, *Franklin Roosevelt and American Foreign Policy, 1932–1945* (Oxford: Oxford University Press, 1995), p548.
7. Barbara Farnham, *Roosevelt and the Munich Crisis: A Study of Political*

Decision Making (Princeton, NJ: Princeton University Press, 1997), p49.
8. David K. Adams, "The Concept of Parallel Action: FDR's Internationalism in a Decade of Isolationism," in *From Theodore Roosevelt to FDR: Internationalism and Isolationism in American Foreign Policy* (Staffordshire, UK: Keele University Press, 1995), p115; Steven Casey, *Cautious Crusade: Franklin D. Roosevelt, American Public Opinion, and the War Against Nazi Germany* (New York: Oxford University Press,2001), p23; Adam J. Berinksy, *In a Time of War* (Chicago: University of Chicago Press, 2009), p46.
9. 引用は以下を参照。Michael Fullilove, *Rendezvous With Destiny: How Franklin D. Roosevelt and Five Extraordinary Men Took America Into the War and Into the World* (New York: Penguin, 2013), p23.
10. Dallek, *Franklin Roosevelt*, p540.
11. 以下の書籍での議論を参照。Marc Trachtenberg, *The Craft of International History: A Guide to Method* (Princeton, NJ: Princeton University Press, 2006), chapter 4.
12. Christopher Darnton, "Archives and Inference: Documentary in Evidence in Case Study Research and the Debate Over US Entry Into World War II," *International Security* 42, no. 3 (2017･2018 年冬号), p120.
13. Garry Wills, *Certain Trumpets: The Call of Leaders* (New York: Simon & Schuster, 1994), p27–30.
14. Nolan, " 'Bodyguard of Lies,' " p37.
15. Nolan, " 'Bodyguard of Lies,' " p37, p50, p53.
16. 以下を参照。William Taubman, *Stalin's America Policy: From Entente to Detente to Cold War* (New York: Norton, 1982).
17. ここに挙げた例と、感情知性の一般的な重要性については、ジョセフ・S・ナイ『リーダー・パワー』を参照。
18. 以下を参照。Philip Roth, *The Plot Against America* (New York: Houghton Mifflin, 2004) [フィリップ・ロス、柴田元幸訳『プロット・アゲンスト・アメリカ もしもアメリカが…』、集英社、2014 年] 本作は小説家による歴史改変小説である。
19. Benn Steil, *The Marshall Plan: Dawn of the Cold War* (New York: Simon & Schuster, 2018), p3.
20. David McCullough, *Truman* (New York: Simon & Schuster, 1992), p141.
21. George H. Gallup, *The Gallup Poll: Public Opinion 1935–1971* (New York: Random House, 1972), p534–535.
22. Gallup, *The Gallup Poll*, p534.

23. Robert Shapiro, "The Legacy of the Marshall Plan: American Public Support for Foreign Aid," in *The Marshall Plan: Fifty Years After*, ed. Martin A. Schain (New York: Palgrave, 2001), p270.
24. Ernest May, "The Nature of Foreign Policy: The Calculated Versus the Axiomatic," *Daedalus* 91, no. 4 (1962): p653–657.
25. Walter Isaacson and Evan Thomas, *The Wise Men* (New York: Simon & Schuster, 1986), p508.
26. Taubman, *Stalin's America Policy*.
27. Issacson and Thomas, *The Wise Men*, p376.
28. Robert Dallek, *The American Style of Foreign Policy* (New York: Knopf, 1983), p157. [ロバート・ダレック、林義勝訳『20 世紀のアメリカ外交――国内中心主義の弊害とは』多賀出版、1991 年].
29. Benn Steil, "How to Win a Great Power Competition," *Foreign Affairs* 97 (2018 年 2 月 9 日号).
30. 以下を参照。Alonzo Hamby, "Harry S. Truman: Insecurity and Responsibility," in Fred I. Greenstein, ed., *Leadership in the Modern Presidency* (Cambridge, MA: Harvard University Press, 1988).
31. Isaacson and Thomas, *The Wise Men*, p407.
32. 以下を参照。Michael Beschloss, *Presidential Courage* (New York: Simon & Schuster, 2007), p196–234.
33. H. W. Brands, *The General vs. the President: MacArthur and Truman at the Brink of Nuclear War* (New York: Doubleday, 2016).
34. 以下を参照。Hamby, "Harry S. Truman," p35–36. 以下も参照。John Lewis Gaddis, *Strategies of Containment* (New York: Oxford University Press, 1982).
35. Geir Lundstadt, "Empire by Invitation? The United States and Western Europe, 1945–1952," *Journal of Peace Research* 23, no. 3 (September 1986), p263–277.
36. Martin H. Folly, "Harry S. Truman," in *US Foreign Policy and Democracy Promotion*, ed. Michael Cox, Timothy Lynch, and Nicolas Bouchet (London: Routledge, 2013), p91.
37. Hamby, "Harry S. Truman," p42.
38. "Timeless Leadership: A Conversation With David McCullough," *Harvard Business Review*, 2008 年 3 月号 , p3.
39. Hamby, "Harry S. Truman," p64.
40. Isaacson and Thomas, *The Wise Men*, p410.

41.　以下書籍に引用。Anne Pierce, *Woodrow Wilson and Harry Truman: Mission and Power in American Foreign Policy* (Westport, CT: Praeger, 2003), p126.
42.　Nina Tannenwald, *The Nuclear Taboo: The United States and the Non-Use of Nuclear Weapons Since 1945* (Cambridge: Cambridge University Press, 2007), p107.
43.　Tannenwald, *The Nuclear Taboo*, p110.
44.　Raymond Aron, *The Century of Total War* (Garden City, NY: Doubleday, 1954)、以下も参照。Morton Halperin, *Limited War in the Nuclear Age* (New York: Wiley, 1963).
45.　Steil, *The Marshall Plan*, p291.
46.　Brands, *The General vs. the President*, chapter 13.
47.　Dean Acheson, *Present at the Creation: My Years in the State Department* (New York: Norton, 1969), p526–528. [ディーン・アチソン、吉沢清次郎訳『アチソン回顧録（全2巻）』恒文社、1979年].
48.　トルーマンの言葉の引用は以下を参照。Jonathan Schell, *The Unconquerable World: Power, Nonviolence, and the Will of the People* (New York: Metropolitan Books, 2003), p47.
49.　Alan Axelrod, *Eisenhower on Leadership* (San Francisco: Jossey-Bass, 2006), p283.
50.　John Lewis Gaddis, *George F. Kennan: An American Life* (New York: Penguin, 2012), p495.
51.　Jean Edward Smith, *Eisenhower: In War and Peace* (New York: Random House, 2012), p701.
52.　Ole R. Holsti, *Public Opinion and American Foreign Policy* (Ann Arbor: University of Michigan Press, 1996), p31, p132.
53.　Gallup, *The Gallup Poll*, p1262, p1259.
54.　William I. Hitchcock, *The Age of Eisenhower: America and the World in the 1950s* (New York: Simon & Schuster, 2018), xv.
55.　Fredrik Logevall, *Embers of War: The Fall of an Empire and the Making of America's Vietnam* (New York: Random House, 2012), p508–509.
56.　Fredrik Logevall, "We Might Give Them a Few: Did the US Offer to Drop Atom Bombs at Dien Bien Phu?" *Bulletin of the Atomic Scientists*, 2016年2月21日号　この点では、マーク・トラクテンバーグ (Marc Trachtenberg) にもご教示をいただいた。
57.　Stephen Ambrose, *Eisenhower: The President*, vol. II (New York: Simon &

Schuster, 1984), p11, p17.
58.　Fred I. Greenstein, *The Presidential Difference: Leadership Style from FDR to George W. Bush*, 2nd ed. (Princeton, NJ: Princeton University Press, 2004), p57.
59.　Stephen Ambrose, *Eisenhower: Soldier and President* (New York: Simon & Schuster,　1991), p547, p542.
60.　以下の書籍を参照。Stephen Kinzer, *The Brothers: John Foster Dulles, Allen Dulles, and Their Secret World War* (New York: Henry Holt, 2013) [スティーブン・キンザー、渡辺惣樹訳『ダレス兄弟：国務長官とＣＩＡ長官の秘密の戦争』草思社、2015 年].
61.　Smith, *Eisenhower*, p614.
62.　Hitchcock, *The Age of Eisenhower*, p433.
63.　Lindsey A. O'Rourke, *Covert Regime Change: America's Secret Cold War* (Ithaca, NY: Cornell University Press, 2018).
64.　Ambrose, *Eisenhower: The President*, p626.
65.　Dwight Eisenhower, *Mandate for Change, 1953–1956* (New York: New American Library, 1963), p510. [アイゼンハワー、仲晃・渡辺靖・佐々木謙一訳『アイゼンハワー回顧録』みすず書房　2001 年].
66.　以下を参照。Kinzer, *The Brothers*.
67.　Hitchcock, *The Age of Eisenhower*, p434.
68.　Ambrose, *Eisenhower: The President*, p206.
69.　Sestanovich, *Maximalist*, p79.
70.　Evan Thomas, *Ike's Bluff: President Eisenhower's Secret Battle to Save the World* (New York: Little Brown, 2012), p15.
71.　H. W. Brands, "Gambling With the Fate of the World," *National Interest* (2012 年 11・12 月号), p88–96.
72.　Fred Greenstein, *The Hidden-Hand Presidency* (New York: Basic Books, 1982), p69.
73.　Greenstein, *The Hidden-Hand Presidency*.
74.　Isaacson and Thomas, *The Wise Men*, p246.
75.　Nina Tannenwald, "How Strong Is the Nuclear Taboo Today?" *Washington Quarterly* 41, no. 3 (2018 年秋号), p89–109; Scott Sagan and Benjamin Valentino, "Revisiting Hiroshima in Iran: What Americans Really Think About Using Nuclear Weapons and Killing Noncombatants," *International Security* 42, no. 1 (2017 年夏号), p41–79; Reid B. C. Pauly, "Would U.S. Leaders Push the Button? Wargames and the Sources of Nuclear Restraint," *International Security* 43, no. 2 (2018 年秋号), p151–192.

第4章

1. Sestanovich, *Maximalist*, p88–89.

2. Gordon M. Goldstein, *Lessons in Disaster: McGeorge Bundy and the Path to War in Vietnam* (New York: Henry Holt, 2008), p168.

3. Jill Abramson, "Kennedy, the Elusive President," *International New York Times*, 2013年10月26,27日号, 20面

4. マクミランの言葉の引用は以下を参照。Alan Brinkley, *John F. Kennedy* (New York: Henry Holt, 2012), p124.

5. Brinkley, *John F. Kennedy*, p3.

6. Andrew Cohen, *Two Days in June: John F. Kennedy and the 48 Hours That Made History* (Toronto: Signal, McClelland & Stewart, 2014), p41.

7. Jon Roper, "John F. Kennedy and Lyndon Johnson," in *US Foreign Policy and Democracy Promotion*, ed. Cox, Lynch, and Bouchet, p111.

8. Sestanovich, *Maximalist*, p88.

9. Robert Dallek, *An Unfinished Life* (New York: Little Brown, 2003), p683. [ロバート・ダレク、鈴木淑美訳『JFK 未完の人生―― 1917-1963』松柏社、2009年]

10. Michael O'Brien, *Rethinking Kennedy: An Interpretive Biography* (Chicago: Ivan Dee, 2009), p168.

11. Michael A. Roberto, *Why Great Leaders Don't Take Yes for an Answer* (Upper Saddle River, NJ: Wharton School Publishing, 2005), p29–33.

12. Sheldon M. Stern, *The Cuban Missile Crisis in American Memory* (Stanford, CA: Stanford University Press, 2012), p149.

13. Cohen, *Two Days in June*, p24.

14. フルシチョフの言葉は以下の書籍に引用されている。Brinkley, *John F. Kennedy*, p80.

15. Goldstein, *Lessons in Disaster*, p245, p248.

16. 以下を参照。James Blight, Janet Lang, and David Welch, *Vietnam If Kennedy Had Lived* (Lanham, MD: Rowman & Littlefield, 2009)

17. Logevall, *Embers of War*, p703.

18. Dallek, *An Unfinished Life*, p684; 以下も参照 Dallek, "What Made Kennedy Great?" *New York Times*, 2013年11月22日号, 25面

19. Fredrik Logevall, "Kennedy and What Might Have Been," in *The Vietnam War: An Intimate History*, ed. Geoffrey Ward and Ken Burns (New York: Knopf, 2017), p5–6.

20. Dallek, *An Unfinished Life*, p668.
21. Goldstein, *Lessons in Disaster*, p93.
22. Goldstein, *Lessons in Disaster*, p88.
23. ボウルズの言葉は以下の書籍に引用されている。Brinkley, *John F. Kennedy*, p84.
24. Niall Ferguson, "Kremlin Back Channels Worked Just Fine for JFK," *Sunday Times* (London), 2017 年 7 月 16 日号 .
25. Larry Berman, "Lyndon B. Johnson: Paths Chosen and Opportunities Lost," in *Leadership in the Modern Presidency*, ed. Greenstein, p145.
26. Robert Caro, *Master of the Senate: The Years of Lyndon Johnson* (New York: Vintage Books, 2003).
27. Greenstein, *The Presidential Difference*, p79.
28. モイヤーズの言葉は以下の書籍に引用されている。Charles Peters, *Lyndon B. Johnson* (New York: Henry Holt, 2010), p140.
29. Robert Caro, *The Path to Power: The Years of Lyndon Johnson, Volume I* (New York: Vintage, 1982), p96, p32.
30. Berman, "Lyndon B. Johnson," p139, p144.
31. Caro, *The Path to Power*, xvii.
32. Peters, *Lyndon B. Johnson*, p8.
33. 次の書籍に引用。 Peters, *Lyndon B. Johnson*, p82.
34. Doris Kearns Goodwin, *Lyndon Johnson and the American Dream* (New York: St. Martin's, 1991), p251–252.
35. Roper, "John F. Kennedy and Lyndon Johnson," p114.
36. Frederik Logevall, "Why Lyndon Johnson Dropped Out," *New York Times*, 2018 年 3 月 25 日号 , 7 面
37. Peters, *Lyndon B. Johnson*, p94.
38. Goodwin, *Lyndon Johnson and the American Dream*, p311.
39. Goodwin, *Lyndon Johnson and the American Dream*, p322.
40. John P. Burke and Fred I. Greenstein, *How Presidents Test Reality: Decisions on Vietnam, 1954 and 1965* (New York: Russell Sage, 1989), p275.
41. Goodwin, *Lyndon Johnson and the American Dream*, p330.
42. Peters, *Lyndon B. Johnson*, p128.
43. Berman, "Lyndon B. Johnson," p147.
44. H. R. McMaster, *Dereliction of Duty: Lyndon Johnson, Robert McNamara, the Joint Chiefs of Staff, and the Lies That Led to Vietnam* (New York: Harper Collins,1997), p325.

45. Francis M. Bator, *No Good Choices: LBJ and the Vietnam/Great Society Connection* (Cambridge, MA: American Academy of Arts and Sciences, 2007), p16.

46. Michael Beschloss, *Presidents of War*, p503.

47. フレデリック・ロジェボールの言葉は、以下の記事を参照。Francis M. Bator's "No Good Choices: LBJ and the Vietnam/Great Society Connection," *Diplomatic History* 32, no. 3 (2008 年 6 月号), p365.

48. Logevall, "Comment on Francis Bator," p366–367.

49. Goldstein, *Lessons in Disaster*, p3.

50. Goodwin, *Lyndon Johnson and the American Dream*, p392.

51. David Sanger, "US Commander Moved to Place Nuclear Arms in South Vietnam," *New York Times*, 2018 年 10 月 7 日号 , A1 面 , 以下も参照。 Goldstein, *Lessons in Disaster*, p161.

52. Edwin E. Moise, *Tonkin Gulf and the Escalation of the Vietnam War* (Chapel Hill: University of North Carolina Press, 1996), p253–255.

53. Caro, *The Path to Power*, xvii

54. Logevall, "Why Lyndon Johnson Dropped Out".

55. Richard Reeves, *President Nixon* (New York: Simon & Schuster, 2001), p12–13. 以下の記述も参照。Alexander Butterfield in Bob Woodward, *The Last of the President's Men* (New York: Simon & Schuster, 2015), p94.

56. Greenstein, *The Presidential Difference*, p93.

57. Evan Thomas, *Being Nixon: A Man Divided* (New York: Random House, 2015), p529.

58. David Gergen, *Eyewitness to Power: The Essence of Leadership* (New York: Simon & Schuster 2000), p77, p85.

59. Niall Ferguson, *Kissinger: 1923–1968: The Idealist* (New York: Penguin, 2015), p802. [ニーアル・ファーガソン、村井章子訳『キッシンジャー 1923-1968 理想主義者（1・2)』日経 BP、2019 年]

60. 以下を参照。Margaret McMillan, *Nixon and Mao: The Week That Changed the World* (New York: Random House, 2007)

61. Nigel Bowles, *Nixon's Business* (College Station: Texas A&M Press, 2005), p184.

62. Niall Ferguson, "Our Currency, Your Problem," *New York Times*, 2005 年 3 月 13 日号 .

63. Bowles, *Nixon's Business*, p179.

64. Gary J. Bass, "Nixon and Kissinger's Forgotten Shame," *New York Times*,

2013 年 9 月 30 日号 , 同じ著者の以下の書籍も参照。*The Blood Telegram: Nixon, Kissinger, and a Forgotten Genocide* (New York: Knopf, 2013), p6–7.
65. John A. Farrell, "Tricky Dick's Treachery," *New York Times*, 2017 年 1 月 1 日号、以下の記事も参照。Peter Baker, "Nixon Sought 'Monkey Wrench' in Vietnam Talks," *New York Times*, 2017 年 1 月 3 日号 , 1 面 .
66. Richard Sobel, *The Impact of Public Opinion on U.S. Foreign Policy Since Vietnam* (New York: Oxford University Press, 2001), p37, p81.
67. Thomas, *Being Nixon*, p218–219.
68. Thomas, *Being Nixon*, p429.
69. Ken Hughes, *Chasing Shadows: The Nixon Tapes, the Chennault Affair, and the Origins of Watergate* (Charlottesville: University of Virginia Press, 2014), p102.
70. ここに挙げた数字や辛辣な批評は、ニーアル・ファーガソンとの個人的交流から教示を受けた。
71. Gergen, *Eyewitness to Power*, p61–62.
72. Henry Kissinger, *Diplomacy* (New York: Simon & Schuster, 1994), chapter 2. [ヘンリー・キッシンジャー『外交（上・下）』日本経済新聞社]
73. Gergen, *Eyewitness to Power*, p61.
74. Joseph Nye, Philip Zelikow, and David King, eds., *Why People Don't Trust Government* (Cambridge, MA: Harvard University Press, 1997), p80.
75. Goldstein, *Lessons in Disaster*, p231, p238, p239.

第 5 章

1. Sestanovich, *Maximalist*, chapter 8.
2. Stuart E. Eizenstat, *President Carter: The White House Years* (New York: St. Martin's Press, 2018), p5.
3. Greenstein, *The Presidential Difference*, p112.
4. Gergen, *Eyewitness to Power*, p140.
5. Gergen, *Eyewitness to Power*, p147.
6. Roger B. Porter, "Gerald R. Ford: A Healing Presidency," in *Leadership in the Modern Presidency*, ed. Greenstein, p199–227.
7. Jan Lodal, "Brezhnev's Secret Pledge to 'Do Everything We Can' to Reelect Gerald Ford," *The Atlantic*, 2017 年 7 月 26 日号 .
8. Gerald R. Ford, *A Time to Heal* (New York: Harper and Row, 1979), p274–275.
9. Ford, *A Time to Heal*, xvii.
10. Peter Rodman, *Presidential Command: Power, Leadership and the Making of Foreign Policy from Richard Nixon to George W. Bush* (New York: Knopf, 2009),

p107–108.
11.　この考察は、同僚のロジャー・ポーター（Roger Porter）に多くを負っている。
12.　Douglas Brinkley, "The Rising Stock of Jimmy Carter," *Diplomatic History* 20, no. 4 (1996年秋号), p526.
13.　Greenstein, *The Presidential Difference*, p141.
14.　Eizenstat, *President Carter*, p2.
15.　Julian E. Zelizer, *Jimmy Carter* (New York: Henry Holt, 2010), p147.
16.　Eizenstat, *President Carter*, p2. 以下の書籍も参照。Lamb, *The Presidents*, 同書によると、2017年のC-スパンによる歴史家への調査で、カーターの評価は歴代大統領中26位だった。
17.　Erwin Hargrove, "Jimmy Carter: The Politics of Public Goods," in *Leadership in the Modern Presidency*, ed. Greenstein, p233.
18.　Jimmy Carter, *Keeping Faith* (New York: Bantam Books, 1982), p65. [ジミー・カーター、持田直武訳『カーター回顧録』（上・下）日本放送出版協会、1982年]
19.　Betty Glad, *An Outsider in the White House: Jimmy Carter, His Advisors, and the Making of American Foreign Policy* (Ithaca, NY: Cornell University Press, 2009), p285–286.
20.　Hendrik Hertzberg, "Jimmy Carter," in *Character Above All*, ed. Robert A. Wilson (New York: Simon & Schuster, 1995), p189.
21.　Robert D. Kaplan, "The Statesman: In Defense of Henry Kissinger," *The Atlantic*, 2013年5月号, p78.
22.　Eizenstat, *President Carter*, p555–574.
23.　Carter, *Keeping Faith*, p245.
24.　Joseph S. Nye, "Maintaining a Nonproliferation Regime," *International Organization* 35, no. 1 (1981年冬号), p15–38.
25.　Eizenstat, *President Carter*, p587–588.
26.　Hargrove, "Jimmy Carter," p235, p249.
27.　Brinkley, "The Rising Stock of Jimmy Carter," p522.
28.　Robert A. Pastor, "Review of Betty Glad," *H-Diplo Roundtable Review* XII, no. 6 (2011), p20.
29.　Zbigniew Brzezinski, *Power and Principle: Memoirs of the National Security Advisor, 1977–81* (New York: FSG, 1983), p321.
30.　Walter Russell Mead, "The Carter Syndrome," *Foreign Policy*, (2010年1·2月号).

31. Justin Vaisse, "Thank You, Jimmy Carter: Restoring the Reputation of America's Most Underrated Foreign-Policy President," *Foreign Policy,* 2018 年 7 月号 , p17.
32. Brzezinski, *Power and Principle*, p522, p397.
33. Cyrus Vance, *Hard Choices: Critical Years in America's Foreign Policy* (New York: Simon & Schuster, 1982), p346.
34. Brzezinski, *Power and Principle*, p473.
35. Erwin C. Hargrove, *Jimmy Carter as President: Leadership and the Politics of the Public Good* (Baton Rouge: Louisiana State University Press, 1988), p181.
36. Hargrove, *Jimmy Carter as President*, p245.
37. Bernard Williams, *Moral Luck* (Cambridge: Cambridge University Press, 1981) [バーナード・ウィリアムズ、伊勢田哲治・江口聡・鶴田尚美訳『道徳的な運：哲学論集一九七三～一九八〇（双書現代倫理学）』勁草書房、2019 年]
38. Strong, "Review of Betty Glad," *H-Diplo*, p24.

第６章

1. シェワルナゼの言葉は、以下に引用されている。Stephen Sestanovich, "Gorbachev's Foreign Policy: A Diplomacy of Decline," *Problems of Communism* (1988 年 1·2 月号), p2.
2. Paul Kennedy, *The Rise and Fall of the Great Powers: Economic Change and Military Conflict from 1500 to 2000* (New York: Random House, 1987), p515 [ポール・ケネディ、鈴木主税訳『大国の興亡―― 1500 年から 2000 年までの経済の変遷と軍事闘争（上・下）』草思社、1988 年]
3. Greenstein, *The Presidential Difference*, p149.
4. "The Man Who Beat Communism" and "The Reagan Legacy," *The Economist*, 2004 年 6 月 24 日号、p13, p24, p25.
5. Gergen, *Eyewitness to Power*, p153.
6. レーガンの言葉は以下に引用されている。Henry Nau, "Ronald Reagan," in *U.S. Foreign Policy and Democracy Promotion*, ed. Cox, Lynch, and Bouchet, p140.
7. Gergen, *Eyewitness to Power*, p208.
8. "The Reagan Legacy".
9. Gergen, *Eyewitness to Power*, p187.
10. レーガンの取っていたメモや書状からわかるように、彼は外交政策の概略をまったく理解できなかったわけではないが、政権にいた複数の人間が、レーガンはしばしば、秘密作戦が暗示している事項をよく把握していなかったと認めている。以下の文献を参照。Kiron Skinner, Annelise Anders, and Martin

Anderson, eds., *Reagan: A Life in Letters* (New York: Free Press, 2003).
11. David Abshire, *Saving the Reagan Presidency: Trust Is the Coin of the Realm* (College Station: Texas A&M Press, 2005).
12. Jack Matlock, *Reagan and Gorbachev: How the Cold War Ended* (New York: Random House, 2004), p5.
13. Gergen, *Eyewitness to Power*, p204–205.
14. Melvyn P. Leffler, "Ronald Reagan and the Cold War: What Mattered Most?" *Texas National Security Review*, 2018年5月号, p85.
15. Leffler, "Ronald Reagan and the Cold War," p88.
16. Scott Sagan, *The Limits of Safety: Organizations, Accidents, and Nuclear Weapons* (Princeton, NJ: Princeton University Press, 1993).
17. Jon Meacham, *Destiny and Power: The American Odyssey of George Herbert Walker Bush* (New York: Random House, 2015), p392.
18. Mary E. Sarotte, "A Broken Promise?" *Foreign Affairs* 93(2014年9·10月号).
19. Mary E. Sarotte, "In Victory, Magnanimity: *US Foreign Policy*, 1989–91, and the Legacy of Prefabricated Multilateralism," *International Politics* 48, no. 4/5(2011), p494. 同じ著者による以下の書籍も参照。*1989: The Struggle to Create Post–Cold War Europe* (Princeton, NJ: Princeton University Press, 2009).
20. Zbigniew Brzezinski, *Second Chance: Three Presidents and the Crisis of American Superpower* (New York: Basic Books, 2007) [ズビグネフ・ブレジンスキー、峯村利哉訳『ブッシュが壊したアメリカ——2008年民主党大統領誕生でアメリカは巻き返す』徳間書店、2007年].
21. Philip Zelikow and Condoleezza Rice, *Germany Unified and Europe Transformed: A Study in Statecraft* (Cambridge, MA: Harvard University Press, 1997), p21.
22. Nicholas Burns, "Our Best Foreign Policy President," *Boston Globe*, 2011年12月9日号.
23. George Bush and Brent Scowcroft, *A World Transformed* (New York: Vintage Books, 1998), xiii–xiv.
24. Zelikow and Rice, *Germany Unified and Europe Transformed*, p29.
25. Zelikow and Rice, *Germany Unified and Europe Transformed*, p95, p105.
26. Hal Brands, "Choosing Primacy: US Strategy and Global Order at the Dawn of the Post–Cold War Era," *Texas National Security Review* 1, no. 2 (2018年3月号), p8–33.
27. Meacham, *Destiny and Power*, p529.

第７章

1. Charles Krauthammer, "The Unipolar Moment," *Washington Post*, 1990 年 7 月 20 日号 .
2. Mearsheimer, *The Great Delusion*, p6.
3. クリントンの言葉は、以下の書籍に引用されている。Greenstein, *The Presidential Difference*, p175.
4. Greenstein, *The Presidential Difference*, p174.
5. Gergen, *Eyewitness to Power*, p251.
6. Susan Page, "The Clinton Tapes: Revealing History," *USA Today*, 2009 年 9 月 21 日号、1 面 .
7. Kellerman, *Bad Leadership*, chapter 9.
8. Colin Powell, *My American Journey* (New York: Ballantine Books, 1996), p576 . [コリン・L・パウエル、ジョセフ・E・パーシコ、鈴木主税訳『マイ・アメリカン・ジャーニー――コリン・パウエル自伝』角川書店、1995 年].
9. Hal Brands, "Choosing Primacy: US Strategy and Global Order at the Dawn of the Post–Cold War Era," *Texas National Security Review* 1（2018 年 3 月号), p29.
10. The White House, "A National Security Strategy of Engagement and Enlargement," Washington, DC, 1995 年 2 月 . この戦略の背後で動いていた人々や政治については、以下の書籍によく描かれている。George Packer, *Our Man: Richard Holbrooke and the End of the American Century* (New York: PenguinRandom House, 2019).
11. James D. Boys, *Clinton's Grand Strategy* (London: Bloomsbury, 2015), p252.
12. Michael Green, *By More than Providence: Grand Strategy and American Power in the Asia Pacific Since 1783* (New York: Columbia University Press, 2017), p468–473.
13. Brzezinski, *Second Chance*, chapter 4 [ブレジンスキー『ブッシュが壊したアメリカ―― 2008 年民主党大統領誕生でアメリカは巻き返す』徳間書店]. 以下の記事も参照。James Goldgeier, "Bill and Boris: A Window Into a Most Important Post–Cold War Relationship," *Texas National Security Review*, 1, no. 4 (2018 年 8 月号), p43–54.
14. Robert Hunter, "Presidential Leadership: Bill Clinton and NATO Enlargement," in *Triumphs and Tragedies of the Modern Presidency: Seventy-Six Case Studies in Presidential Leadership*, ed. David Abshire (Westport, CT: Praeger, 2001).

15.　2019年1月、元ホワイトハウス関係者から個人的に聞いた話による。
16.　John Mearsheimer, "Back to the Future: Instability in Europe After the Cold War," *International Security* 15, no. 1 (1990年夏号), p5–56.
17.　William Burns, *The Back Channel: A Memoir of American Diplomacy and the Case for Its Renewal* (New York: Random House, 2019), p110–111.
18.　John Harris, *The Survivor: Bill Clinton in the White House* (New York: Random House, 2005), p402.
19.　Robert Draper, *Dead Certain: The Presidency of George W. Bush* (New York: Free Press, 2007), p110.
20.　Jon Meacham, *Destiny and Power: The American Odyssey of George Herbert Walker Bush* (New York: Random House, 2015), p567–568.
21.　Greenstein, *The Presidential Difference*, p196.
22.　Draper, *Dead Certain*, p39.
23.　ブレアの言葉は、以下の書籍に引用されている。Stephen F. Knott, *Rush to Judgment: George W. Bush, The War on Terror, and His Critics* (Lawrence: University of Kansas Press, 2012), p164.
24.　George W. Bush, *Decision Points* (New York: Crown, 2010), p368. [ジョージ・W・ブッシュ、伏見威蕃訳『決断のとき』（上・下）日本経済新聞出版、2011年].
25.　Stephen Benedict Dyson, "George W. Bush, the Surge, and Presidential Leadership," *Political Science Quarterly* 125, no. 4 (2010–11), p559.
26.　Meacham, *Destiny and Power*, p589.
27.　Condoleezza Rice, *No Higher Honor: A Memoir of My Years in Washington* (New York: Crown, 2012), p22. [コンドリーザ・ライス、福井昌子・波多野理彩子・宮崎真紀・三谷武司訳『ライス回顧録 ホワイトハウス 激動の2920日』集英社、2013年].
28.　Melvyn P. Leffler, "The Foreign Policies of the George W. Bush Administration: Memoirs, History, Legacy," *Diplomatic History* 37 (2013年6月号) p24-25.
29.　Greenstein, *The Presidential Difference*, p203.
30.　James Mann, "The Dick Cheney of 'Vice' Just Craves Power. The Reality Is Worse," *Washington Post*, 2019年1月2日号.
31.　William Burns, *The Back Channel*, p172.
32.　ブッシュの言葉は以下の書籍に引用されている。Bob Woodward, *Bush at War* (New York: Simon & Schuster,2002), p341. [ボブ・ウッドワード、伏見威蕃訳『ブッシュの戦争』日本経済新聞出版、2003年].

33. "Iraq's Grim Lessons," *The Economist*, 2016 年 7 月 9 日号 , p48.
34. Linda Bilmes, "The Ghost Budget," *Boston Globe*, 2018 年 10 月 11 日号 , A10 面 .
35. Leffler, "The Foreign Policies of the George W. Bush Administration," p24, p19.
36. Guy Dinmore, "US Right Questions Wisdom of Bush's Democracy Policy," *Financial Times*, 2006 年 5 月 30 日号 , 8 面 .
37. Bush, *Decision Points*, p397.
38. 2003 年 5 月、ブレント・スコウクロフトとの個人的な会話による。
39. David Rothkopf, *Running the World: The Inside Story of the National Security Council and the Architects of American Power* (New York: Public Affairs, 2005), p33.
40. 2005 年 8 月、ボブ・ウッドワードとの個人的な会話による。
41. Hal Brands and Peter Feaver, "The Case for Bush Revisionism: Reevaluating the Legacy of America's 43rd President," *Journal of Strategic Studies* (2017 年 7 月号), p30.
42. Richard Haass, *War of Necessity, War of Choice: A Memoir of Two Iraq Wars* (New York: Simon & Schuster, 2009).
43. Brands and Feaver, "The Case for Bush Revisionism," p14.
44. Leffler, "The Foreign Policies of the George W. Bush Administration," p11, p14.
45. Brands and Feaver, "The Case for Bush Revisionism," p14.
46. Brands and Feaver, "The Case for Bush Revisionism," p13.
47. 2019 年 1 月、ある外交政策担当者との個人的な会話によるもの。
48. Michael Mazarr et al., *Understanding the Emerging Era of International Competition* (Santa Monica, CA: RAND Corporation, 2018), p18.
49. Brands, "Choosing Primacy," p30.

第 8 章

1. 力の垂直移動や水平移動について、より詳しい説明は以下の書籍を参照。J.S. Nye, *The Future of Power* (New York: Public Affairs, 2011). [ジョセフ・S・ナイ、山岡洋一・藤島京子訳『スマート・パワー――21 世紀を支配する新しい力』日本経済新聞出版、2011 年].
2. Linda Bilmes and Joseph Stiglitz, *The Three Trillion Dollar War: The True Cost of the Iraq Conflict* (New York: Norton, 2008), ix. [ジョセフ・E・スティグリッツ、リンダ・ビルムズ、楡井浩一訳『世界を不幸にするアメリカの戦争経

済 イラク戦費3兆ドルの衝撃』徳間書店、2008年].
3. Peter Baker, "From Two Formers, a Shared Lament for a Lost Consensus," *New York Times*, 2018年11月29日号.
4. Michiko Kakutani, "For the White House's New Generation, It's a Different World," *New York Times*, 2012年7月10日号.
5. David E. Sanger, *Confront and Conceal: Obama's Secret Wars and Surprising Use of American Power* (New York: Crown, 2012), p101.
6. Robert M. Gates, *Duty: Memoirs of a Secretary at War* (New York: Knopf, 2014), p298.
7. Martin S. Indyk, Kenneth G. Lieberthal, and Michael E. O'Hanlon, *Bending History: Barack Obama's Foreign Policy* (Washington: Brookings Institution Press, 2012), p6.
8. Rhodes, *The World as It Is*, p81.
9. 以下を参照。Fred Hiatt, "Why Freedom Is Low on Obama's Agenda," Washington Post, 2012年4月9日号。オバマの言葉は以下の書籍に引用されている。Jeremi Suri, "Liberal Internationalism, Law, and the First African American President," in *The Presidency of Barack Obama*, ed. Jullian E. Zelizner (Princeton, NJ: Princeton University Press, 2018), p196.
10. Indyk et at., *Bending History*, p1.
11. Indyk et al., *Bending History*, p21.
12. ジェイムズ・マンの言葉は以下の新聞記事に引用されている。Kakutani, "For the White House's New Generation".
13. Joe Klein, "Deep Inside the White House," *New York Times Book Review*, 2018年6月24日号、9面.
14. "Gaffes and Choices," *The Economist*, 2012年8月4日号、p11; David Brooks, "Where Obama Shines," *New York Times*, 2012年7月29日号.
15. James Fallows, "Obama, Explained," *The Atlantic*, 2012年3月号.
16. "Barack Obama," *The Economist*, 2016年12月24日号, p60.
17. この議論についての詳細は以下の書籍を参照。James Mann in *The Obamians: The Struggle Inside the White House to Redefine American Power* (New York: Viking, 2012).
18. Sanger, *Confront and Conceal*, p421.
19. James Goldgeier and Jeremi Suri, "Revitalizing the National Security Strategy," *Washington Quarterly* (2016年冬号), p38.
20. Gideon Rachman, "Staying Out of Syria Is the Bolder Call for Obama," *Financial Times*, 2013年5月14日号

21.　Jeffrey Goldberg, "The Lessons of Henry Kissinger," *The Atlantic*, 2016 年 12 月号、p53.
22.　この記述については、ジェイク・サリバン（Jake Sullivan）に助言をいただいた。
23.　Hiatt, "Why Freedom Is Low on Obama's Agenda".
24.　Rhodes, *The World as It Is*, p49.
25.　Carol E. Lee, "Obama Resets Military Policy," *Wall Street Journal*, 2014 年 5 月 29 日号、8 面 .
26.　Rhodes, *The World as It Is*, p200.
27.　Suri, "Liberal Internationalism, Law, and the First African American President," p209.
28.　Jo Becker and Scott Shane, "Secret 'Kill List' Proves a Test of President's Principles and Will," *New York Times International*, 2012 年 5 月 29 日号、A11 面。さらに、2019 年の、政権関係者との会話にも基づいている。アフガニスタンをベトナムになぞらえて深入りを拒絶したオバマの言行については、以下の書籍を参照。George Packer, *Our Man*.
29.　"A Dangerous Modesty," *The Economist*, 2015 年 6 月 6 日号 , p16. この記述に関しては、スーザン・ライス（Susan Rice）に助言をいただいた。
30.　Rhodes, *The World as It Is*, p339.
31.　2018 年秋の、政権の元関係者との個人的会話による。
32.　Burns, *The Back Channel*, p335.
33.　Jeffrey Goldberg, "The Obama Doctrine," *The Atlantic*, 2016 年 4 月号 , p89.
34.　以下を参照。 Kurt Campbell and Ely Ratner, "The China Reckoning: How Beijing Defied American Expectations," *Foreign Affairs* 97 (2018 年 3·4 月号).
35.　Hal Brands, "Barack Obama and the Dilemmas of American Grand Strategy," *Washington Quarterly* 39, no. 4 (2017 年冬号), p101.
36.　Burns, *The Back Channel*, p292.
37.　Rhodes, *The World as It Is*, p277–278.
38.　Kathryn Olmsted, "Terror Tuesdays: How Obama Refined Bush's Counterterrorism Policies," in Julian Zelizer, ed., *The Presidency of Barack Obama: A First Historical Assessment* (Princeton, NJ: Princeton University Press, 2018), p212–226.
39.　P. W. Singer and Emerson Brooking, *Like War: The Weaponization of Social Media* (New York: Houghton Mifflin Harcourt, 2018), p49. [Ｐ・Ｗ・シンガー、エマーソン・Ｔ・ブルッキング、小林由香利訳『「いいね！」戦争 兵器化するソーシャルメディア』ＮＨＫ出版、2019 年].

40. Bob Woodward, *Fear: Trump in the White House* (New York: Simon & Schuster, 2018), p205. [ボブ・ウッドワード、伏見威蕃訳『FEAR 恐怖の男 トランプ政権の真実』日本経済新聞出版、2018 年].
41. 2018 年 3 月 24 日、シンガポールでの個人的会話による。
42. Donald J. Trump with Tony Schwartz, *The Art of the Deal* (New York: Ballantine, 1987) [ドナルド・J・トランプ、トニー・シューウォーツ、相原真理子訳『トランプ自伝――不動産王にビジネスを学ぶ』筑摩書房、2008 年].
43. 2018 年 11 月、ホワイトハウス関係者との個人的会話による。
44. *The Economist*, 2017 年 12 月 23 日号、p12.
45. Dan Balz, "Trump's Foreign Policy Views: A Sharp Departure From GOP Orthodoxy," *Washington Post*, 2016 年 3 月 21 日号 .
46. トランプ大統領就任演説 , *New York Times*, 2017 年 1 月 21 日号 , A16 面 .
47. Douglas Lute and Nicholas Burns, "NATO's Biggest Problem Is President Trump," *Washington Post*, 2019 年 4 月 2 日号 .
48. David Sanger and William Broad, "A Russian Threat on Two Fronts Meets a US Strategic Void," *New York Times*, 2018 年 3 月 6 日号 , A10 面 .
49. "Defending America, Donald Trump's Way," *The Economist*, 2017 年 12 月 23 日号 , p12.
50. 2019 年 4 月、ワシントンＤＣでの個人的な会話による。
51. Thomas Donnelly and William Kristol, "The Obama-Trump Foreign Policy," *The Weekly Standard*, 2018 年 2 月 19 日号 , p24.
52. Tod Lindberg, "The Gap Between Tweet and Action," *Weekly Standard*, 2018 年 1 月 1 日号 , p17.
53. Portland Consultancy, *The Soft Power 30: A Global Ranking of Soft Power* (London: Portland Consultancy, 2018).
54. Glenn Thrush, "China's Weight Fuels Reversal by Trump on Foreign Aid," *New York Times*, 2018 年 10 月 15 日号 .
55. スチュアート・パトリック (Stewart Patrick) の言葉は、以下の記事に引用されている。 Declan Walsh, "In US Embrace, Autocrats Steamroll Their Opposition," *New York Times*, 2018 年 2 月 2 日号 , A1 面 .
56. 「なぜなら、外国の予算が多くの雇用を生み出すからだ」という言葉は、タマラ・コフマン・ウィッツ（Tamara Cofman Wittes）のコメントであり、以下の記事に引用されている。Peter Baker, "Bottom Line Steers Trump With Saudis," *New York Times*, 2018 年 10 月 15 日号 .
57. Gideon Rachman, "Truth, Lies and the Trump Administration," *Financial Times*, 2017 年 1 月 24 日号 .

58. Randall Schweller, "Three Cheers for Trump's Foreign Policy," *Foreign Affairs* 97 (2018 年 9·10 月号), p135.
59. Niall Ferguson, "We'd Better Get Used to Emperor Donaldus Trump," *Sunday Times*, 2018 年 6 月 10 日号 , 23 面 .
60. John Hannah, "Trump's Foreign Policy Is a Work in Progress," *Foreign Policy*, 2019 年 2 月 14 日号 .
61. Robert Blackwill, *Trump's Foreign Policies Are Better Than They Seem* (New York: Council on Foreign Relations Special Report No. 84, 2019 年 4 月号), p67.
62. Stephen Moore, Arthur B. Laffer, and Steve Forbes, "How Trump Could Be Like Reagan," *New York Times*, 2018 年 8 月 1 日号 .
63. "Trump Says He Tries to Tell the Truth Whenever Possible," *Boston Globe*, 2018 年 11 月 2 日号 , A6 面。以下の記事も参照。Glenn Kessler , Salvador Rizzo and Meg Kelly, "President Trump has made more than 10,000 false or misleading claims," *Washington Post*, 2019 年 4 月 29 日号 .
64. この文書は "Statement by Former National Security Officials" として、《ワシントンポスト》(*Washington Post*) 2016 年 8 月 8 日号に掲載された。
65. Tony Schwartz, "I Wrote 'The Art of the Deal' With Trump. His Self-Sabotage Is Rooted in His Past," *Washington Post*, 2017 年 5 月 16 日号 .
66. Trump, *The Art of the Deal*, p70–71. [ドナルド・J・トランプ『トランプ自伝――不動産王にビジネスを学ぶ』筑摩書房].
67. Bob Woodward, *Fear*, p175. [ボブ・ウッドワード『FEAR 恐怖の男 トランプ政権の真実』日本経済新聞出版].
68. Peter Baker, "Was Obama Set to Bomb North Korea? Never, Allies Say," *New York Times*, 2019 年 2 月 17 日号 , A20 面 .
69. Robert Blackwill, *Trump's Foreign Policies Are Better Than They Seem*, p65.
70. Paul Krugman, "A Ranting Old Guy With Nukes," *New York Times*, 2018 年 3 月 6 日号 , A25 面 .
71. Bret Stephens, "The Trump Presidency: No Guardrails," *New York Times*, 2017 年 7 月 29 日号 , A25 面 .
72. Woodward, *Fear*, p193. [ボブ・ウッドワード『FEAR 恐怖の男 トランプ政権の真実』日本経済新聞出版].
73. Blackwill, *Trump's Foreign Policies*, p67.
74. Daalder and Lindsay, *Empty Throne*, p160.

第 9 章

1. Henry Kissinger, *World Order* (New York: Penguin, 2014). [ヘンリー・キッ

シンジャー『国際秩序』日本経済新聞出版社].
2. Page and Bouton, *The Foreign Policy Disconnect*.
3. Michael McFaul, *Advancing Democracy Abroad: Why We Should and How We Can* (Stanford, CA: Hoover Institution, 2010), p160.
4. Sullivan, "What Donald Trump and Dick Cheney Got Wrong About America".
5. Gardiner Harris, " Pompeo Questions the Value of International Groups Like UN and EU," *New York Times*, 2018 年 12 月 4 日号 .
6. Allen Buchanan and Robert O. Keohane, "The Legitimacy of Global Governance Institutions," p405.
7. Sestanovich, *Maximalist*.
8. Rhodes, *The World as It Is*, p276.
9. Lindsey A. O'Rourke, *Covert Regime Change: America's Secret Cold War* (Ithaca, NY: Cornell University Press, 2018), p225, p226, p236.
10. Graham Allison, *Destined for War*. マイケル・ベックリー（Michael Beckley）は、この分析に異論を唱えており、権力移行理論は、誤った肯定的見解と否定的見解に満ちていると主張する。"The Power of Nations: Measuring What Matters," *International Security* 43, no. 2 (2018 年冬号), p42–43. コーリ・シェーク（Kori Schake）は、平和的な権力移行が成功した事例はこれまで一度しかなかったと主張する。*Safe Passage: The Transition from British to American Hegemony*. Cambridge, MA: Harvard University Press, 2017.
11. Martin Wolfe, "The Long and Painful Journey to World Disorder," *Financial Times*, 2017 年 1 月 5 日号、以下の論文も参照。Fareed Zakaria, "The Self-Destruction of American Power," *Foreign Affairs* 92 (2019 年 7·8 月号), p10-16.
12. Robert Blackwill, *Trump's Foreign Policies Are Better Than They Seem*, p9–10.
13. 以下の書籍を参照。Joshua Shifrinson, *Rising Titans: Falling Giants* (Ithaca, NY: Cornell University Press, 2018).
14. Barry Posen, "Command of the Commons," *International Security* 28, no. 1 (2003 年夏号), p5–46.
15. データテクノロジー会社ノエマ（Knoema）が 2017 年 4 月 10 日に発表した "World GDP Ranking 2016" で、購買力平価で換算した場合、中国が第 1 位になるとされた。
16. Beckley, p22.
17. Lawrence H. Summers, "Can Anything Hold Back China's Economy?" *Financial Times*, 2018 年 12 月 3 日号 .

18.　Terrence Kelly, David Gompert, and Duncan Long, *Smarter Power, Stronger Partners, Vol. I: Exploiting US Advantages to Prevent Aggression* (Santa Monica, CA: RAND Corporation, 2016).
19.　Portland Consultancy, *The Soft Power 30.*
20.　Kai-Fu Lee, *AI Superpowers: China, Silicon Valley, and the New World Order* (Boston: Houghton Mifflin, 2018), p83.
21.　Meghan O'Sullivan, *Windfall: How the New Energy Abundance Upends Global Politics and Strengthens America's Power* (New York: Simon & Schuster, 2017).
22.　Adele Hayutin, *Global Workforce Change: Demographics Behind the Headlines* (Stanford, CA: Hoover Institution, 2018) 以下も参照。Nicholas Eberstadt, "With Great Demographics Comes Great Power," *Foreign Affairs* 98 (2019 年 7･8 月号) , p149.
23.　Lee, *AI Superpowers.*
24.　John Deutch, "Assessing and Responding to China's Innovation Initiative," in *Maintaining America's Edge*, ed. Leah Bitounis and Jonathon Price (Washington: Aspen Institute, 2019), p163.
25.　2012 年 9 月 22 日、シンガポールでのリー・クアン・ユー (Lee Kuan Yew) との会話による。以下の書籍も参照。Nye, *Is the American Century Over?*, p77. [ジョセフ・S・ナイ、村井浩紀訳『アメリカの世紀は終わらない』日本経済新聞出版社、2015 年].
26.　Ceri Parker, "China's Xi Jinping Defends Globalization From the Davos Stage," *World Economic Forum*, 2017 年 1 月 27 日 ; 王毅（Wang Yi）中国外相の講演 , 2017 年 2 月 17 日 23 時 41 分 , ミュンヘン安全保障会議（Munich Security Conference）で撮影。以下も参照。G. John Ikenberry and Shiping Tang, "Roundtable: Rising Powers and the International Order," *Ethics and International Affairs* 32 (2018 年春号) , p15-44.
27.　Michael Mazarr, Timothy Heath, and Astrid Cevallos, *China and the International Order* (Santa Monica, CA: RAND Corporation, 2018), p4.
28.　以下を参照。Bobo Lo, *A Wary Embrace: What the Russia–China Relationship Means for the World* (Docklands, VIC: Penguin Random House Australia, 2017).
29.　Larry Diamond and Orville Schell, *Chinese Influence and American Interests: Promoting Constructive Vigilance* (Stanford, CA: Hoover Institution Press, 2018).
30.　Bill Emmott, *Rivals: How the Power Struggle Between China, India and Japan Will Shape Our Next Decade* (New York: Houghton Mifflin Harcourt, 2008). [ビル・エモット、伏見威蕃訳『アジア三国志 中国、インド、日本の大戦略』

日本経済新聞出版、2008 年].
31. Yan Xuetong, "The Age of Uneasy Peace," *Foreign Affairs* 98 (2019 年 1･2 月号), p46.
32. Orville Schell and Susan L. Shirk, chairs, *Course Correction: Toward an Effective and Sustainable China Policy* (New York, Asia Society Task Force, 2019 年 2 月).
33. Randall Schweller, "Entropy and the Trajectory of World Politics: Why Polarity Has Become Less Meaningful," *Cambridge Review of International Affairs* 23, no.1 (2010 年 3 月号).
34. さらに詳しい内容については、わたしの以下の論文を参照。"Nuclear Lessons for Cyber Security," *Strategic Studies Quarterly* 5 (2011 年冬号), p18.
35. 以下を参照。David Sanger, *The Perfect Weapon: War, Sabotage and Fear in the Cyber Age* (New York: Penguin Random House, 2018). 以下も参照。P. W. Singer and Emerson Brooking, *Like War: The Weaponization of Social Media* (Boston: Houghton Mifflin, 2018) p9. [P・W・シンガー、エマーソン・T・ブルッキング『「いいね！」戦争 兵器化するソーシャルメディア』ＮＨＫ出版].
36. William J. Clinton, "Remarks at the Paul H. Nitze School," *The American Presidency Project*, 2000 年 3 月 8 日 , http://www.presidency.ucsb.edu/ws/index.php?pid=87714.
37. 以下を参照。Charles Cleveland, Ryan Crocker, Daniel Egel, Andrew Liepman, and David Maxwell, "An American Way of Political Warfare: A Proposal," in *Perspective* (Santa Monica, CA: RAND Corporation, 2018).
38. Joseph Nye, "Normative Restraints on Cyber Conflict," *Cyber Security: A Peer Reviewed Journal* 1, no. 4 (2018), p331–342.
39. 以下を参照。Nye, "Normative Restraints on Cyber Conflict" .
40. Peter Baker, "In Shift on Terror Policy, Obama Took a Long Path," *New York Times*, 2013 年 5 月 28 日号 , A1 面 .
41. Richard Danzig, "Technology Roulette," in Bitounis and Price, *Maintaining America's Edge*, 2019.
42. Adam Tooze, "The Forgotten History of the Financial Crisis," *Foreign Affairs* 97 (2018 年 9･10 月号), p208.
43. Nye, *Is the American Century Over?*. [ジョセフ・S・ナイ『アメリカの世紀は終わらない』日本経済新聞出版社].
44. Madeleine Albright, *Fascism: A Warning* (New York: HarperCollins, 2018), p223. [マデレーン・オルブライト、白川貴子・高取芳彦訳『ファシズム』みすず書房、2020 年].

45. Ronald Inglehart and Pippa Norris, "Trump, Brexit, and the Rise of Populism: Economic Have-Nots and Cultural Backlash," Harvard Kennedy School, Faculty Research Working Paper Series, 2016.
46. Alan I. Abramowitz, *The Great Alignment* (New Haven, CT: Yale University Press, 2018), p153.
47. Jeff Colgan and Robert Keohane, "The Liberal Order Is Rigged," *Foreign Affairs* 96 (2017年5·6月号); Dani Rodrik, *Straight Talk on Trade: Ideas for a Sane World Economy* (Princeton, NJ: Princeton University Press, 2018).
48. "U.S. Public Has Mixed Views of Immigrants and Immigration," *Pew Research Center*, 2015年9月28日, chapter 4; "Most Say Illegal Immigrants Should Be Allowed to Stay, But Citizenship Is More Divisive," *Pew Research Center*, 2013年3月28日.
49. Dina Smeltz, Craig Kafura, and Lily Wojtowicz, "Actually, Americans Like Free Trade," *Chicago Council on Global Affairs*, 2016年9月7日.
50. Bowles, *Nixon's Business*, p179.
51. Sullivan, "What Donald Trump and Dick Cheney Got Wrong About America".
52. "Present at the Destruction," *The Economist*, 2018年6月9日号, p21.
53. Stephen Brooks and William Wohlforth, *America Abroad: The United States' Global Role in the 21st Century* (Oxford: Oxford University Press, 2016), ix.
54. Sestanovich, *Maximalist*.
55. Yuval Noah Harari, "Moving Beyond Nationalism," *The Economist*, The World in 2019, p92.

国家《こっか》にモラルはあるか?
戦後アメリカ大統領の外交政策を採点する

2021年2月20日　初版印刷
2021年2月25日　初版発行

＊

著　者　ジョセフ・S・ナイ
監修者　駒《こま》村《むら》圭《けい》吾《ご》
訳　者　山《やま》中《なか》朝《とも》晶《あき》
発行者　早川　浩

＊

印刷所　中央精版印刷株式会社
製本所　中央精版印刷株式会社

＊

発行所　株式会社　早川書房
東京都千代田区神田多町2−2
電話　03-3252-3111
振替　00160-3-47799
https://www.hayakawa-online.co.jp
定価はカバーに表示してあります
ISBN978-4-15-210004-7　C0031
Printed and bound in Japan
乱丁・落丁本は小社制作部宛お送り下さい。
送料小社負担にてお取りかえいたします。